刑事疑难案例参阅

危害公共安全罪 破坏社会主义市场经济秩序罪
侵犯公民人身权利、民主权利罪

北京市人民检察院法律政策研究室 编

中国检察出版社

图书在版编目（CIP）数据

刑事疑难案例参阅：危害公共安全罪、破坏社会主义市场经济秩序罪、侵犯公民人身权利、民主权利罪/北京市人民检察院法律政策研究室编．—北京：中国检察出版社，2015.1
ISBN 978 – 7 – 5102 – 1346 – 5

Ⅰ.①刑… Ⅱ.①北… Ⅲ.①刑事犯罪 – 案例 – 中国 Ⅳ.①D924.05

中国版本图书馆 CIP 数据核字（2014）第 304109 号

刑事疑难案例参阅

危害公共安全罪　破坏社会主义市场经济秩序罪　侵犯公民人身权利、民主权利罪

北京市人民检察院法律政策研究室　编

出版发行：	中国检察出版社
社　　址：	北京市石景山区香山南路 111 号（100144）
网　　址：	中国检察出版社（www.zgjccbs.com）
编辑电话：	(010) 68682164
发行电话：	(010) 68650015　68650016　68650029
经　　销：	新华书店
印　　刷：	河北省三河市燕山印刷有限公司
开　　本：	720 mm × 960 mm　16 开
印　　张：	18.25 印张
字　　数：	334 千字
版　　次：	2015 年 1 月第一版　2015 年 1 月第一次印刷
书　　号：	ISBN 978 – 7 – 5102 – 1346 – 5
定　　价：	49.00 元

检察版图书，版权所有，侵权必究
如遇图书印装质量问题本社负责调换

编写说明

案例是司法办案活动的产品和载体。案例源于案件,当司法机关对案件经由司法程序作出裁决并产生法律效力,自然状态下的案件就被吸纳进案例,成为法律意义上的事实描述和性质认定。所以,案例连接事实与法律,司法人员必须在事实与法律之间来回游走,结合规范目的对案件作出最终的处理。在这个意义上,案例不是对法律的消极适用,不是形式上的概念推演,而是对法律合目的的解释。由此形成的案件要旨,既是司法人员分析案件的思维成果,也是法律的客观呈现。正是通过这个过程,法律从纸面走入生活,从规范要求走向行为约束,获得信仰、获得生命。

案例是行动着的法律。案件生成案例之后,如果案例文档闭锁在文件柜中,储存在信息系统中,此时,它并没有超出个案本身的影响,也就是说,案例是个别的,仅此而已。当法律判断成为孤岛,案例之间无法建立起知识的有效连接,那么,法律就难以超越平面,在体系中累积、生长、壮大,无数的司法人员也只能局限于个体化的认知和判断中。从"行动"的意义来说,个案状态下的法律只是偶尔挪动了一小步,可能向前,也可能向后。只有当案例走出个别的领地,走进知识交流的王国,在碰撞中被比较、被评价、被继承,它才会与规范、与其他案例产生触点、融为一体,成为构筑法治大厦的基石。

法律必须被信仰。被信仰的原因绝不仅仅在于规范的抽象强制力,更不在于个别判断下的个案正义,而在于现实的法律实践,在于统一的逻辑推理路径,在于对法律关系、法律术语的同一认知,在于法律人共同体大致认同的司法裁判规则。但是这一过程不能自动发生,必须依赖于法律教学、法学研究、司法裁判以及案例指引。从案例发布走向案例研究,正是打通裁判与研究、教学的关键节点。案例能够推动司法裁判经验的归纳与提炼,是司法智慧的总结。案例可以敞开个体判断的大门,直面各种法学论辩,在争鸣中深化对规范的认知,达到裁判规则的共识,以此保障法律统一适用。

正是基于以上考虑,北京市人民检察院创办了内部连续刊物《首都检察案例参阅》,具体由法律政策研究室负责编辑发布。所选编的案例均为已经办结,且有终局法律文书的案件。相关分析力求反映司法适用中的难点与热点问题,提炼出司法认识规律和办案要旨,贴近检察实务,成为检察官们可以信赖的业务指导和办案参考。《首都检察案例参阅》创办迄今，每期一案，自2006年12月创刊以来，累计刊发案例200余篇。作为北京检察官身边的刊物，也得到了广大检察人员的大力支持，他们不吝提供自己的办案心得，积极参与案例讨论，与责任编辑共同奉献出一道道材质各异、充满诚意的特色小菜。感谢中国检察出版社独具慧眼，将《首都检察案例参阅》重新选编为《刑事疑难案例参阅》，将之前带有一定地域性、群体性特征的案例研究成果推上法学公共交流的平台。我们将严把案例编选标准、注重参照借鉴，不断提升工作水平，再接再厉，以连续出版物为追求，将《刑事疑难案例参阅》打造成一个学术品牌。

北京市人民检察院法律政策研究室
2014年12月

目 录

危害公共安全罪

[第001号] 张某强以危险方法危害公共安全案
——在公共场所引燃液化石油气罐的行为构成危害公共安全罪 …… 3

[第002号] 梁某春以危险方法危害公共安全案
——危害公共安全犯罪中的罪名认定、犯罪形态、一罪与数罪问题 …… 9

[第003号] 祁某霞过失投放危险物质案
——是否具有预见义务和预见能力是区分疏忽大意的过失与意外事件的标准 …… 14

[第004号] 齐某山交通肇事案
——交通肇事致行为人本人重伤宜作不起诉处理 …… 19

[第005号] 李某勇交通肇事案
——被害人被卷入车底后，驾驶人员未立即停车，被害人死亡的，应认定为交通肇事罪 …… 22

[第006号] 郑某飞交通肇事、田某包庇、张某、徐某伪证案
——交通肇事后找人顶罪的行为不宜单独入罪处罚 …… 26

[第007号] 方某华交通肇事抗诉案
——无驾驶资格人员驾驶车辆致一人重伤后逃离现场属于交通肇事罪"逃逸"情节 …… 31

[第008号] 刘某军重大责任事故案
——被害人危险行为的介入不能割断死亡结果与危害行为之间因果关系的成立 …… 36

[第009号] 莘某义、王某鹏危险物品肇事案
——非法储存危险物质罪与危险物品肇事罪的区分 …… 40

破坏社会主义市场经济秩序罪

[第010号] 杨某、由某仁生产、销售伪劣产品案
——生产、销售伪劣产品罪（未遂）的审查要点 …… 47

· 1 ·

[第011号] 曾某雄销售伪劣产品抗诉案
——对想象竞合犯量刑应遵循罪名之间刑罚均衡的原则 …………… 54

[第012号] 张某华销售不符合卫生标准的食品案
——对于食品销售者的主观犯罪故意的认定 ………………………… 59

[第013号] 中国某（集团）有限公司虚报注册资本案
——新《公司法》实施后虚增注册资本后抽逃的行为仍可能构成
虚报注册资本罪 ………………………………………………………… 63

[第014号] 张某非国家工作人员受贿案
——非国有单位房屋拆迁工作负责人收受财物后隐瞒他人擅自利
用单位房产骗取拆迁款的行为构成非国家工作人员受贿罪 …… 68

[第015号] 弓某斌擅自发行股票案
——擅自发行股票、集资诈骗与非法吸收公众存款罪的区分 ……… 74

[第016号] 田某志集资诈骗案
——把握家属"送首"与根据家属提供线索抓获的区别 …………… 79

[第017号] 马某贷款诈骗案
——以非法取得的房屋作担保骗取购房贷款的行为构成贷款诈骗罪 …… 83

[第018号] 卢某勇票据诈骗案
——一人公司形式下自然人犯罪问题分析 …………………………… 88

[第019号] 姚某芳信用卡诈骗案
——窃取意图无法证明时，宜仅处罚冒用他人信用卡的行为 ……… 93

[第020号] 李某胜信用卡诈骗案
——恶意透支型信用卡诈骗罪中的"持卡人"可以包括实际用卡人 …… 97

[第021号] 崔某兵虚开发票案
——虚开发票罪与非法出售发票罪的法律适用问题 ………………… 103

[第022号] 彭某假冒注册商标案
——被采取强制措施期间逃跑后又主动归案不成立自首 …………… 107

[第023号] 许某军销售假冒注册商标的商品案
——"明知"的推定应充分考虑各种因素 …………………………… 113

[第024号] 陈某满等人侵犯著作权案
——对盗窃他人软件及源代码后销售并复制的行为宜定侵犯著作权罪 …… 119

[第025号] 李某巍合同诈骗案
——在区分合同诈骗罪与民事欺诈行为时，应当综合分析行为人
的客观行为，并在形成完整证据链条基础之上排除合理怀疑 …… 123

目 录

[第 026 号] 陈某合同诈骗案
——应当结合犯罪构成要件审查现有证据材料，在此基础上准确认定合同诈骗罪 ································· 129

[第 027 号] 薄某合同诈骗案
——以签订《租车合同》为手段诈骗应构成合同诈骗罪还是诈骗罪 ······ 134

[第 028 号] 王某梅合同诈骗案
——合同诈骗罪中"以非法占有为目的"的证明问题 ················· 138

[第 029 号] 陈某组织、领导传销活动案
——把握组织、领导传销活动罪的入罪标准问题 ···················· 144

[第 030 号] 谈某明、刘某利、沈某忠非法经营案
——擅自制作网络游戏外挂出售牟利行为的认定 ···················· 148

[第 031 号] 宋某庆、王某非法经营案
——租借烟草专卖零售许可证的行为不应一律以犯罪论处 ············ 155

[第 032 号] 崔某等强迫交易案
——诱骗消费后强行索款的行为一般应认定为强迫交易罪 ············ 161

[第 033 号] 李某元、石某明强迫交易案
——《刑法修正案（八）》新增罪状的溯及力判断 ···················· 166

[第 034 号] 李某文倒卖车票案
——无火车票经营资质的公司受旅客委托提供网络购票服务不构成倒卖车票罪 ··· 170

侵犯公民人身权利、民主权利罪

[第 035 号] 王某强故意杀人案
——故意伤害与故意杀人罪主观目的的区分 ························· 177

[第 036 号] 王某故意杀人案
——区分间接故意与过于自信的过失，应当在综合分析案件事实、证据基础之上以行为人主观认识因素和意志因素作为判断依据 ··· 181

[第 037 号] 孙某程故意伤害案
——应当正确区分共犯和同时犯 ···································· 187

[第 038 号] 刘某顺故意伤害案
——超越适当范围的自救行为应承担刑事责任 ······················ 192

[第 039 号] 陈某红故意伤害案
——自首中"自动投案"的具体认定 ································· 197

[第 040 号] 郭某松故意伤害案
——因家庭生活琐事引起轻伤害案件的起诉必要性裁量 ………… 205

[第 041 号] 万某春故意伤害案
——偶发轻微刑事案件应当综合考量起诉必要性 ……………… 210

[第 042 号] 陶某山、王某清故意伤害案
——处理婚姻家庭矛盾引发的伤害案件,应综合考虑事件起因、过错或责任负担 ………………………………………………… 215

[第 043 号] 许某兵、王某故意伤害案
——共同故意伤害犯罪中被教唆者实行过限行为的认定 ……… 219

[第 044 号] 王某、赵某龙故意伤害、蒋某平寻衅滋事案
——同伙寻衅滋事致人死亡,未直接实施具体加害行为的参与者宜定寻衅滋事罪 ……………………………………………… 224

[第 045 号] 王某军、郭某杰、郭某磊强奸案
——共同强奸犯罪中一人既遂其他人未完成可以认定为轮奸 … 231

[第 046 号] 王某德强奸案
——"性行为能力"与"性防卫能力"的比较 …………………… 235

[第 047 号] 王某、叶某强奸案
——强奸案中证据的审查认定 …………………………………… 239

[第 048 号] 朱某贵强奸案
——强奸罪"其他手段"的司法界定 …………………………… 244

[第 049 号] 张某强奸上诉案
——有罪证据、无罪证据并存情况下被害人意志的判断 ……… 249

[第 050 号] 刘某等三人强奸案
——为强奸犯提供帮助并实施强制猥亵的行为应认定为强奸罪的共犯 …… 254

[第 051 号] 姜某澎猥亵儿童案
——上级检察机关可以超越抗诉书范围提出新的抗诉意见 …… 259

[第 052 号] 宣某红、李某等绑架案
——假借索要并不存在的"债务"为名挟持被害人并勒索他人交付钱款应构成"勒索型"绑架罪而非"索债型"非法拘禁罪 …… 264

[第 053 号] 李某胜、周某婷、付某绑架案
——是否具有索债的行为和目的是区分"索取债务型"非法拘禁罪与"勒索财物型"绑架罪的关键 ………………………………… 272

[第 054 号] 王某、董某重婚案
——婚外同居与重婚罪的区分 …………………………………… 276

危害公共安全罪

WEIHAIGONGGONGANQUANZUI

[第 001 号]

张某强以危险方法危害公共安全案
—— 在公共场所引燃液化石油气罐的行为构成危害公共安全罪

办案要旨

液化石油气罐如果被点燃会严重危害公共安全。嫌疑人为阻止他人的侵害，在闹市点燃液化石油气罐的行为已经超出了自卫的限度，不构成正当防卫。结合案件的其他事实证据和成立正当防卫的条件，并在严格把握危害公共安全犯罪的构成要件和基本特征情况下综合分析，张某强的行为构成以危险方法危害公共安全罪。

基本案情

张某强，男，1977 年 4 月 22 日出生，汉族，小学文化，系北京市某液化气运输有限公司驾驶员，住河北省三河市燕郊镇某村。2008 年 11 月 1 日被北京市公安局东城分局刑事拘留；因涉嫌以危险方法危害公共安全罪，于 2008 年 12 月 5 日被北京市公安局东城分局逮捕。

2008 年 11 月 1 日 10 时许，张某强与同事王某驾驶一辆小型货车至本区交道口东大街天客隆超市附近，因道路狭窄无法倒车、王某下车搬挪挡道车辆而与水果摊贩姚某英发生口角，争执中姚扇了王一耳光，双方扭打起来，后陆续冲出四五名男子围殴王某。张某强见状后，下车帮忙，也遭多人殴打。后张某强取下一中型液化石油气罐并拧开阀门扔下货车，手拿打火机，警告对方。见对方众人停止殴打便关掉液化石油气罐阀门。后在与水果摊贩李某英争抢打火机的过程中，张某强再次拧开液化石油气罐阀门，并用打火机点燃液化石油气罐，火苗窜出烧掉李某英少量头发。在此过程中，张某强驾驶的小货车上仍有大中型液化石油气罐 20 余个，现场围观群众二三十人。

2009 年 5 月 26 日，北京市东城区人民检察院以京东检刑诉〔2009〕0127 号起诉书对被告人张某强提起公诉，指控其在公共场所释放并引燃液化石油气，其行为危及了不特定多数人的生命、健康和公私财产的安全，但尚未造成严重后果，触犯了《刑法》第 114 条规定，犯罪事实清楚，证据确实充分，应当按以危险方法危害公共安全罪追究其刑事责任。

2009年8月28日，北京市东城区人民法院判决如下：被告人张某强犯以危险方法危害公共安全罪，判处有期徒刑3年。

疑难问题

如何认定在公共场所引燃液化石油气罐的行为性质？

分歧意见

对于被告人张某强的上述行为，存在五种分歧意见：

第一种意见认为，张某强的行为属于正当防卫，因此不构成犯罪。

第二种意见认为，张某强的行为不属于正当防卫，但由于未造成严重后果，因而不构成犯罪。

第三种意见认为，张某强主观上出于泄愤目的，客观上实施了危害公共安全的放火行为，使用打火机直接点燃了液化石油气罐并形成火势，虽未酿成火灾后果，但已符合放火罪的基本构成，故应认定为放火罪。

第四种意见认为，根据液化石油气的易燃易爆属性，张某强的点燃行为极有可能引发爆炸的后果，因而其行为应当认定为爆炸罪。

第五种意见认为，张某强所采取的危害公共安全的手段并不是点燃液化石油气罐本身，点燃只是行为表现，真正危害公共安全的是点燃后可能引发的爆炸或者火灾。而究竟是何者，在结果出现前尚不明确，因此无论认定为放火罪抑或爆炸罪都不客观，而应认定为以危险方法危害公共安全罪。

深度评析

笔者认为，**本案当中张某强的行为应认定为以危险方法危害公共安全罪**。

1. 张某强的行为不能成立正当防卫。

我国《刑法》中的正当防卫，是目的正当性和行为防卫性的统一。[①]《刑法》第20条规定，为了使国家、公共利益、本人或者他人的人身、财产和其他权利免受正在进行的不法侵害，而采取的制止不法侵害的行为，对不法侵害人造成损害的，属于正当防卫，不负刑事责任。因此，成立正当防卫必须同时具备以下条件：（1）针对不法侵害行为所实施；（2）不法侵害实际存在且正在进行；（3）必须是为保护合法权益免受不法侵害而实行防卫；（4）必须是对不法

[①] 参见李君：《区分正当防卫与防卫过当的界限》，载《辽宁公安司法管理干部学院学报》2008年9月。

侵害者本人才能实行防卫，不允许对未参与侵害的其他人实行防卫；（5）防卫行为不能超过必要限度，造成不应有的危害。

综观本案，虽然被告人点燃液化石油气罐是为了制止他人的殴打，但从其所采取的行为方式、行为实施的时间和行为对象上来看，却并不符合正当防卫的构成要件。

第一，被告人在点燃气罐之前，对方已经停止了打击行为，所谓"防卫"行为并不适时。根据张某强的供述，在其大喊要点气罐之时，对方已经住手，被告人见状才关闭了气罐阀门，而后因为围观群众去抢其手中的打火机，其才点燃了气罐。由此可见，被告人的点燃行为发生在受到的侵害业已停止之后，其所谓的"防卫"行为是一种事后的行为。事后防卫的罪过形式，其实施者有两种心理状态，一种是明知侵害者已经停止而继续防卫，即加害于侵害人，这种行为是报复侵害，是一种故意犯罪行为；另一种是应该预见而没有预见不法侵害行为已经停止，仍继续防卫，属于一种过失犯罪。① 而不论为何者，都已经因时间的滞后性而实际阻断了加害行为的正当性。

第二，被告人点燃气罐烧伤的是围观群众，所谓"防卫"的对象不正确。正当防卫要求必须是针对不法侵害者本人实施，而不能对未参与侵害的其他人实行防卫。如果对不法侵害者之外的第三人造成损害，又不具备紧急避险的条件，那么应根据其有无故意或过失来确定其是否应负法律责任。② 本案当中，殴打张某强的是南某、姚某等人，而被告人点燃气罐烧伤的李某只是旁观人员，并未参与殴打行为。因此，其所谓的"防卫"行为一方面未能正确有效地施及于侵害者本人，另一方面更加对社会公共安全产生了严重危险。

第三，被告人所谓的"防卫"行为与侵害行为不相对等，前者在性质和程度上远远超过了后者。我国《刑法》第20条第2款规定，"正当防卫明显超过必要限度造成重大损害的，应当负刑事责任，但是应当减轻或者免除处罚"。所谓"明显超过必要限度，造成重大损害"，是指从双方的行为性质、手段、强度的比较看，防卫行为明显超过为制止不法侵害人所必须实行的侵害，造成不法侵害人伤亡等不必要的严重后果。③ 综观本案，被告人张某强在点燃气罐之时正处在超市的配电室门口，而旁边就是其所驾驶的载满液化石油气罐的货车，周

---

① 参见赵爱娟：《论防卫不适时》，载《大庆高等专科学院学报》2000年4月第20卷第2期。

② 参见胡光炜：《试论正当防卫构成条件》，载《湖北师范学院学报》（哲学社会科学版）2006年第26卷第2期。

③ 参见龚泉周、李宏健：《试论正当防卫之必要限度》，载《法制与社会》2008年8月。

围还有大量的围观群众。正是在这样的场景下,在对方已经停止了殴打行为的前提下,被告人不顾社会公众的安全,为了阻挠他人对打火机的抢夺而将液化石油气罐点燃,并最终导致将他人烧伤。

因此,张某强的行为难以符合正当防卫的构成要件。

2. 张某强的行为不能认定为放火罪和爆炸罪。

第一,犯罪活动客观外在表现即犯罪行为,是准确认定罪名的主要因素。从放火罪、爆炸罪及以危险方法危害公共安全罪这三种犯罪的构成上来分析,主体均为一般主体,行为人在主观上都出于故意,在客观上都实施了危害公共安全的行为。"放火"是指故意使对象物燃烧、引起火灾的行为,"爆炸"是指故意引起爆炸物或其他设备、装置爆炸的行为,而"以危险方法危害公共安全"是指故意使用放火、决水、爆炸、投放危险物质以外的危险方法危害公共安全的行为,并且这种"危险方法"应当限于与放火、决水、爆炸、投放危险物质相当的方法,而不是泛指任何具有危害公共安全性质的方法。三者在客观上都"危害不特定或多数人的人身或重大财产的安全"①,而区别主要在于所实施的危害公共安全的具体行为各有不同。只有把握上述三罪的本质特征,了解各自具体的犯罪构成,才能够准确定性。

第二,本案当中,被告人在与他人发生纠纷、被对方多人围殴的情况下,气急败坏、不计后果地点燃了液化石油气罐,并扬言谁再动手就点燃液化石油气罐让其爆炸。其行为表现是以引火物质直接点火,极有可能造成火灾,表面上与放火罪相符。但仔细分析液化石油气罐的化学属性便可得知,它既不等同于直接被引火物质点燃焚烧的物品,也不能归为可以直接引发的爆炸物品,其同炸药或自制的爆炸装置之间是有显著区别的。因此,本案无论认定为放火罪抑或爆炸罪,都缺乏必要的犯罪构成。

第三,对于"危险方法"的认识,一般情况下是指与放火、爆炸、投放危险物质等方法相当或者相近的方法。在司法审判实践中,随着我国市场经济体制的逐步建立和完善,各种违法犯罪手段方法也不断发展,尤其是危害公共安全的恶性犯罪呈现出较为明显的上升趋势,因此对于"以危险方法危害公共安全罪"应当从犯罪构成的角度在理论和实践中加强探讨。我们对"危险方法"的认识既不能完全局限于同放火罪等行为相等或相近,也不能无限制地随意扩大适用范围,而是应当在严格遵循罪刑法定原则的前提下,坚持行为的社会危害性与犯罪构成所必需的主客观要件之间的有机统一。因此,我们必须按照犯罪行为所侵犯的直接客体确定罪名,才能够体现该项犯罪的最本质特征,从而

---

① 黎宏:《论放火罪的若干问题》,载《法商研究》2005年第3期。

反映出犯罪构成的必要条件和决定犯罪性质的重要因素,以力求准确划清罪与非罪、此罪与彼罪的界限,正确定罪量刑,保证《刑法》打击犯罪与保护人民两种作用的有机统一。

3. 张某强的行为应当构成以危险方法危害公共安全罪。

以危险方法危害公共安全罪是一个独立的罪名,它是指以放火、决水、爆炸、投放危险物质罪以外的各种不常见的危险方法实施危害公共安全的犯罪。① 刑法理论一般认为,本罪是危险犯。所谓危险犯,是指只要实施了刑法分则所规定的足以发生某种严重危害后果危险的行为,即构成犯罪既遂的犯罪。这种犯罪,即使严重后果尚未发生,也构成犯罪既遂。②

如前所述,本罪在客体上侵犯了社会公共安全,即不特定多数人的生命、健康或者公私财产的安全,在客观方面表现为以其他危险方法危害公共安全的行为。所谓其他危险方法,是指放火、决水、爆炸、投放危险物质之外的,但与上述方法在危险性上相当、足以危害公共安全的方法,即这种危险方法一经实施就同样有可能造成不特定多数人的伤亡或者重大公私财产的损失。

在主观方面,要求行为人具有犯罪故意,即明知其实施的危险方法会危害公共安全,会发生危及不特定多数人的生命、健康或公私财产安全的严重后果,并且希望或者放任这种结果发生。司法实践中,这种案件除少数对危害公共安全的后果持希望态度、由直接故意构成外,大多数是持一种放任态度,属于间接故意,本案即属此类。实施犯罪的目的和动机可以多种多样,但不论行为人是出于直接故意抑或间接故意,是基于何种个人的目的和动机,都不影响本罪的成立。

本案当中,被告人张某强具有危险货物运输驾驶员资格,其从 2000 年起就到单位从事交通运输工作,是一名受过专业培训、有着丰富驾驶经验的特种行业司机。在工作期间其多次参加了公司组织的各种岗位培训和安全防范教育培训,对于液化石油气具有易燃易爆的特殊危险属性是非常了解的,并且清楚地知道无论在任何情况下都不能直接用明火接触液化石油气,否则极有可能引发火灾、爆炸等严重的危害后果。根据张某强本人的供述及多名证人的证言,均能够证实被告人在点燃石油气罐之前曾经说过"炸死你们"这样的话语,由此能够充分反映出其在主观上对于点燃行为可能导致的危害后果的明知。

本案的起因是由于被告人及其同事受到了他人的殴打,情急之下采用了点

---

① 参见谭绍木、黄秋生:《"以危险方法危害公共安全罪"中"危险方法"的展开》,载《南昌航空工业学院学报》(社会科学版) 2005 年 1 月第 7 卷第 1 期。

② 参见马克昌:《刑法学全书》,上海科学技术文献出版社 1993 年版,第 125 页。

燃液化石油气罐的极端方式。虽然被告人在主观上是为了自救，但与此同时，其也深知这种"自救"方式不但能够阻却他人的侵害，同时也对公共安全产生了巨大的威胁。现场参与殴打的人员及旁观人员均证实，被告人点燃石油气罐的地点就在超市的配电室门口，紧邻其旁的是卖水果的小摊和络绎过往的行人，还停放着被告人所驾驶的满载着液化石油气罐的货车。因此，被告人点燃石油气罐的行为对于公共场所他人的人身和财产安全的威胁是显而易见的，并且在实际上也导致了无辜人员的身体损伤。

被告人点燃气罐的行为，一方面可能引发火灾，另一方面也不排除产生爆炸的结果。而无论是出现其中一种后果抑或两种后果同时出现，都将使社会公众的生命、健康和财产遭受损失，而这种后果是被告人在行为之时主观上无法事先控制的。从其实施的行为方式来看，亦完全符合同放火、决水、爆炸、投放危险物质等手段相类似的"危险方法"的特征。

综上所述，通过对本案各项事实证据综合分析，并严格把握危害公共安全犯罪的构成要件和基本特征，对于被告人张某强的行为应当认定为以危险方法危害公共安全罪。

（供稿：北京市东城区人民检察院　赵　杰

案例编辑：北京市人民检察院　庞　静）

[第002号]

梁某春以危险方法危害公共安全案
——危害公共安全犯罪中的罪名认定、犯罪形态、一罪与数罪问题

办案要旨

以危险方法危害公共安全罪与爆炸罪、决水罪是并列关系,而不是从属关系,也不存在法条竞合关系。如果犯罪手段明确,应当以相应的罪名认定,而不是以其他手段模糊界定,故本案应认定为以危险方法危害公共安全罪。此外,刑法总则中的犯罪停止形态规定亦应适用于刑法分则条款,具体危险犯在未造成特定危险的情况下,亦可存在中止及未遂形态,但已经造成具体危险尚未产生损害后果的情况,其行为应为既遂。

基本案情

梁某春,男,河北省人。2004年、2011年,因扰乱公共秩序被河北省宽城满族自治县公安局处予行政拘留14日、10日;2012年3月,因扰乱公共秩序被北京市公安局公共交通安全保卫分局处予行政拘留5日。

2012年7月16日11时许,梁某春携带104枚双响爆竹及疑似汽油的液体约2升等物品从北京市南礼士路站乘坐1路公交车,上车后,梁某春对乘务人员张某英称自己身上携带爆炸物,要求公交车将其带至中南海。张某英立即将该情况告知公交车司机,司机在复兴门东南侧教育电视台路边停车后,乘务人员将车上乘客疏散下车并报警。闻讯赶来的两名武警战士上车后准备对梁某春实施控制时,梁某春从兜内掏出打火机欲将包内的爆炸物点燃,后被武警战士和司机制服。经鉴定,梁某春所持有的果汁塑料瓶内的黄色液体为汽油,包内双响爆竹内的装药和塑料袋内的银灰色粉末均为烟火药。

北京市公安局丰台分局以犯罪嫌疑人梁某春涉嫌以危险方法危害公共安全罪对其提请逮捕,后北京市丰台区人民检察院批准逮捕,并变更罪名为劫持汽车罪。

北京市公安局丰台分局于2012年9月26日以犯罪嫌疑人梁某春涉嫌爆炸罪、劫持汽车罪移送审查起诉。

北京市丰台区人民检察院于 2012 年 12 月 20 日以被告人梁某春涉嫌以危险方法危害公共安全罪提起公诉。

北京市丰台区人民法院于 2013 年 2 月 20 日以被告人犯以危险方法危害公共安全罪（未遂），判处有期徒刑 5 年。

疑难问题

本案应当认定为爆炸罪还是以危险方法危害公共安全罪？其犯罪形态是既遂还是未遂？劫持汽车的行为是否应再单独评价为一罪？

分歧意见

第一种意见认为，梁某春的行为构成以危险方法危害公共安全罪，其犯罪停止形态为既遂。

第二种意见认为，梁某春的行为构成以危险方法危害公共安全罪，但其行为应评价为犯罪未遂。

第三种意见认为，梁某春劫持汽车的行为构成爆炸罪，其劫持汽车的行为，不单独评价为犯罪，作为爆炸罪的一个量刑情节考虑更为适当。

深度评析

笔者认为，**梁某春劫持汽车的行为构成爆炸罪**。理由如下：

1. 爆炸罪或者放火罪、决水罪、投放危险物质罪与以危险方法危害公共安全罪之间是并列关系，而不是从属关系，也不存在法条竞合关系。如果犯罪手段明确应当以相应的罪名认定，而不是以其他手段模糊界定，以危险方法危害公共安全罪定性。

《刑法》第 114 条和第 115 条均为简明罪状，在同一法条中，规定了放火、决水、爆炸、投放危险物质与以危险方法危害公共安全罪数个罪名，数个罪名之间具有同质性，只是客观行为手段不同。笔者认为，以危险方法危害公共安全罪的客观行为应是使用放火、决水、爆炸、投放危险物质以外的其他危害公共安全的方法实施的犯罪。但是，由于立法技术的原因，《刑法》对本罪其构成要件中的实行行为缺乏定型性描述，刑法理论上也一直未能对其构成要件做出清晰的界定，导致实务中该罪成为难以准确把握的罪名，有沦为新的"口袋罪"的趋势。① 其难以把握的困惑主要在于，危险的同质性的标准应当如何把握，即

---

① 参见陈兴良：《口袋罪的法教义学分析：以以危险方法危害公共安全罪为例》，载《政治与法律》2013 年第 3 期。

何种行为应当判定为与爆炸、放火、决水、投放危险物质具有同质性。而对于放火、爆炸、决水等犯罪手段特定化明确的，其适用罪名则应按照其实行行为来认定，不宜一味归入以危险方法危害公共安全罪。

本案中，公安机关以爆炸罪、劫持汽车罪移送起诉，检法均认定以危险方法危害公共安全罪。梁某春案的犯罪手段是明确的，即持有爆炸物并意图点燃。从物证看，其使用的犯罪工具为104枚捆绑在一起的双响爆竹、装有银灰色火药粉末的塑料袋一个、已拆解的双响爆竹一个及装有2升左右汽油的塑料瓶一个，这些爆炸物装置具备可爆炸性的杀伤力。从言词证据看，其所乘坐的公交车乘务人员张某英、司机刘某辉等人的证言，均证实梁某春上车后对乘务员张某英说自己携带爆炸物，要求公交车将其带到中南海。其本人亦供述，看到武警过来就说："你们别过来，我身上有爆炸物，过来我就点着了。"因此，从犯罪手段来看，本案被告人梁某春使用爆炸物的方式是明确的，不存在使用爆炸、决水、放火、投放危险物质以外的其他手段需要以其他方法认定其客观行为的情形，直接以爆炸罪定性更为适当，认定以危险方法危害公共安全罪有适用"口袋罪"之嫌。至于梁某春辩解其携带汽油、"二踢脚"乘坐公交车是想威胁公交车司机把其拉到中南海门口，想制造影响，让中央领导重视其问题，尽快解决上访的问题，应当是被告人对于其犯罪动机的描述，不影响对其客观行为的认定。

2. 刑法总则中的犯罪停止形态规定亦应适用于刑法分则条款，危险犯在未造成具体特定危险的情况下，亦可存在中止及未遂形态，但已经造成具体危险又尚未造成损害后果的情况下，其行为应为既遂。

《刑法》第114条规定以放火、决水、爆炸以及投放危险物质或者其他危险方法危害公共安全，尚未造成严重后果的，处3年至10年有期徒刑；第115条第1款规定采用上述方法致人重伤、死亡或者使公司财产遭受重大损失的，处10年以上有期徒刑至无期徒刑、死刑。长期以来，实务界多持危险犯的观点，即一旦实行《刑法》所规定的行为，且造成对不特定或多数人的危险，即构成既遂，该罪不存在未遂和中止状态。对于危险犯，刑法理论界则存在两种观点，一种观点与实务界的传统观点一致，另一种观点则认为仍应适用总则中关于犯罪预备、未遂、中止的规定。以爆炸罪或以危险方法危害公共安全罪为例。第一种观点认为，《刑法》第114条实际上是第115条第1款的未遂形态，因此第114条本身就是未遂犯，不存在未遂的未遂，没有独立适用总则关于犯罪未遂的必要，因此有观点否定危险犯成立犯罪未遂。但这种观点实际上将危险犯都当作未遂犯来理解，是从实害犯的角度来论证危险犯，混淆了危险犯与实害犯的界限，忽视了危险犯存在的独立价值。第二种观点认为，《刑法》将此种未遂状态独立评价为犯罪就不能再视为单纯的未遂犯,而是具有独立构成要件的犯罪,其在形式上表现为既遂,总则中关于预备、未遂与中止的规定原则上也适用于此类犯罪。具体危险犯既遂的成立,需要以存在紧迫的、现实的具体危险为条件。

例如,甲和乙意图炸毁天安门广场上的人民英雄纪念碑,如果甲和乙已经引爆了炸药,炸坏了纪念碑,就要根据《刑法》第115条第1款的规定来处罚;如果甲和乙正要引爆炸药就被抓捕,未给纪念碑造成任何损害,就要因为存在炸坏纪念碑的具体危险而适用《刑法》第114条的规定来处罚甲和乙;如果公安机关因形迹可疑而盘查乙时,得知甲正携带炸药包在来纪念碑的路上,于是在东直门大街拦截了甲开的汽车,抓捕了甲,缴获了甲汽车里的炸药包,就要因为存在炸坏纪念碑的抽象危险,而结合《刑法》第114条和《刑法》第23条的规定,以爆炸罪的未遂犯来处罚甲乙。①

笔者同意上述第二种观点,爆炸罪等同样存在未遂及中止形态,但本案中梁某春的行为已经独立构成第114条的爆炸罪,而并非未遂状态。第114条和第115条第1款系《刑法修正案(三)》所修改内容,将之前爆炸罪尚未造成严重后果认定为犯罪未遂的行为独立认定为爆炸罪,其立法意图旨在强调相关法益的重要性,应是基于周延保护法益的考虑,因此采用了危险犯的立法技术。② 本案中,武警战士上车后准备对梁某春实施控制时,梁某春从兜内掏出打火机欲将包内的爆炸物点燃,后被武警战士和司机制服。从其掏出打火机欲将爆炸物点燃时,其行为已经造成了具体的危险,其爆炸的危险性已经从抽象到具体,因此其行为已经符合《刑法》第114条规定的爆炸罪的全部构成要件要素。第114条的爆炸罪不要求造成实害后果,只要具有造成公共安全现实的、紧迫的危险即既遂,梁某春掏出打火机欲点燃爆炸物之时,此种危险状况已经迫在眉睫,与学者所举例证中的第二种情形甲和乙正要引爆炸药就被抓捕认定为既遂相似。

以判例为例。2003年北京市高级人民法院二审终审张某积爆炸案,张某积为发泄对政府的不满,蓄意以在北京天安门广场散发传单、自焚的方式制作影响,自制了大量传单并购买了汽车、鞭炮、汽油等作案工具,驾车在行驶到天安门广场金水桥前由东向西的机动车道时,向车外抛撒传单,并欲用点燃的香烟引燃车上的汽油、鞭炮等易燃易爆危险品,被民警及时发现并当场抓获。判

---

① 参见冯军:《论〈刑法〉第133条之1的规范目的及其适用》,载《中国法学》2011年第3期。

② 参见劳动燕:《以危险方法危害公共安全罪的解释学研究》,载《政治与法律》2013年第3期。

决认定张某积犯爆炸罪,犯罪既遂,判处有期徒刑6年。①

3. 从客观上分析对公共安全造成侵害的是爆炸行为,被告人主观上分析其实现目的的手段也是以爆炸的行为,而不是劫持汽车的行为。因此对劫持汽车的行为不单独评价为犯罪,作为爆炸罪的一个量刑情节考虑更为适当。

司法实践中经常会遇到被告人的行为究竟是一罪还是数罪的问题,区分罪数有利于准确定罪、合理量刑。本案当中梁某春有两个行为:一是爆炸行为,即携带爆炸物乘坐公交车,由于公交车是公共交通工具,在公交车上实施爆炸行为危及的是不特定多数人的安全,构成爆炸罪;二是以爆炸为手段劫持汽车的行为,梁某春在上车后,对乘务人员称自己身上携带爆炸物要求公交车将其带至中南海。如果按照牵连犯的观点,爆炸是手段行为,劫持汽车是目的行为,从一重罪处罚,应当认定劫持汽车罪。因为从爆炸罪与劫持汽车罪的处罚来看,《刑法》第114条爆炸罪的法定刑是有期徒刑3年至10年;第122条劫持汽车罪未造成严重后果的法定刑是有期徒刑5年至10年,从法定刑来比较劫持汽车罪要重于爆炸罪。

但综合本案情况,认定被告人梁某春犯爆炸一罪较为妥当,对劫持汽车行为可以不单独评价为劫持汽车罪。理由如下:第一,爆炸罪与劫持汽车罪都是危害公共安全类的犯罪,第114条的爆炸罪和未造成严重后果的劫持汽车罪都是危险犯,二者在侵犯的客体上具有同一性。第二,本案虽有两个行为,但真正对公共安全可能造成侵害的是被告人所采用的爆炸手段而非劫持汽车的手段。从本案的客观情况来看,被告人梁某春希望公交车带其至中南海,告知乘务人员张某英自己携带爆炸物,张某英立即通知了该车司机并与其他乘务人员对公交车上的乘客进行了疏散,并停车报警;从被告人的供述来看,其随身携带爆炸物或劫持汽车的目的是解决上访问题,"上访问题没有解决,我就要引爆随身携带的'二踢脚'、汽油自杀"。因此从客观上分析对公共安全造成侵害的是爆炸行为,被告人主观上分析其实现目的的手段也是以爆炸的行为,而不是劫持汽车的行为。因此对劫持汽车的行为不单独评价为犯罪,作为爆炸罪的一个量刑情节考虑更为适当。

(供稿:北京市人民检察院 李 佳
案例编辑:北京市人民检察院 庞 静 刘丽娜)

---

① 案例来源:北大法宝,网址:www.vip.chinalawinfo.com。

[第003号]

祁某霞过失投放危险物质案

——是否具有预见义务和预见能力是区分疏忽大意的过失与意外事件的标准

办案要旨

疏忽大意的过失与意外事件的区分标准是是否具有预见义务和预见能力。在判断预见能力时,应当以行为人自身的实际注意能力作为主要标准,以社会上一般人的预见能力作为重要参考,同时关注可能对行为人预见能力产生重大影响的因素。被告人作为食品加工销售者,应该在添加调料时具有高于一般人的预见义务,因此,其行为应构成过失投放危险物质罪。

基本案情

被告人祁某霞,女,1953年11月14日出生,汉族,文盲,农民。

经审查查明:祁某霞与丈夫于2005年3月来京后,租住在本市朝阳区一出租房,靠卖熟毛鸡蛋为生。每天上午,祁某霞在暂住地将生毛鸡蛋洗净后放入铝锅煮熟,放入盆里撒盐腌制,以备下午拿到某学校附近摆摊销售。同时,被告人还会自行配制由辣椒面、孜然、味精、盐所组成的混合调料,用来撒在毛鸡蛋上供顾客食用。配料中的辣椒面、孜然、味精一般由其丈夫从市场购买,食盐则有时由祁某霞直接从超市购买。2005年8月中旬,祁某霞在京卖羊蹄的亲属要回老家,临行前将衣物及卖羊蹄所用的锅和调料(包括一小袋亚硝酸钠,但未向祁某霞说明)等物存放在祁某霞的暂住地。祁某霞在整理物品时,发现了包装袋中的亚硝酸钠,由于不认识字,在看到外包装袋与糖袋、盐袋相似,且袋内尚留有一小部分白色物质的情况下,就认为袋中所装物品可能为食糖或食盐,并将袋子放在了酱油瓶旁边。9月7日,祁某霞在准备腌制毛鸡蛋时,发现盐瓶中的食盐不多,便顺手拿起装有亚硝酸钠的白色塑料袋,捏起一点白色颗粒品尝,感觉有点咸味,便认为是食盐,将亚硝酸钠用来腌制毛鸡蛋,并于当天下午在学校附近摆摊销售,致使30余名顾客出现不同程度的中毒反应,其中一人经抢救无效死亡。案发后,北京市疾病预防控制中心出具的《检测报告》证明，死者口腔涂抹以及其他被害人的呕吐物、剩余毛鸡蛋内均检验出亚硝酸钠，且呈阳性或强阳性反应。北京市公安局朝阳分局法医检验鉴定所出具的《尸体检验鉴定书》也证明，死者系因亚硝酸盐中毒死亡。后祁某霞被民警查获。

2005年11月8日，北京市公安局朝阳分局以〔2005〕第3102号起诉意见书认定祁某霞误将亚硝酸盐当食盐加入毛鸡蛋中出售，致使32名食者中毒，其中1名儿童经医院抢救无效死亡，其行为触犯了《刑法》第233条的规定，并以祁某霞涉嫌犯过失致人死亡罪向北京市朝阳区人民检察院移送审查起诉。

2006年2月9日，朝阳区检察院以京朝检刑诉〔2005〕2983号起诉书向朝阳区法院指控被告人祁某霞在出售食物中过失投放亚硝酸盐，造成1人死亡、多人中毒的后果，其行为触犯了《刑法》第115条第2款，构成过失投放危险物质罪。

朝阳区法院认为：被告人祁某霞在制作食品中过失投放亚硝酸钠，且在公共场所非法出售，造成1人死亡、多人中毒的严重后果，其行为危害了公共安全，构成过失投放危险物质罪。对被告人判决如下：被告人祁某霞犯过失投放危险物质罪，判处有期徒刑4年6个月。

疑难问题

如何区分疏忽大意的过失犯罪与意外事件？

分歧意见

第一种意见认为，本案属于意外事件，祁某霞的行为不构成犯罪。中毒事件的发生是因为祁某霞不认识字，无法准确区分食盐和亚硝酸钠而造成，这就决定了她对于本案中1人死亡、30余人中毒的危害后果并不具有预见能力。同时，她是在经过品尝确认有咸味的情况下才误将亚硝酸钠当作食盐使用，因此可以认为祁某霞作为文盲已经尽到了她所能够尽到的注意义务。因此本案是一起意外事件，被告人在案发过程中主观上不具有犯罪故意或过失，不应当承担刑事责任，而仅仅负有民事上的赔偿责任。

第二种意见认为，祁某霞的行为构成了过失投放危险物质罪。祁某霞无视公共安全，因疏忽大意将危险化学物品亚硝酸钠当作食盐投入食物中，造成1人死亡、30余人中毒的严重后果，其行为危害了不特定多数人的生命健康权，因此构成了过失投放危险物质罪。

深度评析

笔者认为，**祁某霞的行为构成过失投放危险物质罪**。理由如下：

1. 祁某霞实施了《刑法》第115条所规定的投放危险物质的行为。

《刑法》第115条所规定的"危险物质"是指毒害性、放射性、传染病病原体等物质，其中"毒害性物质"通常指能够直接致人伤亡的各种化学毒物。祁某霞在毛鸡蛋中所投放的"亚硝酸钠"就是一种毒性很强的化学物品，人体摄入0.2~0.5克亚硝酸钠即可引起急性中毒，摄入1~2克则可致人死亡。为此国家将其列入《危险化学品名录》之中，并严格限制亚硝酸钠作为防腐剂在食品中的使用。① 因此，被告人向毛鸡蛋中投放亚硝酸钠的行为应当属于投放危险物质的行为，且因其销售行为已经危害到不特定多数人的生命健康。

2. 被告人祁某霞在主观上具有疏忽大意的过失。

过失投放危险物质罪要求行为人主观上存在过失，包括疏忽大意的过失和过于自信的过失。过失犯罪具有3个显著特征：一是行为人应有的认知能力与实际行为所表现出来的认知能力不一致；二是行为人的应为行为与实际所为行为不一致；三是行为人的主观愿望与客观效果不一致。而意外事件则是指主观上无罪过的行为，即行为人在主观上没有故意或过失，损害结果是由于不能预见、不能抗拒的原因引起的。由此可见，疏忽大意的过失与意外事件虽然都表现为行为人没有预见到自己的行为可能造成的社会危害结果，但是二者之间还是存在本质区别的。疏忽大意的过失中行为人具有预见义务和预见能力（即《刑法》条文中所规定的"应当预见"），只是因为疏忽大意而没有预见；意外事件中的行为人则是因为不具备预见义务和预见能力，故而无法预见到危害结果的发生。因此，在对疏忽大意的过失和意外事件进行区分时，应当重点判断行为人是否具备相应的预见义务和预见能力。

预见义务是指行为人负有的预见危害结果发生的责任。对于预见义务的来源在理论界尚存在一定的争议，我们认为应当将行为人预见义务的来源归结为以下两个方面：一是以法律、法令、法规、制度、命令、合同等形式所明示的预见义务。例如《刑法》中所规定的重大责任事故罪、医疗事故罪通常属于违反此类预见义务的过失犯罪。二是一般的社会经验所要求的行为人在实施特定行为时所应履行的预见义务，其中包括了一定职业和业务对行为人所提出的特殊的预见义务以及日常生活准则所确立的预见义务等。结合本案，不论是从

---

① 食品卫生标准（GB 10147-88）中对于亚硝酸钠（以 $NaNO_2$ 计）的使用规定为：香肠、香肚（20 mg/kg）、蔬菜（4 mg/kg）、粮食中（3 mg/kg）。

《食品卫生法》① 等法律、法规的具体规定角度，还是从一个食品加工者所应具备的社会经验角度来看，祁某霞都负有制售符合卫生标准食品的义务，而且是负有较高的避免出售对人体有害食物的预见和注意义务。

预见能力是指行为人具有预见危害结果发生的实际能力。我们认为在判断预见能力问题时，应当以行为人自身的实际注意能力作为主要标准，以社会上一般人的预见能力作为重要参考，同时应当密切关注可能会对行为人预见能力产生重大影响的因素，如后果可能的危害程度、实施具体行为时的客观环境以及行为人对所实施的行为的熟悉程度等。细言之，就是在进行具体分析时，首先要注意在当时具体的条件之下，一般具有正常理智的人对这种结果的发生能否预见，从而做出初步的判断。在此基础上，从实际案情出发，根据行为人的年龄、所从事的职业、技术熟练程度、社会阅历、智力水平、案发时的环境是否可能降低其预见能力等客观因素，分析判断行为人在案发时的实际预见能力。

结合具体案情，我们认为祁某霞在本案中具有预见能力：第一，两种物质在物理形态上的明显差异使预见成为可能。亚硝酸钠是白色而略显淡黄的物质，而食盐是纯白色物质，两种物质在感官上具有一定差异，作为一名成年人只要认真观察是可以及时发现的。第二，祁某霞特殊的职业身份和社会经验决定了她具有预见能力。祁某霞作为长期从事食品加工销售的人员，且曾经单独购买过食盐，应当熟悉食盐的特性和包装，且祁某霞实际上也并不十分肯定袋中的物质就是食盐，这种不肯定也说明祁某霞具备一定的识别能力，只要细心、负责就可以发现袋中物质与食盐的不同。第三，当时的客观条件决定了祁某霞具有预见的可能。当时并不存在时间上的紧迫性，如果祁某霞对于包装袋中所放物品无法作出准确判断的话，她完全可以进一步向他人进行求证，但她只是品尝了一下就草率作出判断，这种草率行为正是案发的主要原因。由于食品加工业赋予祁某霞较高的注意义务，祁某霞应当明确自己向食品中添加物质的属性，而且也能够预见到如果添加错误的物质可能导致的严重后果，其在对所添加物质并不十分明确的情况下，为图省事，草率作出决定，当然应当承担相应的法律责任。

综合上述分析，我们认为祁某霞作为食品加工销售者，法律、法规赋予了其高于一般人的预见义务，但是其在实施具体行为过程中却并未完全尽到上述预见义务，并且在具有预见能力的情况下，由于疏忽大意使自己的实际行为远远低于自己应有的预见能力，因此其在主观上具有疏忽大意的过失。此外还需

---

① 《食品卫生法》明确规定：不得生产经营含有毒、有害物质或者被有毒、有害物质污染，可能对人体健康有害的食品。

要指出的是，我们认为公安机关将本案定性为过失致人死亡罪是错误的。过失致人死亡罪所侵犯的客体是特定的客体，而本案中祁某霞投放亚硝酸钠的行为所侵犯的客体是不特定的客体，是一种危害公共安全的行为，因此祁某霞的行为应当构成过失投放危险物质罪，而非过失致人死亡罪。

（供稿：北京市朝阳区人民检察院　马新宇

案例编辑：北京市人民检察院第三分院　李　凯）

[第 004 号]

齐某山交通肇事案
——交通肇事致行为人本人重伤宜作不起诉处理

办案要旨

《刑法》中的"人"指一切人,当然包括行为人本人,所以交通肇事罪中"致人重伤、死亡"中的"人"包括行为人本人。如果行为人违反交通运输法规,造成本人重伤,符合交通肇事罪构成要件的,应当以交通肇事罪定罪量刑。但基于行为人已构成重伤,再次危害社会的可能性较低,应结合本人整体情况认定情节是否显著轻微、危害不大,进而作出不起诉决定。

基本案情

被不起诉人齐某山,男,1963年1月出生,汉族,北京市人。无前科劣迹。因涉嫌犯交通肇事罪于2013年3月11日被北京市密云县公安局取保候审。

齐某山于2012年3月20日12时15分许,在北京市密云县左堤路三驾校南侧路口,无证驾驶"嘉陵"牌二轮摩托车由西向东行驶,适有齐某争驾驶"奇瑞"牌小型客车由东向西行驶,二轮摩托车左前侧与小型客车前部接触,造成两车损坏,齐某山受伤。经法医鉴定齐某山的身体所受损伤程度属重伤,主要损伤为右颞硬膜下血肿开颅清除。经密云县公安局交通大队认定齐某山承担事故主要责任,齐某争承担事故次要责任。事故发生后,因头部受伤齐某山被评定为二级智力残疾。

2013年6月24日,北京市密云县人民检察院检察委员会2013年第11次会议决定:对齐某山依照《刑事诉讼法》第173条第1款规定决定不起诉。

疑难问题

本案中,被不起诉人齐某山无证驾驶摩托车上路,发生交通事故致其本人受重伤是否构成交通肇事罪?应如何处理?

分歧意见

第一种意见认为，按照文理解释，《刑法》条文中的"人"指一切人，当然包括行为人本人。根据法律面前人人平等原则、罪刑法定原则，被不起诉人齐某山的行为已构成交通肇事罪。但是该案情节轻微，以被不起诉人齐某山目前的身体、精神状况，其社会危险性较小，可以酌定不起诉。

第二种意见认为，《刑法》第133条"致人重伤、死亡"表述中不包括行为人本人，否则在案件中会出现被告人与被害人为同一人。因不符合刑法分则规定的入罪标准，齐某山的行为不构成交通肇事罪。

第三种意见认为，《刑法》第133条"致人重伤、死亡"中的"人"包括行为人本人，即被不起诉人齐某山的行为符合刑法分则规定。但是，交通肇事后，只有行为人本人受重伤，且落下残疾。该案情节显著轻微，危害不大，不宜按犯罪处理，应作法定不起诉。

深度评析

笔者认为，**齐某山的行为构成交通肇事罪，但应作法定不起诉**。理由如下：

1. 对《刑法》条文的解释应从以《刑法》条文字面意思为出发点，尊重原意，将本条文中的"人"解释为"不包括行为人本人的人"属于缩小解释。"人"其实是一个种属概念，在法律条文里频繁出现，对其解释应当在整个体系中都均衡适用，不能随意缩小或扩张，否则不仅违背了罪刑法定原则，而且破坏了《刑法》的权威性。况且，在有些《刑法》条文中，将行为人以外的人作了单独规定，如《刑法》第234条第1款规定："故意伤害他人身体的，处三年以下有期徒刑、拘役或者管制。"

2. 交通肇事罪规定在刑法分则第二章"危害公共安全犯罪"中，该罪侵犯的客体是交通运输安全，即与交通运输紧密相连的不特定多数人的生命和财产安全。齐某山驾驶机动车在公共道路上行驶，其本人也属于"不特定的多数人"中的一员，也在交通运输法规保护范围之内。齐某山违反交通运输法规驾车上路，不管造成他人受伤或自己受伤，对整个社会来讲，法益都受到了侵害。

3. 客观方面，齐某山的行为符合《刑法》第133条交通肇事罪的罪状。

案发前，齐某山达到刑事责任年龄且精神、智力正常，没有机动车驾驶证仍然驾车上路违反了交通运输安全法规，从而导致一人重伤的交通事故。经专门部门鉴定，齐某山承担事故主要责任。齐某山的行为方式和危害结果达到《刑法》规定的入罪标准，符合《刑法》第133条的罪状。

4. 齐某山的行为虽然符合《刑法》第133条交通肇事罪的客体和客观方面，即符合刑法分则的规定；但因犯罪情节显著轻微，危害不大，根据《刑事诉讼法》第15条的规定，不宜按犯罪处理。交通肇事罪是过失犯罪，行为人并不希望危害结果发生，齐某山虽然违反了交通运输安全法规因而发生重大交通事故，但只有其本人受重伤，没有造成其他伤亡。事故发生后，齐某山成了二级智力残疾，生活已难以自理，已经不可能再驾车上路危害公共交通安全，继续危害社会的可能性较小。

综上所述，齐某山的行为符合《刑法》第133条交通肇事罪的犯罪构成，但是因犯罪情节显著轻微，危害不大，根据《刑事诉讼法》第15条第1款的规定，作绝对不起诉处理。

（供稿：北京市密云县人民检察院　张　雪
案例编辑：北京市人民检察院　刘丽娜）

[第 005 号]

李某勇交通肇事案

——被害人被卷入车底后，驾驶人员未立即停车，
被害人死亡的，应认定为交通肇事罪

办案要旨

交通肇事罪和故意杀人罪有着本质的区别，行为人在交通肇事后没有及时停车查看，而是继续行驶，在行驶的过程中导致被卷入车下的被害人被拖带致死的行为构成何罪，应重点考察行为人的主观心理转变，如果肇事后致使被害人陷入死亡的现实危险，仍积极追求或放任死亡后果的发生，构成故意杀人。但本案的现有证据无法证明被害人的死亡与李某勇的行为具有因果关系，也无法证明李某勇具有故意杀人的主观故意，因此应认定为构成交通肇事罪。

基本案情

被告人李某勇，男，32 岁（1978 年 6 月 25 日出生），汉族，初中文化，北京市出租汽车有限公司司机，住北京市平谷区；因涉嫌交通肇事罪于 2009 年 11 月 5 日被羁押，同年 11 月 20 日被逮捕。

被告人李某勇于 2009 年 11 月 5 日 4 时许，驾驶灯光不合格的北京市某出租汽车有限公司的捷达牌出租车，行驶至北京市东城区安德路东口 27 路公交车总站前时，将醉酒后倒卧在机动车道内的被害人王某卷入车底拖带，致其双侧多发肋骨骨折，断端刺入心脏，造成心脏破裂致大出血死亡。后被告人李某勇驾车逃逸。经北京市公安局公安交通管理局东城交通支队认定：被告人李某勇负本次事故主要责任；被害人王某负次要责任。李某勇于案发当日被公安机关传唤。

本案由北京市公安局东城分局侦查终结，以李某勇涉嫌故意杀人罪，于 2010 年 1 月 20 日移送审查起诉。

北京市东城区人民检察院审查后，于 2010 年 5 月 10 日以交通肇事罪对被告人李某勇提起公诉。

北京市东城区人民法院经审理认为：被告人李某勇违反交通运输管理法

规,发生重大事故,致1人死亡,且在发生交通事故后逃逸,其行为危害了公共安全,已构成交通肇事罪,依法应予以刑罚处罚。检察机关对被告人李某勇的指控成立。考虑被害人王某在此次事故中有过错,李某勇能够如实供述自己的罪行等情节,可对其酌予从轻处罚。依照《刑法》第133条,最高人民法院《关于审理交通肇事刑事案件具体应用法律若干问题的解释》第2条、第3条判决被告人李某勇犯交通肇事罪,判处有期徒刑4年。被告人李某勇及附带民事诉讼被告北京市某出租汽车有限公司连带赔偿附带民事诉讼原告人贾某、杨某死亡赔偿金、丧葬费、救护费、尸体冷冻费、误工费等损失共计人民币283674.4元。

被告人、附带民事诉讼原告人接到判决后,未提出上诉,判决已生效。

疑难问题

被害人被卷入车底后,驾驶人员未停车查看,继续行驶,被害人死亡的,应认定为何罪?

分歧意见

第一种意见认为,被告人李某勇的行为构成故意杀人罪。第一,被害人的死亡系由于被告人拖带被害人情况下仍不停车而造成。第二,被告人在主观上放任了被害人的死亡。即被告人明知被害人已被撞入车底,但是其仍然继续行驶,且在拖带的过程中还能在自身控制下驾车转弯,证实其对车仍有控制能力。第三,根据《关于审理交通肇事刑事案件具体应用法律若干问题的解释》所规定的:行为人在交通肇事后为逃避法律追究,将被害人带离事故现场后隐匿或遗弃,致使被害人无法得到救助而死亡的,应依照故意杀人罪定罪处罚。该案中,李某勇的行为属于遗弃被害人的行为。综上,李某勇是在能对自行行为有控制力的情形下,不履行救助义务,放任被害人的死亡。

第二种意见认为,被告人李某勇的行为构成交通肇事罪。被告人在疲劳状态下驾驶车辆,未能及时判断路况,碾压醉卧在道路上的被害人,而后逃逸。现有证据不能证明被害人死亡是在最初碾压还是由于被害人继续驾驶导致,且被害人辩解自己发生事故后掉头回来看现场,发现卧倒在地上的被害人,因此无法证明其主观罪责是否在拖拽被害人过程中由过失转化为放任,也不能排除被害人因被告人最初碾压已经身亡的可能性,故对被告人的行为应认定为交通肇事罪。

深度评析

笔者认为,**李某勇的行为构成交通肇事罪**。具体理由如下:

1. 本案不属于交通肇事后为了逃避法律追究,将被害人带离事故现场后隐藏,致使被害人无法得到救助而死亡的情况。

最高人民法院《关于审理交通肇事刑事案件具体应用法律若干问题的解释》规定:行为人在交通肇事后为逃避法律追究,将被害人带离事故现场后隐匿或遗弃,致使被害人无法得到救助而死亡的,应依照故意杀人罪定罪处罚。该条款所规定的"交通肇事行为转化故意杀人行为"情形,需要符合两个阶段的行为特征,即第一阶段行为为基本的交通肇事行为,第二阶段的行为为不履行救助义务,并故意将被害人置于"不能得到救助"的危险境地。本案中,被告人李某勇仅有前一个阶段的行为,即交通肇事行为,并未实施将被害人带离现场的行为。其驾驶车辆在事故发生后对被害人的拖带以及此后的逃逸行为是一个整体行为,并未将被害人置于隐匿地点。因此,在事故发生与将被害人"拖带离开现场"两个事实中间,被告人的行为没有中断,不符合上述解释中构成故意杀人罪的情形。

2. 现有证据足以证实被害人的死亡与被告人的行为之间具有因果关系。

刑法上的因果关系是指犯罪行为与对定罪量刑有价值的危害结果之间引起与被引起的联系。按照刑法罪责自负原则,一个人只能对自己的危害行为所造成的危害结果负刑事责任。因此,当某种危害结果已经发生,如果要行为人对该结果承担刑事责任,就必须确认其行为与该结果之间存在因果关系。本案被告人是否应对被害人的死亡承担刑事责任,关键取决于驾驶行为与被害人的死亡后果间是否存在因果关系。

其一,事故发生前,被害人生命尚无危险。监控录像证实被害人在被撞前,跪卧在地上,仍有生命体征,司法鉴定意见也可排除被害人因酒精中毒死亡的可能性。

其二,被告人驾驶车辆将被害人卷入车辆底盘,导致被害人肋骨折断,刺入心脏,导致死亡。结合监控录像、现场遗留的挫痕、肇事车底盘附着的被害人血迹等证据,证明了被告人驾驶车辆拖带被害人的情况。司法鉴定及被害人死亡原因分析意见书证实,被害人的直接死亡原因系"机动车底盘部件在拖带人体过程中,对其胸部的钝性外力压缩、剪切、扭转左右致双侧肋骨骨折,断端刺入心脏,致心脏破裂,急性大量内出血死亡"。而由于肋骨折断刺入心脏系致命伤,被害人在很短的时间内就会死亡,排除了其他介入因素的可能性。

因此,应当认定造成被害人死亡的外界直接原因是肋骨断端刺入心脏,也就是说,导致被害人肋骨折断、刺入心脏的行为人应当对被害人的死亡承担刑事责任。

3. 判断交通肇事的过失心态是否转化为故意杀人罪的主观故意,应遵循主客观相统一的标准,无法证明其积极或者放任被害人死亡结果发生的,应认定为交通肇事罪。

在交通肇事转化为故意杀人罪的条件中,如何把握交通肇事转化为故意杀人罪的主观故意,是此类案件的难点。行为人由过失交通肇事的行为到故意杀人的行为,存在一个主观心理转变的过程。行为人交通肇事造成他人伤害主观上是出于过失,在因交通肇事已经致被害人伤害结果,进而使其陷入死亡的现实危险状态情况下,积极或者放任被害人死亡后果的发生,则为故意杀人。

从主观方面看,本案中,李某勇作为驾驶员最基本的义务之一就是注意前方道路状况。被害人虽倒在机动车道内,但是其倒地的位置处于行车的正前方,案发该车时速仅为约40公里/时,而被告人在与被害人相距2~3米时才紧急刹车,导致制动时间不足,发生碰撞。由此可见,其未能尽到最基本的注意义务。而车辆碰撞被害人之后将被害人卷入车底,此时李某勇是否应当明知撞人并拖带被害人,以及被害人是否系拖带后死亡则为定罪的关键点。由于正处凌晨4时许,李某勇高度疲劳,加之天色较黑,导致李某勇最初只看到前方有"黑影",李某勇辩解发生碰撞后,其惊慌失措导致刹车没有踩到底,虽然听到拖带的"呲啦"声响,但由于慌张仍未能立即停车,而后又听不到拖带的"呲啦"声响,其担心撞到的是人,又掉头回来下车,看到被害人倒地后,驾车逃离现场。从现场环境看,碰撞前2~3米采取制动,拖带距离是45米,该车碰撞到被害人后短暂减速、掉头,结合刹车所需时间和距离考虑,不能排除被告人在最初未能停车是由于制动采取不力的原因,不能得出被告人放任被害人死亡结果发生的结论。

从客观方面分析,通过对肇事车的勘查可以发现,肇事车辆前部没有明显撞击痕迹。此外,监控录像显示,被害人在被撞击前处于跪卧姿态,车辆并未直接撞击被害人,而是直接将被害人卷入底盘,进而对其产生拖带的外力作用。在该案中,现有证据无法判断肋骨断裂并刺破心脏的结果系由压缩、剪切、扭转中的单一外力还是上述三种综合外力所共同导致,故无法判断被害人是在被肇事车拖带的某一瞬间(即是不是拖带一开始时)即可导致死亡,还是需被拖带某一段时间后才能死亡。那么,也就无法证明李某勇未立即停车、继续驾驶的行为导致死亡后果发生。

综上所述,李某勇作为机动车驾驶员,在遇到事故后,应当及时停车对被害人进行救助、报警,在现场等候民警处置。但是其未予报警,自行逃离现场,并试图隐匿罪证,负事故主要责任,因此,其行为构成交通肇事罪,且系逃逸。

(供稿:北京市人民检察院第二分院 田 申
案例编辑:北京市人民检察院 庞 静)

[第 006 号]

郑某飞交通肇事、田某包庇、张某、徐某伪证案

——交通肇事后找人顶罪的行为不宜单独入罪处罚

办案要旨

行为人交通肇事后找人顶罪,并指使他人作伪证的行为应界定为不可罚的事后行为,该行为并不符合刑法学上缺乏期待可能性的要求。行为人的行为属于妨害作证行为与该行为是否单独评价为犯罪是两个层面的问题,应充分考虑该行为与前一犯罪行为的关系,为了逃避罪责而实施了掩饰、隐瞒其前一犯罪的后续行为,且后一行为的社会危害性要小于前一行为的情况下,可作一罪从重评价,即在交通肇事罪中作为量刑情节予以考虑,不再单独评价。

基本案情

郑某飞,男,1989年10月9日出生,因涉嫌犯交通肇事罪,于2010年8月23日被北京市公安局顺义分局刑事拘留,同年9月19日被顺义分局取保候审。

徐某,男,1990年12月13日出生,因涉嫌犯包庇罪,于2010年8月23日被北京市公安局顺义分局刑事拘留,同年9月19日被顺义分局取保候审。

张某,男,1989年7月10日出生,因涉嫌犯包庇罪,于2010年8月23日被北京市公安局顺义分局刑事拘留,同年9月19日被顺义分局取保候审。

田某,男,1991年2月6日出生,因涉嫌犯交通肇事罪,于2010年8月4日被北京市公安局顺义分局刑事拘留,同年8月11日被顺义分局取保候审。

经审理查明:郑某飞于2010年8月3日19时许,酒后驾驶轿车(内乘:张某、徐某)由南向北行驶至顺义区木燕路东疃村北侧时,适遇王某(男,60岁,顺义区人)骑自行车由南向北行驶,致使轿车前部与自行车后部相撞,造成王某受伤,后王某经医院抢救无效死亡。北京市公安局顺义分局交通支队认定郑某飞驾驶不符合技术标准,具有安全隐患的机动车上路,且酒

后驾驶，负本次事故全部责任，王某为无责任。

事故发生后，郑某飞为逃避法律责任，电话通知田某来到事发现场，让田某冒充肇事司机，顶替自己，并且与张某、徐某、田某共谋，如何应对民警的调查和询问。当晚，田某被民警以涉嫌交通肇事罪刑事拘留。8月4日，民警找郑某飞、张某、徐某调查案情时，3人均谎称肇事司机是田某，而田某被拘留后，也先后多次供述，称自己就是肇事司机，企图替郑某飞顶罪。后因田某所在监室人员的揭发，本案案发。张某、徐某被查获，郑某飞主动投案。

2010年10月14日，北京市公安局顺义分局以顺公刑诉字〔2010〕715号起诉意见书将郑某飞、徐某、张某、田某移送顺义区人民检察院审查起诉，认定郑某飞犯交通肇事罪，田某、徐某、张某犯包庇罪。

2010年11月18日，顺义区人民检察院以京顺检刑诉字〔2010〕773号起诉书对郑某飞、徐某、张某、田某提起公诉，认定郑某飞犯交通肇事罪，田某犯包庇罪，徐某、张某犯伪证罪。

2010年12月15日，顺义区人民法院判决被告人郑某飞犯交通肇事罪，判处有期徒刑2年缓刑4年；徐某犯伪证罪，判处有期徒刑10个月缓刑1年；张某犯伪证罪，判处有期徒刑10个月缓刑1年；田某犯包庇罪，判处有期徒刑10个月缓刑1年。

疑难问题

交通肇事者在事故发生后找人顶罪的行为应作何定性评价？车乘人员和顶包者一起作假证明包庇肇事者应定性为包庇罪还是伪证罪？

分歧意见

第一种意见认为，郑某飞交通肇事犯罪后找人顶罪，并指使他人作伪证，其行为妨害了司法管理秩序，应以交通肇事罪和妨害作证罪对其数罪并罚。田某、徐某、张某向公安机关作假证明，企图让郑某飞逃避法律制裁，该3人的行为构成包庇罪。

第二种意见认为，郑某飞交通肇事后找人顶罪，并指使他人作伪证，就后一行为而言，属于事后为了逃避处罚而实施的掩饰罪行的行为，应认定为不可罚的事后行为，不宜再单独定性评价，其行为应构成交通肇事罪。田某为了达到替人顶罪的目的，向公安机关作假证明，其行为构成包庇罪；徐某、张某作为目击证人，在刑事诉讼中，故意向公安机关作虚假陈述，企图让郑某飞逃避法律处罚，二人的行为构成伪证罪。

第三种意见认为，郑某飞指使他人作伪证符合妨害作证罪的构成要件，该行为缺乏期待可能性，因此不予处罚。

深度评析

笔者认为，**郑某飞交通肇事后找人顶罪的行为不宜单独定罪，其行为构成交通肇事罪；田某的行为构成包庇罪；徐某、张某的行为构成伪证罪**。理由如下：

1. 郑某飞指使他人"顶包"行为应界定为不可罚的事后行为，该行为并不符合刑法学上缺乏期待可能性的要件。

不可罚的事后行为（或共罚的事后行为），是指在状态犯的场合，利用该犯罪行为的结果行为，如果孤立地看，符合其他犯罪的构成要件，具有可罚性，但由于被综合评价在该状态犯中，故没有必要另认定为其他犯罪。就其特征而言，有如下几点：（1）事后不可罚行为以状态犯的既遂为前提。如盗窃枪支后的非法持有、私藏行为。（2）形式上的构成要件符合性。事后不可罚行为如果与前罪单列开来，其完全具备另一犯罪构成，但由于前罪的存在决定了其仅具备形式上的符合性，这也是其不可罚的本质所在。（3）不可罚性，这是其区别于其他事后行为的最显著的特征。不可罚性的本质就在于形式上的构成要件符合性，而实质上缺乏不实施该行为的可能性。

我们认为，根据上述事后不可罚行为的概念和特征以及司法实践中的现实判例，可以将事后不可罚行为界分为两类：第一类就是目前学界通说的观点，即在状态犯中，当犯罪完成后，继续保持违法状态，只要其违法状态已依据状态犯的构成要件作出评价，即使其本身似乎符合其他构成要件，也不构成犯罪。如伪造货币后非法持有货币的行为。第二类就是行为人在实施了一犯罪行为后（包括状态犯和非状态犯），为了逃避罪责而实施了掩饰、隐瞒其前一犯罪行为的后续的行为，而且后一行为的社会危害性要小于前一行为。后一行为尽管也侵害了新的法益，符合一个单独的犯罪构成，但是在司法实践中，将其视为当事人基于趋利避害的本能行使"庇护权"的一种表现，与前一行为不可分割，从某种意义上说，其虽具有形式上的独立性，实质上却是依赖于前一犯罪行为而存在的。因此在评价前一行为时可一并予以评价，不再单独定罪处罚。如杀人后销毁罪证的行为、为了逃避罪责唆使他人作伪证的行为。

因为我国实行"违法"与"犯罪"并存的二元立法结构，挤压了期待可能性的生存空间，也就是说，在我国刑法将缺乏期待可能性的行为大多排除在了犯罪之外，所以，在刑法明文规定之外因缺乏期待可能性而阻却责任的情形极为少见。再者期待可能性的概念比较模糊，其要件与界限并不明确，如若将其作为一般性的责任阻却事由，会导致法的不安定性。因此，在我国的刑事司法中只是在极为稀有的特殊案件中以缺乏期待可能性为由排除犯罪的成立。而《刑法》第307条规定的妨害作证罪并没有将犯罪嫌疑人排除在犯罪主体之外。换言之，犯罪嫌疑人以暴力、威胁、贿买等方法阻止证人作证或者指使他人作伪证的，也应以该罪定罪处罚。

2. 行为人的行为属于妨害作证行为与该行为是否单独评价为犯罪是两个层面的问题，应充分考虑该行为与前一犯罪行为的关系，为了逃避罪责而实施了掩饰、隐瞒其前一犯罪行为的后续的行为，且后一行为的社会危害性要小于前一行为的情况下，可作一罪从重评价。

郑某飞酒后驾车发生交通事故致一人死亡和肇事后找人顶罪并指使他人作伪证系两个单独的行为，且侵害了不同的法益，分别符合交通肇事罪和妨害作证罪的犯罪构成要件，但是后一行为的目的是掩盖前一罪行，是行为人本人自我防御和保护的表现之一，故宜认定为不可罚的事后行为，在交通肇事罪中作为量刑情节予以考虑，不再单独评价。

有人认为，如果教唆者本人实行教唆的行为，其实行行为依法不构成犯罪或者不以独立的犯罪论处。依照法理上的"出罪时，举重以明轻"的解释原则，对于教唆人来讲，既然其实施相对较重的行为都依法不构成犯罪，那么其实施相对较轻的教唆行为也就当然不应纳入刑事制裁的范围；否则，势必丧失刑事处罚的正当性和相互协调性，也违背了刑法解释论的一般原则。

我们认为，上述观点仅是从行为人教唆行为是否可罚的角度进行的解释，而没有充分考虑该行为与前一犯罪行为的关系。本案中，郑某飞的行为显然属于事后不可罚情况中的第二类，即郑某飞找人顶罪，并指使其作伪证的目的，就是为了逃避交通肇事的刑事责任，是行为人在犯罪后掩饰罪行、"积极防御"的表现之一，与之前的交通肇事行为密不可分，故可以在交通肇事罪中作为酌定情节一并评价，不再单独处罚。

3. 张某、徐某作为本案的目击证人，在事故发生后，因郑某飞的请求，向公安机关提供虚假证言，在有关本案谁是真正的肇事者这一关键情节上，指控田某而非郑某飞是司机，试图为郑某飞开脱罪责，其行为均已构成伪证罪；田某冒充本案的肇事者，试图给郑某飞顶罪，其行为应构成包庇罪。

司法实践中，对包庇罪中作虚假证明与伪证罪中作虚伪陈述如何区分问题，关键在于两点：一是考察作虚假证明或者虚伪陈述的主体是否具有证人、鉴定人、记录人、翻译人身份；二是考察作虚假证明或者虚伪陈述的内容是否确实是与案件有重要关系的情节。如果既有证人身份，所作的虚伪陈述又确实是与案件有重要关系的情节，那么出现法条竞合的情形，根据特别法条优于普通法条的原则，应适用特别法条，定伪证罪。

本案在包庇罪与伪证罪的区分上涉及主体即证人身份的认定问题。判断一个人是不是证人，首先要确定证人资格，根据《刑事诉讼法》的规定，除生理上、精神上有缺陷或者年幼，不能辨别是非、不能正确表达的人之外，凡是知道案件情况的人都可以作证人。这是证人资格的确定，是判断证人身份的前提。在此基础上，要从形式和实质两方面来判断是否为刑事诉讼中的证人。形式要件方面，具有证人资格的人要真正成为证人，则需要以其所知道的案件情况向司法机关进行陈述，也就是在刑事诉讼中以证人身份证明案件情况。实质要件方面，证人是在刑事诉讼之外了解案件情况的人，通过刑事诉讼过程了解案件情况或者根本不了解案件情况的人都不是证人。

本案中，田某替郑某飞顶罪，将自己置于犯罪嫌疑人的境地，而并非以证人身份向司法机关作伪证，不属于刑事诉讼中的证人，故不符合伪证罪的主体要件，其作假证明包庇郑某飞的行为构成包庇罪。而徐某、张某案发时就在车上，作为亲历者，二人对事故发生的过程是完全知情的，系郑某飞交通肇事案的直接证人。作为证人，二人本应向民警如实提供证言，但是二人受郑某飞指使，为了使郑某飞免受法律追究，故意向公安机关作虚假陈述，指认田某是肇事司机，致使公安机关错误的将田某作为交通肇事案的犯罪嫌疑人予以刑拘，并出具了交通事故责任认定书，严重妨害了司法活动，其行为既构成伪证罪，又构成包庇罪，根据法条竞合特殊优于一般的适用原则，对二人应以伪证罪定罪处罚。

（供稿：北京市顺义区人民检察院　郭旭强
案例编辑：北京市人民检察院　庞　静）

[第007号]

方某华交通肇事抗诉案
——无驾驶资格人员驾驶车辆致一人重伤后逃离现场属于交通肇事罪"逃逸"情节

办案要旨

行政法和刑事法规定中的"逃逸"具有不同的作用和审查判断标准，行政法上的责任认定理由不等于刑事法上的责任认定理由。此外，"禁止重复评价原则"仅要求《刑法》对同一行为不得反复评价，而不排斥把同一行为先后作为认定行政责任与刑事责任的依据。方某华因无驾驶资格导致他人重伤，且逃离事故现场，应认定为交通肇事后逃逸，并将逃逸行为作为法定刑升格条件。

基本案情

原审被告人方某华，男，1963年6月16日出生，汉族，小学文化程度，农民，住北京市密云县大城子镇某村。

被告人方某华于2010年2月8日10时许，明知本人无驾驶资格而驾驶"时风"牌小型方向盘式拖拉机上路行驶，行驶至北京市密云县密兴路大城子镇供电所西侧路段时，方某华违反交通法规驾驶车辆由北向南倒车，与由东向西行驶的两轮摩托车碰撞，造成驾驶员马某有（男，46岁）右侧额颞脑挫裂伤、蛛网膜下腔出血、右侧额颞硬膜下血肿等损伤。事故发生后，方某华为逃避法律责任追究驾驶肇事车辆驶离事故现场。经法医鉴定，马某有的损伤程度为重伤。

北京市密云县公安局交通大队出具道路交通事故责任认定书：方某华未取得机动车驾驶证，发生事故后未报警，且将车辆挪离事故现场，属于《北京市道路交通事故当事人责任确定标准》"当事人逃逸，造成现场变动证据灭失，公安交通部门无法查证交通事故事实"的过错责任，其行为违反了《道路交通安全法》第19条、第70条规定，负此事故全部责任，马某有不承担事故责任。

北京市密云县人民检察院经审查认为，被告人方某华无视《道路交通安全法》，违章驾驶机动车辆，造成1人重伤，且肇事后逃逸，于2010年8月13日以交通肇事罪对方某华提起公诉。

2010年9月29日，北京市密云县人民法院经审理认为：被告人方某华违反交通运输管理法规，无证驾驶机动车辆，发生交通事故，造成1人重伤的后果，并负事故的全部责任，且肇事后逃逸，其行为已构成交通肇事罪，应依法惩处。北京市密云县人民检察院指控被告人方某华犯交通肇事罪的事实清楚、证据确实充分，指控罪名成立，本院予以支持。鉴于被告人方某华自愿认罪，对其酌情从轻处罚。对被告人方某华依照《刑法》第133条、第61条和最高人民法院《关于审理交通肇事案件具体应用法律若干问题的解释》第2条第2款第2项、第6项、第3条和最高人民法院、最高人民检察院、司法部《关于适用普通程序审理"被告人认罪"案件的若干意见》第9条的规定，被告人方某华犯交通肇事罪，判处有期徒刑1年。

北京市密云县人民检察院经审查认为，"判决认定事实无误，但适用法律不当"，于2010年10月8日提出抗诉。

北京市第二中级人民法院经审理认为，原审法院适用法律不当，导致量刑偏轻，本院根据本案的具体情节，对原审被告人方某华所犯交通肇事罪，予以改判。撤销北京市密云县人民法院〔2010〕密刑初字第244号刑事判决。原审被告人方某华犯交通肇事罪，判处有期徒刑3年。

疑难问题

无证驾驶车辆致1人重伤，驾驶车辆逃离现场，是否属于《刑法》第133条规定的"交通运输肇事后逃逸"？

分歧意见

第一种意见认为，方某华的行为构成交通肇事罪，但不属于"肇事后逃逸"，对其应以交通肇事罪的一般情形定罪量刑。交通管理部门认定事故责任时，已经对"逃逸"情节进行了评价，以逃逸情节认定方某华承担事故的全部责任，且按照最高人民法院《关于审理交通肇事案件具体应用法律若干问题的解释》（以下简称《解释》）的规定，第2条第2款第1项至第6项为并列关系而非选择适用关系，也就是其无驾驶资格和肇事后逃逸均是定罪情节，在量刑时不能重复评价。

第二种意见认为，方某华的行为构成交通肇事罪，且系"肇事后逃逸"。《解释》第3条规定，行为人的行为符合《解释》第2条第2款第1项至第5项情形之一，又有为逃避法律追究而逃跑的行为的，则应当认定为"肇事后逃逸"。方某华无证驾驶机动车辆发生交通事故致1人重伤,符合《解释》第2条第2款第1项之规定且负事故全部责任,又具有逃跑的情节,因此其行为应当认定为交通肇事罪,且为肇事后逃逸。

深度评析

笔者认为,**方某华的行为构成交通肇事罪,且为肇事后逃逸**。理由如下:

1. 行政法和刑事法规定中的"逃逸"具有不同的作用和审查判断标准,行政法上的责任认定理由不等于刑事法上的责任认定理由。

"逃逸"的文字含义是逃跑,即为躲避不利于自己的环境或者事物而离开。"逃逸"并非《刑法》中的专属概念,具有行政法和刑事法两个层面的价值含义。除《刑法》第133条对逃逸的规定外,《道路交通安全法》、《道路交通安全法实施条例》等法律法规均包含"逃逸"的相关规定。

从判断行政责任的原则看,基于行政效率和公平原则的要求,《道路交通安全实施条例》第92条规定"发生交通事故后当事人逃逸的,逃逸的当事人承担全部责任。但是,有证据证明对方当事人也有过错的,可以减轻责任"。在本案中,密云县公安局交通大队正是基于此规定,将即将逃逸作为判定双方事故责任的直接依据。

刑事法层面上的"逃逸",系定罪量刑的重要环节。《解释》第2条第2款第6项将之作为认定交通肇事犯罪的构成要素;第3条则将其作为法定刑加重的情节。不同的是,这两个条款对"逃逸"分别表述为"为逃避法律追究而逃离事故现场"和"为逃避法律追究而逃跑"。"逃跑"意指从本应停留的位置离开。因发生交通事故后,驾驶员有立即停车、保护现场并抢救伤者的义务,因此事故现场即为车辆驾驶员应当停留的位置。因此"逃离事故现场"即为"逃跑",二者并无本质上的差别。但是,刑事法层面的交通肇事的因果关系并不能如此简单的判断。在本案中,方某华没有驾驶资格,且在道路行驶中,违规倒车,导致与后方行驶的车辆发生碰撞,致使1人重伤,被害人马某有系正常驾驶,不存在违反交通规则的行为,且可以排除意外事件的可能性,无论其是否逃逸,方某华都应当对事故负全部责任。

2. "禁止重复评价原则"仅要求《刑法》对同一行为不得反复评价,而不排斥把同一行为先后作为认定行政责任与刑事责任的依据。

"逃逸否定说"观点认为,方某华的逃逸情节在认定其负事故全部责任时已经进行了一次评价,若对其定罪量刑时再次将其评价,违反"禁止重复评价原则",不利于正确定罪量刑。

笔者认为,"禁止重复评价原则"是指对同一犯罪事实或者情节,在定罪量刑中只能进行一次法律评价，不得重复使用。禁止重复评价原则源自《刑法》中的罪刑法定原则，为罪刑法定原则在刑事司法实践中的延伸。将逃逸情节作为交通肇事罪定罪量刑的情节，并不违背法律的公正性原则。原因在与行政法与刑事法对逃逸的评价是不同层次的，其作用点并不相同。在行政法上，明确事故责任是厘清事故几方主体侵权关系的基础，认定逃逸全责，只是承担民事责任和行政责任的依据，并不必然引起刑事责任。《道路交通安全法》规定逃逸一方承担事故全责，一是为了惩罚逃避法律责任的行为；二是为了在事故无法区分责任的情况下，以何标准作为行政处罚和民事赔偿的依据。而在《刑法》中，《解释》第2条第2款第6项和第3条的"逃逸"，分别将逃逸作为入罪情节和法定刑升档条件，二者之间为选择适用关系，行政责任认定的逃逸情节并不影响量刑的评价。

一般来说，法条规定表述"有下列情形之一的，以……罪定罪处罚"的，可以适用其中的某一项或某几项，无先后顺序之分。有观点认为，本案应并列适用《解释》第2条第2款第1项、第6项的规定。但是，《解释》第3条将具有第1项至第5项情形又逃逸的情况单独规定，作为法定刑升档的依据。笔者认为，《解释》第2条第2款第6项规定的是"为逃避法律追究逃离事故现场的"，第3条规定的是"为逃避法律追究而逃跑的"。从本质上来说，这两个条规定的都是肇事后逃逸的情况。之所以规定在两个条款中，也就是说，逃逸在分别作为入罪情节和法定刑升格条件来规定的。其不同之处在于第3条规定的逃逸是以已经构成交通肇事罪为前提。根据《解释》第3条的规定，在交通肇事致1人重伤的情况下，如果没有第2条第2款第1项至第5项规定的情形，仅是在肇事后逃逸，则应适用第6项的规定，此时逃逸是入罪条件，对被告人处3年以下有期徒刑或拘役；但如果案件中存在《解释》第2条第2款第1项至第5项的情形，则重伤1人即构成交通肇事罪，此时逃逸情节即成为法定刑升格条件，需对被告人在有期徒刑3年至7年之间量刑。可见，《解释》第2条第2款第6项与第3条是选择性适用的关系，而不能并列适用。

本案中，原审被告人方某华具备《解释》第2条第2款的规定的六种情形中的两种，即"无驾驶资格驾驶机动车辆"和"为逃避法律追究逃离事故现场"。此时，应当先考察入罪条件，再考察量刑条件。无证驾驶致1人重伤，且负事故的全部责任，方某华构成交通肇事罪的全部条件均已经满足。此时，对方某华的逃逸情节，可以直接适用《解释》第3条之规定，认定其构成肇事后逃逸。原审判决忽视了《解释》第2条第2款第6项和第3条之间的关系，不但同时适用了两个法条，而且仅将"逃逸"作为定罪条件予以评价，系适用法律错误，导致对方某华的量刑明显不当。

3. 认定"逃逸"情节应遵循主客观相一致的基本原则，通过证据来认定行为人主观上系为逃避法律责任追究而逃离现场。

构成《解释》第3条规定的"交通运输肇事后逃逸"需要具备4个条件：（1）行为人已经构成交通肇事罪；（2）行为人有逃离肇事现场的行为；（3）行为人主观上具有逃避法律追究的故意；（4）行为人对交通事故及自己的逃逸行为必须有明确的认识。本案中，方某华无证驾驶，致1人重伤，且负事故全部责任，其行为已经构成了交通肇事罪。此时，方某华未及时报警，而是将自家的车推离事故现场，客观上具有逃离肇事现场的行为。而民警到现场后，方某华也不主动交代自己的肇事行为，径自回家，可见其主观上具有逃避法律追究的故意。至于方某华案发时是否意识到自己撞人，则可通过客观证据予以判定。根据方某华之子方某亮的证言，方某亮是在自家屋内听到"呼"的一声响然后到外面查看，发现发生了交通事故。如此大的声响，连在屋内都可以听到，作为驾驶员的原审被告人不可能没有意识到事故的发生，且根据方某华的供述，他听到"呼"的声响后马上就停车了，下车后就发现了受伤的被害人马某有。方某华停车的行为已经表明了其对发生事故的认知度，停车后发现伤者则更确认了自己的肇事行为。现场目击证人马某磊的证言证实，当时并没有其他车辆经过，因此，方某华应该对自己交通肇事行为系明知。

综上所述，因无驾驶资格导致发生事故致人重伤，且负事故全部责任情况下，逃离事故现场以逃避法律责任追究，应当认定为交通肇事后逃逸，逃逸行为应作为法定刑升格条件来评价。

（供稿：北京市人民检察院第二分院　赵婧文
　　案例编辑：北京市人民检察院　庞　静）

[第 008 号]

刘某军重大责任事故案
——被害人危险行为的介入不能割断死亡结果与危害行为之间因果关系的成立

办案要旨

重大责任事故案件中,被告人没有尽到自己应尽的职责,同时受害人亦有危险行为介入,最终导致被害人死亡。但是,被害人的过错行为并不能割断被告人不履行职责与被害人死亡结果之间刑法上的因果关系。被告人刘某军没有积极履行自己的职责,导致危害结果的发生,构成重大责任事故罪,但是在处罚时基于他人危险行为的介入可适当减轻处罚。

基本案情

被告人刘某军,男,1966年11月3日出生,汉族,初中文化,农民,原系北京市密云县潮白河水上娱乐中心工作人员,负责发放游船工作。

经审查查明,2008年4月,刘某丰与北京市潮白河水上娱乐中心签订协议,承租了该中心游船对外租赁业务。协议规定"营运期间,刘某丰要负责船只和游人的安全管理工作,上船人必须穿救生衣方可登船"。刘某丰承包后,让其子刘某军负责放船工作。刘某丰作为经营负责人,未制定书面管理制度,曾做过口头规定即"游客上船前必须让其穿戴救生衣,如果不穿救生衣,不让上船"。

2008年7月7日12时许,本案被害人徐某与朋友共计5人到该中心租赁两条游船游玩。买票后,刘某军开始发放游船,其中徐某和姬某秋两人乘坐一条游船,高某盼、孙某平、康某虎3人乘坐一条游船。放船入水时,5人均未穿戴救生衣。当日14时许,两条游船一前一后划行,徐某从自己乘坐的游船跳到另外一条游船,两条游船在继续划行过程中,徐某要跳回自己乘坐的游船时,不慎落水并沉入水中。直到7月9日上午,警察组织的救援人员才将徐某打捞出水。经法医鉴定:徐某系溺水死亡。

2008年10月13日,北京市密云县人民检察院将此案提起公诉,起诉书认定：被告人刘某军于2008年7月7日12时40分许，在北京市密云县潮白河水上娱乐中心负责放船工作时，未履行须让游人穿戴救生衣方可登船的职责，遂将游船租给游人徐某等人在水域内游玩，徐某在游玩过程中不慎落水死亡，刘某军在水域游船发放作业中，违反有关安全管理规定，因而发生一人死亡的重大事故，触犯了《刑法》第134条第1款之规定，构成重大责任事故罪。

经北京市密云县人民法院判决认定：被告人刘某军无视国法，在负责白河水上娱乐中心发放游船作业中，违反有关安全管理规定，发生1人死亡的重大事故，其行为构成重大责任事故罪。对其判决：拘役5个月。

疑难问题

危险行为的介入是否必然影响死亡结果与被告人未履行"须让游人穿戴救生衣职责"之间因果关系的成立？

分歧意见

第一种意见认为，被告人刘某军的行为不构成重大责任事故罪，可以通过民事赔偿方式解决此事。刘某军辩解曾让徐某穿戴救生衣，因为徐某自己嫌热没穿，后将救生衣放在船上，对于这一辩解，因无其他证据印证真伪，存在刘某军履行了告知游客穿戴救生衣登船义务的可能；徐某因为来回跳船的危险行为导致其死亡的结果，据此徐某也应负有责任，尽管刘某军未彻底履行"须让游客穿戴救生衣方可登船"的职责，但两种责任的主次程度不好区分。

第二种意见认为，被告人刘某军的行为构成重大责任事故罪。被告人刘某军明知在发放游船工作中，自己负有"让游客穿戴救生衣方可登船"的职责，出于以往游客不穿救生衣也没有出现事故的经验判断，没有积极履行职责，听凭游客在没有穿戴救生衣的情况下登船游玩，致使游客因落水后得不到安全措施的防护而死亡。被害人的过错不能割断刘某军行为与被害人死亡结果之间刑法上的因果关系。

深度评析

笔者认为，**刘某军的行为构成重大责任事故罪**。理由如下：

1. 被告人刘某军负有职责上的义务，应当尽职尽责，保障游客安全，放弃自身职责要求，未尽职履行职务，系不作为形式的危害行为。

我国《刑法》第134条规定，"在生产、作业中违反有关安全管理规定，因而发生重大伤亡事故或者造成其他严重后果的"应当承担刑事责任。所谓"安全管理规定",是指国家颁布的各种与安全生产有关的法律、法规等规范性文件和企业、事业单位及其上级管理机关制定的反映安全生产客观规律的各种规章制度,以及虽无明文规定,但却反映了生产、科研、设计、施工中安全操作的客观规律和要求,在实践中为职工所公认的行之有效的操作习惯和惯例。①

《北京市非自航船安全管理暂行规定》规定,"船舶行驶速度大于5公里/小时或航行于水深超过2米以上的水域,应为乘客配备救生衣或者救生圈"。根据密云县交通局对此次事故所做的调查报告,事故发生的地点水深为2.5米。因此,为乘客提供救生衣或救生圈为该中心必须履行的法律义务。此外,该娱乐中心存在"须让游客穿戴救生衣方可登船"在水域内游玩的安全管理要求。该中心负责人刘某丰并已口头告知负责放船工作的刘某军"游客上船之前必须穿救生衣,如果不穿救生衣,不让上船"。刘某军、中心其他工作人员均证实这一操作要求。

行为人在能够履行自己应尽义务的情况下不履行该义务。不作为形式的行为,必须以行为人负有某种特定义务并能够履行义务为前提。虽然刘某军辩解曾让徐某穿戴救生衣,因徐某嫌热才不穿戴这一情况,但是刘某军既然具有前述职责,不能仅简单履行告知义务,而必须确保徐某等人穿戴救生衣后方能允许乘船,"穿戴救生衣"对"方可登船"是必要前提,被告人刘某军具有必须游客穿救生衣方可上船的特定义务。而救生衣就在划船旁岸边的铁箱内放着,刘某军能够按照规定向徐某发放并监督其穿上救生衣从而有效避免本案死亡结果的发生,却放弃职责不予履行,系消极不履行的不作为危害行为。

2. 被害人徐某来回跳船的危险行为不能切断被告人不作为与危害结果之间的因果关系。

刑法上的因果关系是指危害行为与危害结果之间引起与被引起的关系,具有客观性、相对性、复杂性等特征。以一般人的生活逻辑为标准进行判断,水上娱乐游客在划船过程中,为了确保安全,都会穿上救生衣以防险情的发生和及时的自救。也正是基于上述理由,相关政府部门、本案所涉娱乐中心以及同类经营场所,才会制定"须让游客穿戴救生衣方可登船"的安全管理规定,以防游客伤亡事故的发生。刘某军作为该中心负责放船的工作人员,负有为乘客提供救生衣或救生圈的职责,并且必须履行"游客不穿救生衣不能登船"的义务,由于被告人刘某军没有完全、充分履行自己的工作义务,放任徐某在未穿戴救生衣的情况下在水域内划船游玩,致使徐某落入水中后因未穿戴救生衣而使生命受到威胁直至死亡结果的发生,二者之间具备刑法意义上的因果关系,

---

① 参见周道鸾、张军主编:《刑法罪名精释》,人民法院出版社2007年版,第121页。

其因果关系是以刘某军负有特定的法律义务为前提的。

本案被害人徐某的死亡结果，从事实上看，由两个原因引起，第一个原因是徐某在湖中意欲跳上朋友的船只而导致落水；第二个原因是湖水深度并未足以让徐某落水后必然死亡，而徐某未穿救生衣，丧失了全部救生机会。虽然徐某不慎落水源于其跳船的危险行为所引发，但是真正诱导出现死亡的后果则是后者所直接造成。由于被告人刘某军没有认真、尽职地履行让游客穿救生衣方可上船的本人职责所造成，其不作为的行为与危害结果之间，存在引起与被引起的刑法上的因果关系。

徐某来回跳船的危险行为是其落水的原因，但落水后其生命受到威胁乃至死亡的结果是由其未穿救生衣这一原因造成。死亡结果与被告人危害行为之间的原因力大于被害人自己危险行为与死亡结果之间的原因力。被害人危险行为导致其落水，而其未穿救生衣的原因发生在其来回跳船的原因之前，徐某的行为在本案中具有发生或介入的偶然性，被害人并非自害行为，即使是其有一定危险性，却由于没有救生衣丧失了救生的机会，不能切断不作为和死亡结果因果关系。被告人刘某军消极不履职的行为最终导致被害人丧失救生机会发生死亡结果，而刘某军履行了职责，徐某落水后溺水死亡的结果可以有效避免，可见刘某军的行为是结果发生的直接原因。

3. 被告人刘某军可以预见到危险后果，但轻信可以避免危险的发生，放弃本人职责，任由游客不穿救生衣登船游览，系过于自信的过失。

被告人刘某军作为娱乐中心负责放船的工作人员，具有监督、保证游客穿戴救生衣后方可让其登船以避免发生危害后果的职责和义务。但他基于日常工作情况认为，以往游客没穿救生衣划船游玩也没发生过伤亡事故，因此对"须让游客穿戴救生衣方可登船"职责，消极应付，轻信可以避免危害结果的发生，以致发生了危害后果，主观心态是过于自信的过失。

综上所述，被告人刘某军在娱乐中心放船作业中，轻信可以避免危害后果的发生，违反安全管理规定，弃职不为，导致徐某不慎落水后因无救生衣救助而死亡，构成重大责任事故罪。

（供稿：北京市密云县人民检察院　许士友

案例编辑：北京市人民检察院　庞　静）

[第 009 号]

莘某义、王某鹏危险物品肇事案
——非法储存危险物质罪与危险物品肇事罪的区分

办案要旨

非法储存危险物质罪的犯罪对象为毒害性、放射性、传染病病原体等危险物质，但如果没有专业权威机构对储存的危险化学品进行鉴定，确定是否为刑法意义上的危险物质，则不能轻易认定构成非法储存危险物质罪。如果非法储存易燃、易爆危险物品，发生泄漏引发火灾，造成严重后果的，可以认定为危险物品肇事罪。

基本案情

被告人莘某义，男，66岁，汉族，高中文化程度，北京某商贸有限公司经理。因涉嫌非法储存危险物质罪，于2012年7月24日被刑事拘留，2012年8月29日被执行逮捕，2013年4月26日被取保候审。

被不起诉人王某鹏，男，45岁，汉族，小学文化程度，北京某工贸有限公司总经理。因涉嫌非法储存危险物质罪，于2012年8月2日被刑事拘留，2012年9月7日被执行逮捕，2013年4月26日被取保候审。

经审查查明：莘某义于2005年在房山区韩村河镇东南章村租用土地，准备建稀料和防冻液加工厂，且购置18个储油罐，同时购进化学品碳八100余吨、青油30余吨、裂解油80余吨、粗苯170余吨及乙二醇等，总计500余吨。因营业执照未被批准，将场院改建成"莘和顺养殖场"，化学品卖剩40余吨存放在罐体中。

2012年7月21日房山地区特大水灾发生后，因降雨积水导致莘某义存储化学品的油罐上浮，罐体连接处断裂，储存的化学品泄漏，导致"莘和顺养殖场"南侧积水水面漂浮大量化学品引发火灾。火灾将安某经营的观赏石21块烧毁（观赏石无价格鉴定标准，故无价格鉴定）；将支某经营的金娃娃萱草、树木及农用三轮车1辆烧毁，经鉴定花草树木损失达162200元、农用三轮车损失达4500元；将韩村河供电所两根电线杆、850米绝缘导线烧毁，损失电量 18000 度，共计损失 31136.06 元。直接损失总计 197836.06 元（观赏石损失未计入）。对现场应急救援费用约为 1634784.34 元。事故造成土壤污染处理费用总计约 625.728 万元，并且对当地水质检测事故现场渗坑污水中化学需氧量、挥发酚、石油类等 3 项超标。经公安部消防局天津火灾物证鉴定中心鉴定，从事故现场提取的残留物混合物中存在萘、甲苯等化学品成分；从罐区泄漏点提取的油水混合物中存在萘、甲苯等危险化学品成分。

另查明，王某鹏不具有危险化学品储存资质，且明知莘某义不具有危险化学品储存资质的情况下，于 2012 年 3 月至 4 月间，将 300 余吨粗苯、40 余吨塔底存放在"莘和顺养殖场"东侧院内的 13 个铁罐内。经公安部消防局天津火灾物证鉴定中心对铁罐内的物质进行鉴定，成分中存在萘、甲苯、庚烷等危险化学品成分。

本案由北京市公安局房山分局于 2012 年 7 月 24 日立案侦查，2012 年 10 月 29 日以犯罪嫌疑人莘某义、王某鹏涉嫌非法储存危险物质罪移送审查起诉。

北京市房山区人民检察院于 2013 年 8 月 7 日以莘某义涉嫌危险物品肇事罪提起公诉，对王某鹏作存疑不起诉。

北京市房山区人民法院于 2013 年 9 月 3 日以被告人莘某义犯危险物品肇事罪，判处有期徒刑 10 个月缓刑 1 年。

疑难问题

如何准确认定非法储存危险物质罪与危险物品肇事罪？

分歧意见

第一种意见认为，莘某义、王某鹏构成非法储存危险物质罪。理由是：莘某义、王某鹏均不具备储存危险化学品的资质及条件，违反《危险化学品安全管理条例》储存含有萘、甲苯、庚烷危险化学品的化学品。且莘某义储存的化学品泄漏后引起火灾造成严重后果，可以证明二人储存的危险化学品具有相当的危险性，属于刑法意义中的危险物质。故莘某义、王某鹏应以非法储存危险物质罪定罪起诉。

第二种意见认为，莘某义构成危险物品肇事罪，王某鹏不构成犯罪。理由是：非法储存危险物质罪犯罪对象为毒害性、放射性、传染病病原体等危险物质，但无专业权威机构可以对二人储存的危险化学品进行鉴定，确定是否为刑法意义上的危险物质。不能认定二人构成非法储存危险物质罪。莘某义违反《危险化学品安全管理条例》储存的含有危险化学品成分的化学品发生泄漏后引发火灾并造成严重后果，符合《关于公安机关管辖的刑事案件立案追诉标准的规定（一）》第12条［危险物品肇事案］之规定应予立案追诉的情形。故莘某义以危险物品肇事罪定罪起诉。危险物品肇事罪为结果犯，王某鹏储存危险化学品未造成严重后果，故应对王某鹏不起诉。

第三种意见认为，莘某义、王某鹏均不构成犯罪。理由是：对于二人不构成非法储存危险物质罪的分析同上。莘某义储存的化学品泄漏造成后果不符合《关于公安机关管辖的刑事案件立案追诉标准的规定（一）》第12条［危险物品肇事案］立案追诉标准的第1项、第2项之规定，且无对第3项"有其他严重后果的情形"如何适用的解释。不能认定莘某义构成危险物品肇事罪。故应对莘某义、王某鹏均作不起诉处理。

深度评析

笔者认为，**莘某义构成危险物品肇事罪，王某鹏不构成犯罪**。理由如下：

《刑法》第125条第2款非法储存危险物质罪与第136条危险物品肇事罪均为危害公共安全犯罪，前者为行为犯，法定刑较高，法定最低刑为有期徒刑3年，最高刑为死刑；后者为结果犯，要求必须造成重大责任事故危害公共安全，法定刑较轻，犯本罪的，处3年以下有期徒刑或者拘役，后果特别严重的，处3年以上7年以下有期徒刑。

1. 本案中的危险化学品应认定为危险物品而非危险物质。

非法储存危险物质罪犯罪的对象是毒害性、放射性、传染病病原体等危险物质。危险物品肇事罪的犯罪对象是危险物品，即爆炸性、易燃性、放射性、毒害性、腐蚀性物品。莘某义储存的危险化学品泄漏后引发火灾并且造成严重损失，能够证明该危险化学品具有易燃性，符合危险物品肇事罪的犯罪对象，属危险物品。而如果要认定上述化学物品属于刑法意义上的危险物质，则该化学品应具备毒害性、放射性、传染病病原体等性质之一。例如，《关于办理非法制造、买卖、运输、储存毒鼠强等禁用剧毒化学品刑事案件具体应用法律若干问题的解释》中规定的五种禁用剧毒化学品为毒鼠强、氟乙酰胺、氟乙酸钠、毒鼠硅、甘氟，该司法解释规定储存原粉、原液、制剂50克以上，或者饵料2千克以上，构成非法存储危险物质罪，法定刑为3年以上10年以下有期徒刑。

由于化学物品的性质涉及专业性问题，因此确定该类化学品是否属于具有毒害性、放射性或者传染病病原体，应由具有资质的专业鉴定人员予以认定。本案中，根据现有证据，莘某义、王某鹏存储的化学物品不具备放射性、传染病病原体等危险性，专业鉴定人员仅能对化学品成分进行鉴定，认定莘某义、王某鹏储存的化学品中含有萘、甲苯、庚烷危险化学品成分，但是对其是否具有刑法意义上的毒害性无法给出专业性意见。虽然《危险化学品名录》对萘、甲苯、庚烷的毒性有相应解释，但该解释中的毒性并不可以直接等同于《刑法》入罪标准的毒害性。根据上述司法解释对于毒鼠强等禁用剧毒化学品储存数量的量刑规定可以看出，如果认定其系剧毒性化学物品，400吨已经远远达到50克、2千克的数万倍标准，按照刑法分则中对量刑上档的一般规则，其量刑档应当对应到10年以上甚至死刑。由于没有明确依据认定本案中的化学物品系毒害性、放射性、传染病病原体，所以莘某义二人储存的危险化学品不能认定为危险物质，只能以有利于被告人为原则，认定涉案化学物品为具备易燃性、易爆性的危险物品。

2. 莘某义储存危险化学品造成的后果符合危险物品肇事罪关于"发生重大事故，造成严重后果"的规定。

《关于公安机关管辖的刑事案件立案追诉标准的规定（一）》第12条［危险物品肇事案］：违反爆炸性、易燃性、放射性、毒害性、腐蚀性物品的管理规定，在生产、储存、运输、使用中发生重大事故，涉嫌下列情形之一的，应予立案追诉：（1）造成死亡1人以上，或者重伤3人以上；（2）造成直接经济损失50万元以上的；（3）其他造成严重后果的情形。该条款确定了危险物品肇事罪的立案追诉标准。就该案而言，莘某义储存的化学品泄漏未造成人员伤亡，且直接经济损失为197836.06元。不符合第1项、第2项追诉标准。但应综合考虑本案造成的后果，莘某义储存的危险物品因遇暴雨发生泄漏，引发的火灾造成直接损失总计人民币197836.06元，对现场应急救援费用需人民币1634784.34元。事故造成土壤污染处理费用总计约人民币625.728万元，并且对当地水质检测事故现场渗坑污水中化学需氧量、挥发酚、石油类等3项超标，最高超标倍数为化学需氧量约23倍、挥发酚约1790倍、石油类约720倍。结合以上因素，可以认定莘某义储存危险化学品符合立案标准第三项"其他造成严重后果的情形"。故莘某义的行为符合危险物品肇事罪的构成要件，认定其构成危险物品肇事罪。

综上所述，莘某义、王某鹏违反《危险化学品安全管理条例》储存大量危险化学品，但无法对该危险化学品是否为危险物质进行确定。莘某义储存的危险化学品储存过程中发生泄漏引发火灾，造成严重后果，达到危险物品肇事罪的立案标准。故应当以莘某义涉嫌危险物品肇事罪提起公诉；对王某鹏存疑不起诉。

（供稿：北京市房山区人民检察院　杨　楠
案例编辑：北京市人民检察院　庞　静）

破坏社会主义市场经济秩序罪

POHUAISHEHUIZHUYI SHICHANGJINGJIZHIXUZUI

[第010号]

杨某、由某仁生产、销售伪劣产品案
—— 生产、销售伪劣产品罪（未遂）的审查要点

办案要旨

对于查获的尚处于库存状态的伪劣产品应当根据行为人案发前的客观行为认定其是否具有"意图销售"的主观目的。涉案产品是否有效不影响生产销售伪劣产品罪的认定。在"以不合格产品冒充合格产品"的情况下，产品是否合格应当以产品是否符合产品质量标准为唯一判断依据。产品质量鉴定应当由符合条件的鉴定机构按照相关产品质量标准中规定的检验方法进行检验鉴定。在认定生产销售伪劣产品罪（未遂）的犯罪数额时应当认真审查每一个可确定的价格，然后以有证据可以证实的行为人实际使用的价格来确定货值金额。

基本案情

被告人杨某，男，1955年10月6日出生，汉族，大专文化，捕前系北京某科贸有限公司法定代表人。

被告人由某仁，男，1978年2月15日出生，汉族，大学文化，捕前系北京某科贸有限公司合伙人。

经审理查明：2004年至2005年间，杨某、由某仁伙同白某（另案处理），在本市石景山区特钢写字楼以杨某注册的"北京某科贸有限公司"的名义对外开展经营活动。虽然该公司在广告中称经营范围包括增林牌灵芝锗胶囊、漱口水等保健产品，但是经调查该公司实际经营项目只是增林牌灵芝锗胶囊。其间，杨某、由某仁委托外地药厂将未经特殊加工过的灵芝孢子粉加工为胶囊，发回北京由杨某等人包装成盒。为了达到顺利销售的目的，杨某等人还伪造了保健品批准文号、卫生许可证等文书，以及产品质量检验报告。由于目前既无灵芝锗胶囊产品的国家质量标准，也无行业质量标准，因此杨某、由某仁为了能够赢得消费者的信任遂在本市门头沟区产品质量监督管理局注册、备案了"增林牌灵芝锗胶囊"的企业质量标准，该企业标准中将有机锗的含量规定为59毫克每公斤，并将企业标准印制在了产品外包装

盒及产品说明书上。后杨某等人以每盒（包含4板）1380元人民币的价格将该产品在东北等地药店进行代销，并在互联网上发布了招商信息，宣称该产品具有显著的治疗癌症的效果。后经鉴定，增林牌灵芝锗胶囊中实际的有机锗含量仅为26毫克每公斤，远未达到企业标准中所规定的59毫克每公斤的质量要求。后经群众举报公安机关将杨某、由某仁抓获，现场扣押了存放在该公司中的灵芝锗胶囊2700余板，经鉴定全部涉案产品货值金额为人民币95万余元（以每盒1380元计算）。同时，查获了该公司印制的产品价目表，该表中记载的产品价格为：灵芝锗胶囊出厂价280元每盒，批发价698元每盒，零售价890元每盒。对此由某仁供述称曾经以每盒344元的价格在北京销售过该产品。

2005年12月26日，北京市公安局石景山分局以〔2005〕第398号起诉意见书认定，杨某伙同由某仁、白某（另案处理），在石景山区特钢写字楼"北京某科贸公司"非法销售保健品"灵芝锗"，经鉴定，杨某、由某仁等人所生产"灵芝锗"为伪劣产品，并收缴价值人民币777600元的伪劣产品"增林牌灵芝锗胶囊"。二人的行为触犯了《刑法》第140条之规定，并以二人涉嫌犯生产销售伪劣产品罪向北京市石景山区人民检察院移送审查起诉。

2006年6月21日，北京市石景山区人民检察院以京石检刑诉字〔2006〕第240号起诉书向北京市石景山区人民法院指控被告人杨某、由某仁伙同他人，以不合格产品冒充合格产品予以销售，其行为触犯了《刑法》第140条之规定，已经构成生产销售伪劣产品罪，系犯罪未遂。

北京市石景山区人民法院认为：被告人杨某、由某仁以不合格产品冒充合格产品予以生产、销售，二被告人的行为均已构成生产销售伪劣产品罪，系未遂。对被告人杨某、由某仁判决如下：

被告人杨某犯生产、销售伪劣产品罪判处有期徒刑4年，并处罚金15万元人民币；被告人由某仁犯生产、销售伪劣产品罪判处有期徒刑1年6个月，并处罚金5万元人民币。

疑难问题

如何正确认定"意图销售"行为？涉案产品的有效性是否会影响到对于生产、销售伪劣产品罪的认定？如何保证鉴定意见的准确性？如何认定生产、销售伪劣产品罪未遂状态下的产品货值金额？

分歧意见

第一种意见认为，杨某、由某仁的行为不构成犯罪。理由是：其一，杨某、由某仁所生产销售的灵芝锗胶囊中确实含有有机锗成分，虽然没有达到企业标准要求的含量，但是现有含量也足以起到辅助治疗癌症的功效，因此属于有效产品，而不应当认定为是不合格的伪劣产品。其二，涉案灵芝锗胶囊均存放于公司内部，其目的是研究推广，而非用于销售行为，故杨某、由某仁的行为不构成生产销售伪劣产品罪。此外，杨某、由某仁实施的并非是个人行为，而是公司行为，不能够作为自然人犯罪处理。而且，既然存在公司印制的价格表，那么就应当以该价格表为依据确定货值，而不应当以1380元作为作价依据。

第二种意见认为，杨某、由某仁的行为构成了生产、销售伪劣产品罪，且系自然人犯罪。理由是：其一，杨某、由某仁生产销售的灵芝锗胶囊中有机锗的含量远远低于其所注册的企业标准，因此应当视为是不合格的伪劣产品。其二，二人的行为系以单位名义实施的个人犯罪行为，应当以自然人犯罪进行处罚。其三，根据司法解释的规定对于本案中涉案产品货值金额的计算标准理应以查明的实际销售价格每盒1380元为准。

深度评析

笔者认为，**杨某、由某仁的行为构成生产、销售伪劣产品罪**。主要理由如下：

1. 对于查获的尚处于库存状态的伪劣产品应当根据行为人案发前的客观行为正确认定是否具有"意图销售"的主观目的。

犯罪行为是犯罪构成的必要要件，没有犯罪行为也就没有了犯罪的存在，由此可见对于行为性质的准确认定往往是准确认定犯罪的前提条件。在生产、销售伪劣产品未遂的情况下，由于所据以定罪的涉案产品还仅仅处于库存状态，而行为人又往往会回避自己意图销售的主观目的，因此在司法认定时的一项重要证明任务就是排除涉案产品可能用于销售以外用途的可能性，即排除行为人的行为不具有犯罪性质的合理怀疑。

虽然行为人可以对自己的行为给出各种各样看似合理的解释，但是我们认为在认定行为人的真实意图时应当坚持两个规律：一是行为人的主观目的必然要由客观行为加以表现；二是行为人具有一贯性的行为通常表明其在主观认识上的一致性。因此，在认定犯罪行为时，应当着重考察行为人在案发前的客观行为，广泛调取其实施销售行为或意图实施销售行为的客观证据，从而形成一个可以相互印证、具有封闭性、可以排除其他可能性的证据链条，进而认定行为人具有现实的销售目的。

同时，我们认为在认定行为人具有销售行为时并不必然要求行为人与作为终极使用者的消费者之间存在直接接触，行为人通过代理人或代销人完成的销售行为仍然应当认定为行为人个人实施的销售行为。因为在商品的市场流通过程中，必然要经历若干个环节才能够到达消费者手中，交易的主体必然要发生相应的变化，所以在认定销售行为时应当抓住"销售"的实质特征，而不应当受到主体身份性质是否发生变化的影响。

在本案中，虽然杨某、由某仁否认查获的产品是他们意图销售的产品，但是通过考察他们在案发前的行为可以清楚地看出，他们在东北等地的代销行为、伪造各种批准文件并在网上登载的销售广告等一系列客观行为都可以证实他们的行为具有一贯性和连续性，且均是以售出产品、获取货款为目的，现有证据可以排除其他目的的存在，因此可以认定当场起获的产品是二人意图进行销售的产品。

2. 涉案产品是否有效不影响生产销售伪劣产品罪的认定，在"以不合格产品冒充合格产品"的情况下，产品是否合格应当地以产品是否符合产品质量标准为唯一判断依据。

生产销售伪劣产品罪所包含的客观行为主要有以下四种：掺杂掺假、以假充真、以次充好和以不合格产品冒充合格产品。而从立法本意考虑，《刑法》打击的是上述行为所产生的结果，即"致使产品不符合质量要求，降低、失去应有的使用性能"。其中产品的质量要求有些由国家法律、法规规定，有些由国家标准、行业标准规定，有些由产品或其包装上注明采用的产品标准以及产品说明、实物样品等方式表明。由此可见，不能够单纯地以产品是否有效作为判断是否构成本罪的标准，因为正如前面谈到的，即使产品具有一定的效能，但是只要它不符合该产品所应达到的质量标准，则仍然应当视为是伪劣产品。

《标准化法》中明确规定了产品质量标准的种类，具体分为：国际标准、国家标准、行业标准、地方标准和企业标准。其中国家标准、行业标准分为强制性标准和推荐性标准。强制性标准必须执行，不符合强制性标准的产品，禁止生产、销售和进口。对于推荐性标准，国家鼓励企业自愿采用。对于国际标准，国家鼓励积极使用。如果没有国际标准、国家标准、行业标准、地方标准的，"应当制定企业标准，作为组织生产的依据"。凡不符合上述标准的产品就是伪劣产品。

同时，最高人民法院、最高人民检察院《关于办理生产、销售伪劣商品刑事案件具体应用法律若干问题的解释》（以下简称《解释》）第1条第4款规定："不合格产品"是指不符合《产品质量法》第26条第2款规定的质量要求的产品。而根据《产品质量法》第26条第2款的规定，产品质量应当符合以下条件：（1）不存在危及人身、财产安全的不合理的危险，有保障人身、财产安全的国际标准、行业标准的，应当符合该标准；（2）具备产品应当具备的使用性能,但是,对产品存在使用性能上的瑕疵作出说明的除外;(3)符合产品或者其包装上注明采用的产品标准,符合以产品说明、实物样品等方式表明的质量状况。概括地说,产品质量在有国家标准的情况下应当符合国家标准,在没有国家标准的情况下应当符合行业标准,在既无国家标准又无行业标准的情况下应当符合该产品的企业标准。根据《标准化法》的规定,在没有国家标准、行业标准的情况下,企业应当制定产品的企业标准,且必须按照该标准组织生产。由此可见,是否符合产品质量标准才是判断产品是否合格的唯一标准。

在本案中,杨某、由某仁生产、销售的灵芝锗胶囊具有自行制定并在本市门头沟区产品质量监督局登记备案了的企业产品质量标准,依据该标准的要求增林牌灵芝锗胶囊中的锗含量应当不少于59毫克每公斤,但是经国家认证的质量检测机构抽样检测的结论却证实增林牌灵芝锗胶囊中实际的锗含量要远远小于59毫克每公斤,不符合该产品的企业产品质量标准的要求,应当认定为不合格产品,而杨某伙同由某仁伪造、涂改有关质量检测报告、生产许可证、产品合格证的行为恰恰证实了二人是明知该产品不合格这一事实的,因此他们的行为实际上就是在以不合格产品冒充合格产品予以生产、销售,属于"两高"《解释》中所规定的伪劣产品的范畴。

3. 准确的产品质量鉴定应当由正确的鉴定机构按照相关产品质量标准中规定的检验方法进行检验鉴定。

根据最高人民法院《关于审理生产、销售伪劣商品刑事案件有关鉴定问题的通知》(法〔2001〕70号)的规定,对于提起公诉的生产、销售伪劣产品、假冒商标、非法经营等严重破坏社会主义市场经济秩序的犯罪案件,所涉生产、销售的产品是否属于"以假充真"、"以次充好"、"以不合格产品冒充合格产品"难以确定的,应当根据《解释》第1条第5款的规定,由检察机关委托法律、行政法规规定的产品质量检验机构进行鉴定。对于委托机构的选任问题,《产品质量法》第19条规定:"产品质量检验机构必须具备相应的检测条件和能力,经省级以上人民政府产品质量监督部门或者其授权的部门考核合格后,方可承担产品质量检验工作。"《标准化法》第19条规定:"县级以上政府标准化行政主管部门,可以根据需要设置检验机构,或者授权其他单位检验机构,对产品是否符合标准进行检验。法律、行政法规对检验机构另有规定的,依照法律、行政法规的规定执行。处理产品是否符合标准争议的,以前款规定的检验机构的检验数据为准。"在实际操作中,工商行政管理部门和产品质量监督部门均有自己指定的检验机构负责产品的质量检验,但是上述机构由于不是标准化行政主管部门指定的鉴定机构,因此它们的鉴定意见只能够对被检验产品的实际质量作出客观描述,而不能够作出该产品是否符合"标准"、是否是"合格产品"的主观判断，对于这一点可以从上述两部法律具体条文的不同表述体现出来。故在司法实践中，不能够为了取得一个确定性的鉴定意见，而要求工商行政管理部门或产品质量监督管理部门指定的鉴定机构出具被检产品是否合格的鉴定意见，否则该鉴定的合法有效性将会受到合理的怀疑。

同时，我们认为在送检过程中还应当注意以下几点问题：一是送检检材必须随机抽取，并制作相关的提取文书；二是对于不同批次生产的产品均应提取一定数量的检材；三是送检时应当将所依据的产品质量标准一同提交给检验机构，因为上述标准中指定了特定的检验方式，而不同的检验方法将会直接影响到鉴定意见的准确性。

在本案中，由于公安机关在送检过程中没有提供相应的企业产品质量标准文书，鉴定机构只得根据通常方法进行鉴定，鉴定结果为有机锗含量小于1毫克每公斤。检察机关在对同批次产品进行重新鉴定时，委托了同一家鉴定机构，并提交了该产品的产品质量企业标准，鉴定机构根据该标准中规定的检测方法检测出的结果是26毫克每公斤，可见不同检测方法所得出的结论差异是相当大的，应当引起重视。

4. 在认定生产销售伪劣产品罪（未遂）的犯罪数额时应当认真审查每一个可确定的价格，然后以有证据可以证实的行为人实际使用的价格来确定货值金额。

关于销售金额问题，《解释》第2条第1款将其规定为：生产者、销售者出售伪劣产品后所得和应得的全部违法收入，其中不应当扣除成本和各种费用。对于未销售产品的金额认定标准问题，该条第2款规定为：货值金额达到《刑法》第140条规定的销售金额的3倍以上，以生产销售伪劣产品罪（未遂）定罪处罚。之所以这样规定，最核心的考虑还是生产销售伪劣产品罪在未遂状态下特殊的社会危害性。虽然此时伪劣产品还尚未售出，但是由于行为人的销售意图已经十分明显，因此此种行为的社会危害性也就已经相应地形成，理应受到刑罚处罚，但同时不可忽视的问题是毕竟产品尚未售出，无销售价格可言，且其现实的社会危害性也小于既遂犯，因此才确定了一个比例数额作为认定标准。在此基础之上，该条第3款中进一步规定："货值金额以违法生产、销售的伪劣产品的标价计算；没有标价的，按照同类合格产品的市场中间价计算。货值金额难以确定的，按照国家计划委员会、最高人民法院、最高人民检察院、公安部1997年4月22日联合发布的《扣押、追缴、没收物品估价管理办法》的规定，委托估价机构确定。"因此在计算货值金额时，"标价"应当是首选标准，但是在实践中行为人往往会对同一产品制定出多个标价，我们认为在这种情况下，就需要结合证据材料对每一种标价进行具体分析，以确定哪个标价是行为人所实际使用的标价，对于一些没有相关证据可以证实曾经实际使用过的标价，原则上不应当予以采信。

在本案中，涉及的标价主要有以下几个：一是灵芝锗胶囊在东北两地药店中的售价1380元每大盒；二是石景山区工商分局在查抄北京某科贸有限公司时所拍照片上反映出的商品价格表中所标明的：灵芝锗胶囊出厂价280元每大盒，批发价698元每大盒，零售价890元每大盒；三是由某仁在供述中提到的在京经其手销售的价格172元每小盒，344元每大盒。针对上述标价，只有1380元这个价格有包括证人证言、发票以及公司自行出具的价格证明等书证材料在内的完整的证据链可以证实其是实际使用过的标价，而其他标价因为没有证据可以证实实际使用过，因此不能够认定为真实标价。

此外，依据最高人民法院《关于审理单位犯罪案件具体应用法律有关问题的解释》的规定，公司企业事业单位成立后以实施犯罪为主要活动的，不以单位犯罪论处。但是在司法实践中，一些公司在名义上或是对外宣传过程中所宣称的经营活动范围与其实际经营活动范围并不相符，我们认为在这种情况下应当全面收集证据，以现有证据可以证实的公司实际经营活动范围作为判断该公司是否属于"成立后以实施犯罪为主要活动"的依据。在本案中，虽然杨某、由某仁制作的宣传材料中反映公司还经营漱口水等保健食品，但是在案件侦查和审查起诉期间并未发现该公司实际开展过上述相关业务，现有证据证实某公司成立后主要从事的是增林牌灵芝锗胶囊的生产销售活动，而现有证据证实增林牌灵芝锗胶囊系伪劣产品，上述生产销售行为已经构成生产销售伪劣产品罪，由此可以认定某公司在成立后主要从事的是犯罪活动，根据最高人民法院关于单位犯罪的司法解释的规定，应当认定为是自然人犯罪。

综上所述，我们认为在处理生产销售伪劣产品罪时应当准确把握住"销售行为"的实质特征，并以有资质的产品质量检验机构的准确鉴定意见作为区分罪与非罪的标准。同时，应当正确区分单位犯罪与自然人犯罪，并准确采信货值金额的认定标准。①

（供稿：北京市石景山区人民检察院　付燕玲
案例编辑：北京市人民检察院第三分院　李　凯）

---

① 如果需要作进一步研究，可以参阅以下案例或文章：《经济犯罪名案精析》（王明、李振奇、谭京生主编；群众出版社），陈建明等销售伪劣产品案——销售伪劣产品未遂如何确定销售金额；《刑事审判参考》（第三卷上），《关于办理生产销售伪劣商品刑事案件具体应用法律若干问题的解释》的理解与适用；《刑事审判参考》（第一卷），王洪成生产销售伪劣产品案——对于生产、销售不具有生产者、销售者所许诺的使用性能的新产品的行为如何适用法律（原第8号案例）。

[第 011 号]

曾某雄销售伪劣产品抗诉案
——对想象竞合犯量刑应遵循罪名之间刑罚均衡的原则

办案要旨

想象竞合犯一般应遵守从一重罪处罚的原则，即法定刑较重的罪名，具体而言为法定最高刑较重的罪名，如果法定最高刑相同，则指法定最低刑较重的罪名。被告人曾某雄实施的行为在构成非法生产、销售烟草专卖品犯罪的同时构成生产、销售伪劣产品罪、侵犯知识产权犯罪、非法经营罪，属于想象竞合犯，应依照处罚较重的规定定罪处罚。在犯罪停止形态对量刑不产生实质性影响的情况下，应选择最符合行为性质的罪名，并遵循罪名之间量刑均衡原则来决定宣告刑的幅度。

基本案情

被告人曾某雄，男，1973年12月11日出生，汉族，初中文化，无业，户籍地为福建省某县。因涉嫌销售伪劣产品罪，于2010年10月15日被北京市公安局大兴分局刑事拘留，2010年10月18日被逮捕。

自2010年6月开始，曾某雄在明知本人没有销售卷烟的证照情况下，与黄某群、曾某发（另案处理）共同贩卖卷烟。涉案卷烟存放于北京市大兴区西红门镇的某仓库，并用泡沫塑料箱及标有"三角牌体育用品"字样的纸箱进行伪装。曾某雄持有该仓库的门钥匙，并曾雇用戴某帮忙运送卷烟。同年10月14日，曾某雄、曾某发、戴某、高某（曾某雄的女友）等人到仓库取货，被北京市丰台区烟草专卖局、大兴区烟草专卖局执法人员当场截获，查扣12个品种的卷烟共计4150条。经鉴定，涉案卷烟均为假冒注册商标的伪劣卷烟，价值人民币1673620元。同年10月15日，大兴区烟草专卖局将该案移交北京市公安局大兴分局。北京市公安局大兴分局侦查终结后，以曾某雄涉嫌销售伪劣产品罪，于2011年1月17日向北京市大兴区人民检察院移送审查起诉。

北京市大兴区人民检察院于2011年3月2日向北京市大兴区人民法院提

起公诉，起诉书指控被告人曾某雄犯销售伪劣产品罪，且实施犯罪过程中，因意志以外的原因未得逞，系犯罪未遂，依照《刑法》第23条，可以比照既遂犯从轻处罚。

北京市大兴区人民法院经审理认为，被告人曾某雄目无国法，为获取非法利益，销售假冒伪劣卷烟制品，涉案经营金额在50万元以上不满200万元，其行为已构成销售伪劣产品罪，应予惩处。鉴于查获的假冒伪劣卷烟尚未销售，属犯罪未遂，故对被告人曾某雄依法予以减轻处罚。被告人曾某雄犯销售伪劣产品罪，判处有期徒刑4年，并处罚金人民币40万元。

北京市大兴区人民检察院提出抗诉，理由如下：该判决认定罪名无误，但对被告人曾某雄的量刑方面确有错误。被告人曾某雄销售的假冒伪劣卷烟数额大、种类多、犯罪情节严重；原审判决量刑畸轻，有违罪刑相适应原则，未做到罚当其罪。

北京市人民检察院第一分院经审查后认为，被告人的行为同时符合非法经营罪、销售伪劣产品罪和销售假冒注册商标的商品罪，在罪名之间产生竞合时，一审法院违反了竞合罪名之间量刑均衡和罪责刑相适应原则，导致量刑不当，依法应当予以纠正，决定支持抗诉。

北京市第一中级人民法院采纳抗诉意见，维持对曾某雄犯销售伪劣产品罪的定性，改判有期徒刑6年。

疑难问题

想象竞合犯情况下，应按照何种原则确定法定刑较重的罪名，如何把握量刑幅度？

分歧意见

第一种意见认为，该判决认定罪名无误，但对被告人曾某雄的量刑方面确有错误。被告人曾某雄销售的假冒伪劣卷烟数额大、种类多、犯罪情节严重；原审判决量刑畸轻，有违罪刑相适应原则，未做到罚当其罪。

第二种意见认为，被告人的行为同时符合非法经营罪、销售伪劣产品罪和销售假冒注册商标的商品罪，在罪名之间产生竞合时，在犯罪停止形态对量刑不产生实质性影响的情况下，应选择最符合行为性质的罪名，并把握两罪名之间的量刑均衡原则来决定宣告刑的幅度。

深度评析

笔者认为，曾某雄的行为构成销售伪劣产品罪，但量刑存在重罪轻罚的问题。理由如下：

1. 想象竞合犯一般应遵守从一重罪处罚的原则，即法定刑较重的罪名，具体而言为法定最高刑较重的罪名，如果法定最高刑相同，则指法定最低刑较重的罪名。

实践中，对于想象竞合犯的处断，一般不存在太多争议，但是在想象竞合犯所触犯的数个罪名中，某一罪名具有法定量刑情节时，如何选择罪名和把握量刑，是值得研讨的问题，其中如何来确定"处刑较重"的罪名则是准确定罪量刑的前提条件。

想象竞合犯，是指行为人基于一个罪过，实施一个危害行为，触犯数个罪名的犯罪形态。关于想象竞合犯的处断原则，通说是依照处罚较重的规定定罪处罚。从《刑法》及相关解释看，并没有直接条文规定何为处罚较重，但是我们可以借鉴最高人民法院《关于适用刑法第十二条几个问题的解释》（法释〔1997〕12号）的规定，来进一步明确"处罚较重"的确定原则。《刑法》第12条规定的"处刑较轻"，是指《刑法》对某种犯罪规定的刑罚即法定刑比修订前《刑法》较轻。法定刑较轻是指法定最高刑较轻；如果法定最高刑相同，则指法定最低刑较轻。如果刑法规定的某一犯罪只有一个法定刑幅度，法定最高刑或者最低刑是指该法定刑幅度的最高刑或者最低刑；如果刑法规定的某一犯罪有两个以上的法定刑幅度，法定最高刑或者最低刑是指具体犯罪行为应当适用的法定刑幅度的最高刑或者最低刑。根据上述规定，我们可以作出这样的理解，"处刑较重，即刑法对某种犯罪规定的刑罚即法定刑较重，具体是指法定最高刑较重，如果法定最高刑相同，则指法定最低刑较重"。

2. 行为人实施非法生产、销售烟草专卖品犯罪，同时构成生产、销售伪劣产品罪、侵犯知识产权犯罪、非法经营罪的，系想象竞合犯，应依照处罚较重的规定定罪处罚。

行为人无销售卷烟证照储存、销售假冒注册商标伪劣卷烟的行为，同时涉嫌3个罪名：销售伪劣产品罪、销售假冒注册商标的商品罪、非法经营罪。根据最高人民法院、最高人民检察院《关于办理非法生产、销售烟草专卖品等刑事案件具体应用法律若干问题的解释》（法释〔2010〕7号）第5条规定"行为人实施非法生产、销售烟草专卖品犯罪，同时构成生产、销售伪劣产品罪、侵犯知识产权犯罪、非法经营罪的，依照处罚较重的规定定罪处罚"。此时，如何来确定处罚较重的规定就要遵循上述原则，对法定刑进行比较。

以储存、销售伪劣卷烟金额人民币 150 万元为例，行为人储存、销售明知是假冒注册商标的商品，销售金额人民币 150 万元属于数额巨大，构成销售假冒注册商标的商品罪，主刑应当处 3 年以上 7 年以下有期徒刑；销售明知是假冒注册商标的商品，金额 50 万元以上不满 200 万元的，构成销售伪劣产品罪，主刑应当处 7 年以上有期徒刑；行为人无销售卷烟证照仍实施对烟草专卖品进行储存、运输、销售等非法经营行为，销售金额 150 万元属于情节特别严重，又同时构成非法经营罪，主刑应当处 5 年以上有期徒刑。比较上述法定刑，销售伪劣产品罪应属于法定刑较重的罪名。而按照上述司法解释第 2 条第 1 款规定"伪劣卷烟、雪茄烟等烟草专卖品尚未销售，货值金额达到刑法第一百四十条规定的销售金额定罪起点数额标准的三倍以上的，或者销售金额未达到五万元，但与未销售货值金额合计达到十五万元以上的，以生产、销售伪劣产品罪（未遂）定罪处罚"，则本案应属于该罪的未遂。

3. 在犯罪停止形态对量刑不产生实质性影响的情况下，应选择最符合行为性质的罪名，并把握两罪名之间的量刑均衡原则来决定宣告刑的幅度。

"依照处罚较重的规定定罪处罚"是行为处断的基本规则，是一种原则性规定，其具有一定的抽象性和原则性。司法人员在考量犯罪构成完备的基础上，对行为性质做出应然判断，而案件每个具体的法定、酌定犯罪情节，则应属于确定罪名之后量刑幅度应考量因素的范畴，不应成为影响基本定罪原则的因素。在犯罪停止形态对量刑不产生实质性影响的情况下，应选择最符合行为性质的罪名，并把握两罪名之间的量刑均衡原则来决定宣告刑的幅度。

本案中，存储行为可构成非法经营罪既遂，而由于大量香烟尚未销售，又可构成销售伪劣产品罪的未遂，从两罪的法定刑比较，仍应当认定为销售伪劣产品罪为处罚较重之罪。一审法院根据曾某雄所销售卷烟并未流向市场属于犯罪未遂的情节，依法对曾某雄减轻处罚，从本案的社会危害性、被告人的认罪态度等考量，减轻处罚并无明显不妥。但是，在对未遂依法从轻、减轻处罚时，则应当注意把握其减轻幅度不应低于认定非法经营罪的量刑，保持两罪名之间的量刑均衡。如果认定曾某雄储存、运输卷烟的行为构成非法经营犯罪既遂，则最低量刑应在有期徒刑 5 年以上，而如果认定销售伪劣产品罪，又以未遂来减轻处罚，实际量刑为有期徒刑 4 年，低于有期徒刑 5 年，则导致出现前后相互矛盾的逻辑，即定罪与处刑不均衡，名为重罪实为轻罪。这样的处罚结果显然有悖于司法解释中应当选择处罚较重的方式进行处罚的立法原意。

而如果不进行两罪名之间宣告刑的比较，就径行减轻处罚，还可能会造成更多的量刑不当情况。例如，无销售许可证销售货值人民币 160 万元的真烟，构成非法经营罪，应判处 5 年以上有期徒刑；而既无销售许可证又销售假烟人民币160万元，如果在销售未遂的情况下，构成销售伪劣产品罪，对其减轻处罚，判处有期徒刑5年以下的刑罚。而无证卖真烟和无证卖假烟相比较，显然虽然后者并未既遂，但是其社会危害性要大于前者，量刑上应不低于前者，方能做到罚当其罪。

（供稿：北京市人民检察院第一分院　张　剑
案例编辑：北京市人民检察院　庞　静）

[第 012 号]

张某华销售不符合卫生标准的食品案
—— 对于食品销售者的主观犯罪故意的认定

办案要旨

认定被告人是否具有销售不符合卫生标准的食品罪的主观故意，应着重从行为人的主观认识能力以及客观事实方面综合分析。被告人张某华作为食品经营者，主观上应当明知国家关于食品销售安全的基本法律规定，其在明知食品不符合相关标准的情况下仍予以销售，且客观上放纵了危害结果的发生，属于间接故意，构成销售不符合卫生标准的食品罪。

基本案情

被告人张某华，男，1975年10月13日出生，汉族，初中文化，农民。户籍地山东省夏津县。

被告人张某华在北京市房山区琉璃河镇某村经营一家小超市，平时从河北省涿州市新发地大石桥蔬菜批发市场购买蔬菜、豆制品及鸡翅等熟食，张某华与商户谈好交易后，一般由商户将货物送至张某华所驾驶的柴油三轮车上。2010年11月底的一天，被告人张某华到大石桥蔬菜批发市场进货，当天未进鸡翅等熟食，但到家后在卸车过程中，在车上发现一袋熟鸡翅中，白色塑料袋包装，塑料袋上无字，与被告人张某华平时所进鸡翅中外形相似。被告人张某华以为该袋鸡翅中系其他人误放在其车上的，将此情况告诉家人及朋友，并将该袋鸡翅中放在超市内销售。2010年11月30日，该庄村民李某某在被告人张某华超市内购买5个鸡翅中，其孙子食用后出现昏迷中毒反应；2010年12月2日，该村村民袁某某在被告人张某华超市内购买12个鸡翅中，其女儿和朋友吃后出现昏迷中毒反应。经北京市公安司法鉴定中心鉴定：被告人张某华所销售的鸡翅中和从被害人处扣押的鸡翅中均检出氟乙酸（盐）（剧毒灭鼠药成分，医学上称氟乙酰胺，在体内可形成氟乙酸，造成中枢神经系统和心血管系统损害而引起死亡）。经北京市公安司法鉴定中心鉴定：袁某某女儿身体损伤程度为重伤，儿子身体损伤程度为轻微伤。杨某某孙子身体损伤程度为轻伤。案发后，公安机关曾将该案作为投毒案件进行侦查，但未找到投毒者。

北京市房山区人民检察院以被告人张某华犯销售不符合安全标准的食品罪，于2011年12月21日向北京市房山区人民法院提起公诉。

在开庭审理期间，被告人张某华与被害人达成民事赔偿协议。

北京市房山区人民法院经审理认为，被告人张某华的行为构成销售不符合卫生标准的食品罪，判处有期徒刑3年缓刑4年，并处罚金人民币20元。

疑难问题

被告人张某华的主观故意能否认定？

分歧意见

第一种意见认为，被告人张某华不具有销售不符合卫生标准的食品罪的主观故意。本案中，被告人张某华曾从蔬菜批发市场购进鸡翅等熟食，根据被告人张某华供述及其之前进货处的商户证言，鸡翅等熟食都是由个体商户加工，外包装不标识商品名称、保质期等字样。因此，被告人张某华误认车上多出的鸡翅中系他人误放，其主观上对该袋鸡翅不符合卫生标准并不明知。但是，该袋鸡翅中来源不明，被告人张某华应当预见到可能有害，但因为疏忽大意没有预见，其主观方面是过失而不是故意。

第二种意见认为，被告人张某华具有销售不符合卫生标准的食品罪的主观故意。被告人张某华所销售的鸡翅中，外包装没有商品名称、生产厂商、保质期等文字，且系来源不明，无法证明该袋鸡翅中符合相关食品卫生标准，被告人张某华作为食品经营人员，明知该袋鸡翅不符合相关标准而予以销售，主观上具有明知，客观上放纵了危害结果的发生，主观方面是间接故意。

深度评析

笔者认为，**被告人张某华具有销售不符合卫生标准的食品罪的主观故意**。理由如下：

1. 被告人张某华虽然不清楚涉案鸡翅中来源，但是仍具有放任的间接故意。

根据被告人张某华供述及证人证言，张某华以为涉案鸡翅中是他人误放在其车上，对于鸡翅中来源只是猜测，并不清楚。但是，综合案件证据情况，仍然可以认定被告人张某华对于销售不符合卫生标准的食品，具有放任的间接故意。首先，被告人张某华明知销售来源不明的鸡翅中可能发生危害社会的结果。现实生活中，一般人都不会食用来源不明的食物，以避免对生命健康可能造成的损害。本案中，虽然被告人张某华对于涉案鸡翅中来源有所猜测，但是这种猜测没有相应依据支持，鸡翅中来源仍然不明。作为一个完全刑事责任能力人，被告人张某华有能力判断出涉案鸡翅中因来源不明、外包装上没有任何文字，可能存在含有有毒成分、细菌超标、超过保质期等食品卫生风险，从而发生危害社会的结果，只是其出于贪小便宜的心理，无视了可能存在的危险。并且被告人张某华作为超市经营人员，对于食品销售卫生标准的认知水平高于一般人，更应当认识到销售来源不明的鸡翅中可能发生危害社会的结果。而被告人张某华出于牟利目的，将涉案鸡翅中在店内进行销售，也就放任了危害结果的出现，其主观方面具有间接故意。

2. 被告人张某华作为食品经营者，主观上应当明知国家关于食品销售安全的基本法律规定，不属于疏忽大意的过失和过于自信的过失。

《食品安全法》规定，禁止生产经营可能对人体健康有害的、微生物超过规定标准的、超过保质期限的、无标签的预包装等情况的食品。被告人张某华在超市内经营食品等商品，并接受工商、卫生等部门的检查，应当知悉我国关于食品安全的相关法律规定并依法行事。

本案中，被告人张某华将无任何标识且无法判断生产日期、产品名称和保质期的鸡翅中，放在店内销售，对于自身行为可能发生危害社会的结果持何种心理，影响到间接故意还是过失的认定。综合案件情况，被告人张某华的主观不属于过失。

首先，被告人张某华的主观方面不属于疏忽大意的过失。疏忽大意的过失，是指应当预见自己的行为可能发生危害社会的结果，因为疏忽大意而没有预见，以致发生这种结果的责任形式。[①] 本案中，被告人张某华长期销售的熟食，系从个体摊贩处购进，且外包装无任何标识，不符合食品安全相关规定，被告人张某华作为食品经营者，并非没有预见此种销售行为可能存在风险的能力，只是为了营利而刻意忽略此种风险。对于涉案来源不明的鸡翅中，如前文对其间接故意主观方面所述，被告人张某华是明知其销售行为可能发生危害社会的结果，而不是因疏忽大意没有预见。因此，被告人张某华主观方面不是疏忽大意的过失。

其次，被告人张某华的主观方面不属于过于自信的过失。间接故意和过于自信的过失，共同点在于行为人对于行为的后果都有一定的认识，区别在于间接故意的行为人是为了实现其他意图而实施行为，主观上根本不考虑是否可以避免结果的发生，过于自信过失的行为人之所以实施其行为，是因为考虑到可

---

① 参见张明楷：《刑法学》（第四版），法律出版社2011年版，第264页。

以避免结果的发生。① 本案中,国家相关法律明确规定了禁止销售食品的情形,提示了可能存在危害社会的结果,被告人张某华对此应当明知。其将涉案鸡翅中在店内进行销售,是出于牟利目的而无视了可能存在的风险,根本没有考虑过采取一定措施避免危害结果发生,如向集市销售鸡翅中的摊点询问是否有人放错货物、用部分鸡翅中试验是否含有有毒成分等。因此,被告人张某华根本没有考虑到可以避免危害结果的发生,更谈不上有理由认为其可以避免危害结果发生,所以被告人张某华主观上不属于过于自信的过失。

3. 本案可能存在的投毒行为不能作为被告人张某华不具有主观故意的理由。

根据被告人张某华供述及其他证人证言,存在其他人将有毒鸡翅故意放在被告人张某华车辆上的可能,但是,投毒行为能否查清或投毒人员是否受到刑事追究,与被告人张某华是否构成犯罪不具有必然联系,因为被告人张某华所实施的行为本身具有社会危害性,且符合《刑法》相关条文之规定,能够独立成罪。事实上,如果被告人张某华能够按照法律规定销售食品,其必然不会销售该袋鸡翅中,也不会出现多人中毒的后果。

综上所述,被告人张某华具有该罪主观故意,构成销售不符合卫生标准的食品罪。

(供稿:北京市房山区人民检察院　张　君
案例编辑:北京市人民检察院　刘丽娜)

---

① 参见张明楷:《刑法学》(第四版),法律出版社2011年版,第267~268页。

[第 013 号]

中国某（集团）有限公司虚报注册资本案*
—— 新《公司法》实施后虚增注册资本后抽逃的
行为仍可能构成虚报注册资本罪

办案要旨

按照新《公司法》的相关规定，公司在申请注册登记时，可以选择实缴资本登记制或者认缴资本登记制，对于认缴登记时，有欺骗公司登记主管部门的，或者虚假出资、抽逃出资的，不再构成虚报注册资本罪。而本案被告公司在公司增资登记时，通过"操作"将增资款项分别打入了验资账户，其客观行为证明其选择了实缴注册登记的方式，故本案被告单位和被告人的行为仍构成虚报注册资本罪。

基本案情

被告单位中国某（集团）有限公司，住所地北京市朝阳区亮马桥路。

被告人刘某浩，男，1956年9月25日出生，汉族，大学专科文化，系中国某（集团）有限公司法定代表人、董事长，户籍所在地广东省深圳市罗湖区。现因涉嫌犯虚假出资罪于2013年1月21日被北京市公安局朝阳分局

---

* 本案审理期间《公司法》对注册资本制度已经进行了修改，但尚未生效，因此仍判处此刑罚。《公司法》本次修改对注册资本制度做出了重大变更，此后国务院《注册资本登记制度改革方案》对此进行了进一步的规范，并明确27类行业暂不实行注册资本认缴制度。2014年4月，全国人大常委会对《刑法》第158条、第159条适用范围做出了明确规定，即"仅适用于依法实行注册资本实缴制的公司"。而如何理解"依法实行注册资本实缴制的公司"，目前在实践中仍存在不同理解，如理解为只要经营范围包括上述行业即必须实行注册资本实缴制还是必须是特殊行业的公司？

限于案件资料有限，中国某（集团）公司是否属于《注册资本登记制度改革方案》中特殊的27类暂不实行注册资本认缴行业的公司类型，编者未能详知，只是在相关供述中知悉该公司经营范围中有股权投资、股票投资。本文结论不代表编者意见，读者可结合国务院《注册资本登记制度改革方案》等规定研究分析。

刑事拘留，2013年2月19日被取保候审。

经依法审查查明：被告人刘某浩利用其法定代表人的身份，操控中国某（集团）有限公司通过向该公司增资1亿元人民币的股东决议，并于2011年7月14日，借款1亿元人民币完成增资取得公司变更登记后，伪造相关文件将亿余元资金撤出公司。后被抓获。

北京市朝阳区人民检察院于2013年11月7日指控被告单位中国某（集团）有限公司的行为触犯了《刑法》第158条的规定，应以虚报注册资本罪追究其刑事责任。

北京市朝阳区人民法院于2014年1月17日作出判决认为，被告单位中国某（集团）有限公司在申请变更登记时采取欺诈手段继虚报注册资本，欺骗公司登记主管部门，取得公司登记，其行为已构成虚报注册资本罪。被告人刘某浩作为被告单位直接负责的主管人员亦应承担相应的刑事责任。故判处被告单位罚金人民币100万元，判处被告人刘某浩有期徒刑10个月，缓刑1年。

疑难问题

新《公司法》实施后虚增注册资本后抽逃的行为是否构成犯罪？构成何罪？

分歧意见

第一种意见认为，某公司借款虚假增资后，又将钱款归还与借款人，实质为将公司注册资本抽逃的行为，构成抽逃出资罪。

第二种意见认为，增资款乃借款所得，不是公司股东实际出资，也并非公司的实际经营数额，虚假出资的行为构成虚假出资罪。

第三种意见认为，本案不构成犯罪。按照国务院《注册资本登记制度改革方案》中的规定，只有27类暂不实行注册资本认缴登记制的行业。本案审理期间《公司法》对注册资本制度已经进行了修改，虽然尚未生效，但是依照从旧兼从轻的原则，已经进入审理阶段的以适用新法为宜。

第四种意见认为，近年来，通过代办工商登记的公司或者个人借款完成公司注册资本登记、公司成立后再返还钱款的行为屡见不鲜。这种行为使得公司自身以资本为诚信的基础受到了严重冲击，也破坏了国家对公司的正常管理秩序，即使是《公司法》将注册资本制度从实缴制改为认缴制，且全国人大常委出台了立法解释，规定"刑法第一百五十八条、一百五十九条的规定，只适用于依法实行注册资本实缴制的公司"，但是对于选择验资实缴的公司，仍可以适用本罪。某公司在公司变更登记过程中，伪造增资款用于公司经营的证明文件，欺骗公司登记主管部门，并进行验资后取得公司登记，应构成虚报注册资本罪。

深度评析

笔者认为，**中国某（集团）公司构成虚报注册资本罪，刘某浩作为单位负责人应承担刑事责任**。理由如下：

1. 虚假出资、抽逃出资罪主体包括自然人和单位，自然人必须符合特殊身份要求即公司的股东或发起人。

我国《刑法》第 159 条虚假出资、抽逃出资罪是公司发起人、股东违反《公司法》的规定未交付货币、实物或者未转移财产权，虚假出资或者在公司成立后又抽逃其出资，数额巨大、后果严重或者有其他严重情节的行为。虚假出资即没有按照《公司法》规定或者公司章程在一定期限内没有交付出资（含货币、实物或其他财产权利），达到一定比例和一定数额；抽逃出资即公司成立后，已经完成出资，但又将已经交付的出资暗中撤出，将资金或者财产权利脱离公司实际控制，却仍然保有公司股东身份的行为。虚报注册资本罪是我国《刑法》第 158 条规定的申请公司登记使用虚假证明文件或者采取其他欺诈手段虚报注册资本，欺骗公司登记主管部门，取得公司登记数额巨大或者达到一定后果的行为。上述三种罪名行为手段相似，在司法实务中极易混淆。

根据罪刑法定的原则，这 3 个罪名首要的也是最明显的区别便在于对犯罪主体身份的要求不同。《刑法》第 159 条对虚假出资、抽逃出资罪的主体有明确规定，即限于公司发起人、股东，根据《公司法》的规定，对公司承担出资义务的为公司股东（发起人为实施发起和设立公司行为的股东），只有具有股东身份的人符合《刑法》的规定虚假出资或者抽逃出资时构成此罪，符合权责相一致的原则，若没有股东身份，《刑法》也不会在出资问题上对其苛责；而虚报注册资本罪的犯罪主体并无特定要求，在申请公司登记过程中，只要是使用了虚假证明文件或其他欺诈手段骗取公司登记主管部门的人，可以是股东，也可以是职业经理，抑或是受委托的中介等，均可成立此罪。

2. 本案"借款"增资完成变更登记后又将借款抽逃归还的行为侵害了公司登记主管部门的利益，而非股东或债权人的个人利益。

有观点认为，行为人若是在登记时采取了欺诈的手段就应当构成虚报注册资本罪，而非虚假出资、抽逃出资罪。笔者不同意此观点。在公司登记时或者完成公司登记后，虚假出资行为人应出资而逃避出资，抽逃出资行为人已出资而暗中撤资，在实际犯罪过程中，上述行为人为掩盖自己的非法行为往往采取相应的欺诈手段，如出具不实证明文件、在财务账目中作假、捏造并未出现的重大变故等，与虚构注册资本罪中规定的"使用虚假证明文件或采取其他欺诈手段虚报注册资本"的犯罪手段存在相似之处，因此，将特定犯罪手段的有无作为认定此罪、彼罪的标准并不准确。

笔者认为，甄别这3个罪名的不同应从犯罪行为侵害的客体区别出发。虚假出资、抽逃出资多为股东的个人行为，从《公司法》上说应对其他股东承担违约责任，欺骗了其他股东，侵害了公司其他股东的利益；若是公司整体行为，如合谋或集体商议的虚假、抽逃出资的行为，则使其在企业法人登记簿上显示的注册资本成为"一纸空文"，注册资本作为企业商业竞争力的一种体现，在一定程度上吸引了潜在的合作机会，但注册资本的虚假或者抽逃对公司的债权债务人或是商业合作伙伴的利益造成了损害。

然而，虚报注册资本罪侵犯的客体主要是国家工商行政管理登记制度，由于行为人在虚报注册资本时欺骗的是公司登记主管部门，正是在被蒙蔽的情况下，公司登记主管部门作出了不符合公司实际竞争实力的公司登记，从而扰乱了公司管理秩序，对公司登记部门的公信力也造成了侵害。本案中，某公司的事务由刘某浩全权负责，两个法人股东也由刘某浩实际控制，刘某浩"借款"增资、虚构合同的行为通过了该公司的股东会决议，不存在欺骗股东之嫌，其向公司登记部门隐瞒了其并不具有1亿元资本的事实，并伪造相关文件，制造1亿元用于公司实际运营，为公司获得盈利的假象，其真实目的是完成公司变更登记，欺骗了公司登记主管部门，从而导致不公平竞争。

3. 本案"借款"增资的行为体现为集体意志，侧重整体行为而非个人行为，构成单位犯罪，应当追究单位刑事责任。

虚报注册资本的提议、具体手段等通常是公司股东集体商议的结果，而虚假出资、抽逃出资则通常是部分或某个发起人、股东的个人行为，针对于其他发起人或股东，这些行为往往都是秘而不宣的。有意见认为，构成虚报注册资本罪"申请公司登记"为申请注册登记，增资行为中的虚报不构成虚报注册资本罪。根据我国《公司登记管理条例》第2条的规定，"有限责任公司和股份有限公司设立、变更、终止，应当依照本条例办理公司登记"，同时该条例第五章将"变更登记"单列一章，明确指出"公司增加注册资本的，应当申请变更登记"。① 因此，公司增资属于公司登记的范畴。同时，已经取得公司登记即已被公司登记机关批准登记注册才能构成虚报注册资本罪，若欺诈手段被登记机关发觉而未予登记的，不成立该罪。

本案中，借款增资、完成公司变更登记的行为由公司股东会决议进行确认和授权，其借款还款、虚构证明文件的不法行为由法定代表人兼董事长刘某浩

---

① 参见《公司登记管理条例》(2014年2月19日修订)。

直接负责实施，其目的在于增强公司竞争力，刘某浩是为单位谋取非法利益，而非谋取个人私利，符合"集体性"和"非法性"的要求，且根据《刑法》第158条第2款之规定，单位可构成此罪。某公司借款增资、虚构增资款项用于公司经营的证明文件，从而完成公司变更登记的行为构成虚报注册资本罪。

4. 新的《公司法》施行后本案是否还构成虚报注册资本罪。

2013年12月28日，十二届全国人大常委会第六次会议对《公司法》再次进行修改，于2014年3月1日正式施行。本次修改中，公司注册资本缴纳制度发生了重大变化，除法律、行政法规以及国务院决定对公司注册资本有另行规定的以外，由实缴登记制变更为认缴登记制；取消了关于公司股东（发起人）应自公司成立之日2年内缴足出资，投资公司在5年内缴足出资的规定，取消了一人有限责任公司股东应一次足额缴纳出资的规定；转而采取公司股东（发起人）自主约定认缴出资额、出资方式、出资期限等，并记载于公司章程的方式。由于该案判决的时间为2014年1月17日，此时新法尚未实施，因此仍然适用旧法对其判处刑罚。

新《公司法》实施以来，司法实务中对"两虚一逃"罪名（虚报注册资本罪、虚假出资罪、抽逃出资罪）适用范围产生了较大争议，尤其是对于虚报注册资本罪还是否适用于一般公司，尤为争议焦点。2014年4月全国人大常委出台了关于如何适用"两虚一逃"罪名的立法解释，明确"刑法第一百五十八条、一百五十九条的规定，只适用于依法实行注册资本实缴制的公司"①。

笔者认为，按照新《公司法》的相关规定，公司在申请注册登记时，可以选择实缴资本登记制或者认缴资本登记制，对于认缴登记时，有欺骗公司登记主管部门的，或者虚假出资、抽逃出资的，不再适用《刑法》第158条、第159条的规定。而本案中，某公司即使按照新《公司法》和全国大人的解释，由于公司增资登记时，被告人通过"操作"将增资款项分别打入了验资账户，其客观行为证明其选择了实缴注册登记的方式，故本案被告单位和被告人的行为仍适用《刑法》第158条的规定，仍构成虚报注册资本罪。

（供稿：北京市朝阳区人民检察院　林　芝
案例编辑：北京市人民检察院　庞　静）

---

① 国务院《关于印发注册资本登记制度改革方案的通知》（国发〔2014〕7号）。

[第014号]

张某非国家工作人员受贿案

——非国有单位房屋拆迁工作负责人收受财物后隐瞒他人擅自利用单位房产骗取拆迁款的行为构成非国家工作人员受贿罪

办案要旨

行为人在负责本单位（非国有单位）公房拆迁过程中，发现他人有利用本单位自建房及公房骗取房屋拆迁补偿款的重大嫌疑，但由于该行为人既没有事前告诉被告人事情真相，也没有在实施诈骗过程中与行为人进行策划和商量，也没有分给其任何钱款，行为人不构成诈骗罪共犯。但是行为人身为公司工作人员，利用其负责本单位房屋拆迁工作的职务之便，对他人欲骗取拆迁补偿款的情况未予制止和举报，收受好处费后继续隐瞒真相，致使他人利用单位拆迁之机，虚构事实隐瞒真相，骗取公私财物，其行为性质系利用职务便利为他人谋取利益，构成非国家工作人员受贿罪。

基本案情

被告人张某，男，北京某商业有限公司资产部主管，监事会成员，负责本单位某院的房屋拆迁工作。

被告人袁某才，男，北京某商业有限公司副总经理兼资产部经理。

被告人孙某利，男，北京某商业有限公司定福庄店店长（原公司下属北桥湾店店长）。

被告人张某燕，女，北京某商业有限公司副总经理。

被告人夏某明，男，北京某商业有限公司副总经理兼营运部经理。

被告人阎某福，男，北京某拆迁有限责任公司经理。

被告人李某平，男，北京某拆迁有限责任公司法定代表人。

被告人刘某武，男，个体工商户，1979年因盗窃被劳动教养3年；1984年因犯倒卖计划供应票证罪、犯投机倒把罪、犯流氓罪被判处有期徒刑7年。

2006年3、4月至7月间，被告人袁某才、孙某利利用其二人分别担任北京某商业有限公司（以下简称某公司）资产部经理及公司下属北桥湾店店长的职务便利，欲借本单位在本市崇文区某院内经营用房的拆迁之机，利用该院内单位违章搭建的自建房骗取拆迁补偿款。二人将上述计划向该公司副总经理被告人张某燕汇报，张某燕应允。后袁某才又将此事告知公司副总经理兼营运部经理夏某明，夏同意。为具体实施该计划，袁某才、孙某利二人又通过被告人刘某武、丁某生（另案处理）与负责该地区拆迁工作的拆迁公司负责人被告人阎某福、李某平联系，共同商议利用单位自建房骗领拆迁补偿款。经多次共谋后，袁某才、孙某利二人伪造了北桥湾某院的8份公有住宅租赁合同及房屋产权放弃说明；阎某福、李某平出具了虚假的解危排险房屋评估单及相关材料，并使用违法手段使上述违章房屋顺利通过验收。被告人张某在负责本公司所属北桥湾店经营用房拆迁工作期间，发现上述自建房被装修的情况后，立即向被告人袁某才汇报，袁某才指示其不要管。2006年6月，验房人员在验收私房时找不到8间房屋，孙某利便将本属于单位的2间公房指给验房人员验收后封堵。由于单位公房数量达78间，且房屋之间的隔断早已被打通，格局混乱，验房人员在几天之后验收公房时，未能发现公房被当作私房予以验收的事实。张某发现以上违法情况但未予揭露，致使诈骗行为得以继续实施。袁某才安排孙某利送给其好处费5万元，防止其泄露此事。手续齐备后，被告人袁某才、孙某利、阎某福、李某平、张某燕、刘某武、夏某明分别与北京市崇文区房屋土地经营管理中心签订《危险房屋使用权回购协议》，骗取前门东片地区解危排险工程补偿款、补助费及生活特困补助共计人民币233万余元。

北京市崇文区人民检察院以京崇检刑诉〔2008〕第0037号起诉书指控被告人袁某才、孙某利、阎某福、李某平、张某燕、刘某武、夏某明犯诈骗罪，被告人袁某才、孙某利犯行贿罪、对非国家工作人员行贿罪，被告人张某犯非国家工作人员受贿罪，于2008年3月21日提起公诉。

被告人张某的辩护人认为，张某只管公房，其收受的是上级袁某才给的财物，且是在拆迁款发放之前收的；其自动投案，如实供述犯罪事实，系自首；其认罪态度好，有悔罪表现；其平时表现良好，亦系初犯，请法庭对其从轻处罚。

北京市崇文区人民法院认为，被告人袁某才、孙某利、阎某福、李某平、张某燕、刘某武、夏某明以非法占有为目的，虚构事实、隐瞒真相，骗取公私财物，数额特别巨大，其行为均已构成诈骗罪。被告人袁某才、孙某利为谋取不正当利益，给予公司工作人员财物，数额较大，其行为均已构成对非国家工作人员行贿罪,应当与诈骗罪数罪并罚。被告人张某身为公司工作人员,利用职务上的便利非法收受他人财物,为他人谋取利益,数额较大,其行为已构成非国家工作人员受贿罪。北京市崇文区人民检察院起诉书指控的事实清楚,证据确实、充分,罪名成立。鉴于8名被告人均自愿认罪;被告人袁某才、孙某利、刘某武、夏某明、张某能够分别主动向纪委、公安机关及所在单位坦白犯罪事实,均可认定为自首。据此,对被告人张某依据《刑法》第163条第1款、第64条及最高人民法院《关于处理自首和立功具体应用法律若干问题的解释》之规定,判决如下:

被告人张某犯非国家工作人员受贿罪,判处有期徒刑1年6个月。

疑难问题

单位房屋拆迁工作负责人在发现本单位存在有关人员为骗取拆迁款而擅自将单位非经营用自建房装修为个人住房的情况,在向有关部门验收拆迁房屋数量、面积时,隐瞒上述情况并收受财物,导致拆迁部门错误认定单位房产为个人住房而给予巨额补偿,其行为是否构成犯罪?

分歧意见

第一种意见认为,张某的行为构成诈骗罪。张某发现他人将单位放杂物的自建房改建伪装成个人住房并将两间公房当作私房予以封堵,却在验收中帮助他人加以隐瞒,实际形成了配合他人骗取拆迁款的默契,系在与他人共同诈骗的犯罪故意支配下,配合诈骗行为实施,其收受的5万元系其诈骗个人所得数额。

第二种意见认为,张某负责本单位公房拆迁过程中,发现他人具有利用本单位自建房及公房骗取房屋拆迁补偿款的重大嫌疑,但袁某才等人既没有在事前告诉张某事情真相,也没有在实施诈骗过程中与张某进行策划和商量,也没有分给其任何钱款,且张某并不知晓诈骗的实际实施情况,故其不构成诈骗罪。但是张某身为公司工作人员,利用其负责本单位房屋拆迁工作的职务之便,对他人欲骗取拆迁补偿款的情况未予制止和举报,收受好处费5万元后继续隐瞒真相,致使他人利用单位拆迁之机,虚构事实隐瞒真相,骗取公私财物,其行为性质系利用职务便利为他人谋取利益,构成非国家工作人员受贿罪。

第三种意见认为,张某的行为不构成犯罪,其作为某公司资产部的主管,只负责对本单位资产的登记、经营用房的管理及拆迁工作。而某公司的非经营用房的管理(职工住房、自建房)均由资产部经理袁某才负责。张某在负责办理单位经营用房的拆迁工作过程中,对于单位的房本及规划内的面积均进行了申报,与拆迁公司签订的各项拆迁手续均得到了上级单位的批准,已履行了其全部工作职责。北桥湾某院内非规划当中的两间自建房在拆迁过程中,张某已跟拆迁部门进行了协商,但按规定未给予补偿。袁、孙把该自建房变更为职工住房范围之后,张某也就不再具有管理的权限,因此张某对于袁某才等人用翻建的自建房得拆迁款的行为只是知情不举。另外,在查验经营用房时,张某虽然看到单位的公房被封堵,但被封堵的这几间经营用房单位也得到了拆迁补偿,单位的利益并未受到损害。因此,张某的行为不属于利用职务上的便利为他人谋取利益,只是违纪行为,不构成犯罪。

深度评析

笔者认为,**张某构成非国家工作人员受贿罪**。理由如下:

1. 张某作为某资产部的主管,分管对拆迁规划内本单位的经营用房、自建房等进行核查、防止他人虚假申报的工作,系对本单位拆迁事项享有管理职权。

非国家工作人员受贿罪,实际上是一种"业务受贿罪",即利用从事管理、经营公司业务上的便利,收受他人财物;这种利用,应当理解为直接利用本人业务管理范围内的权力,具体表现为利用本人担任公司、企业中某种职务所享有的主管、分管、决定、处理以及经办某种业务或者事务的人、财、物方面的决定权。业务上的权力,是根据公司章程、公司决策者的命令产生,可能具有临时性,相对人可以就有关事项与权力行使者进行协商。

张某负责北桥湾某店经营用房拆迁工作的职责,本身并非来源于公司日常经营对其职责的要求,而是具有一定的临时性,是根据公司的授权,负责向拆迁工作委员会第六指挥部提供本单位的非住宅房屋产权证明材料。按照公司内部职权分配,北桥湾院中的正式房屋的拆迁协议由某公司总部授权张某燕负责,自建房屋的拆迁由自建者与拆迁公司协商,张某负责所有正式房屋拆迁补偿等及院内自建房的统计,其不仅对拆迁规划内的正式房屋进行核查、申报,同时也要对院内自建房进行调查核实,如果是该单位自建的房屋,也要如实申报并与拆迁单位协商补偿标准。

张某在验收某院房屋时,发现单位堆放杂物的自建房被封堵,78间经营用房中的2间办公室、1间配电室和锅炉房也被封堵,并得知是孙某利等人在院内翻盖自建房,其向孙询问原因,显然也是基于职责所在,并将情况向袁某才进行汇报,仍是基于履行自己审慎保护公司财产的职责要求。而实际上袁某才在拆迁事项上对张某并无制约关系,袁要其不要管,张某就放弃自身职责,既没有向公司总部汇报,也没有向监事会汇报;既没有将上述房屋作为本单位的自建房申报面积,也没有把被封堵的房屋如实向拆迁部门反映,导致袁某才等人顺利地把根本不具备居住条件的自建房伪装成个人住房，使得本单位的房产变成了他人的私产，欺骗拆迁部门和公司总部，骗取高额补偿和个人补助款，导致本单位财产和国家财产的双重损失。

2. 张某明知袁某才给予的5万元是因其放弃职责让对方顺利获得验收的好处费，却欣然予以接受，是典型的收受财物而弃权不为，其主观上是基于"权钱交易"的心理而非与他人共同骗取拆迁款的故意。

本案中，袁某才等人给张某5万元，是因为其负责管理单位拆迁工作，如果其制止、如实申报或者向公司总部或者拆迁单位反映情况，都将导致袁某才等人的计划落空，但袁某才等人并没有把张某加入他们行骗的组织中来，而是暗示他拿钱不要再制止、报告，张某得到的5万元，并不是袁某才等人分配骗得的拆迁补偿款，而是为堵住其嘴送给他的好处费。而所谓诈骗罪，要求行为人在主观上以非法占有为目的，客观上虚构事实或者隐瞒真相，骗取数额较大的财物。纵观本案，袁某才等人诈骗行为前后分以下几个阶段：预谋犯罪——翻建、装修自建房屋——伪造公房租赁合同及房屋产权放弃证明——验收房屋——制作虚假房屋评估手续——签订虚假拆迁协议——领取拆迁补偿款。张某没有参与以上各个环节任何活动。虽然没有制止装修自建房和揭露违法验收公房的情况，但由于其并不知情他人诈骗的实际情况，故这种隐瞒行为不是诈骗行为的有机组成部分，不能理解成共同诈骗的帮助、辅助行为。因此张某并没有与袁某才等人形成共犯的故意，也就谈不上在共同故意支配下，实施参与诈骗拆迁款的行为。

张某发现他人在北桥湾某院内装修、改建自建房的情况后，立即向袁某才进行汇报，袁某才意识到张某可能会继续向上反映，导致他们意图行骗的事情败露，随即要他不要"管"，并安排孙某利送与其好处费5万元，张某予以收受，并因此对装修自建房、将公房当作私房验收的事实隐瞒不举、不予过问。张某心知肚明这笔钱是贿赂而非本人正当收入，袁某才、孙某利等人与其之间是普通的同事关系，平日都没有大额财物往来关系，袁某才作为张某的日常工作直接领导，更没有必要无故给其人民币5万元这种相对巨额的馈赠，即便是张某辩解自己认为袁某才是为了解决其日常办公而给予的买车钱，但是作为多年在商业企业工作的人员，张某深知正常的采购公务用车不可能以不走账的方式私自给予现金，更不可能让一个资产部的部门经理来决定用单位的钱给谁配备用车，显然这钱仅仅是不要"管"房子问题的"对价"，即帮助他人保守翻建自建房及将公房当作私房予以验收和封堵的秘密的"报酬"。

3. 张某放弃履行对单位拆迁房屋的管理职责是交换财物的"对价"，其"不加声张"的沉默，避免了袁某才等人的诈骗行为被本公司总部和拆迁部门立即发现，实际上为袁某才等人谋取了不正当利益——犯罪得逞的机会，并从袁某才等人处获得了财物，系利用职务之便为他人谋取利益。

张某作为公司的资产营运部主管、拆迁工作具体管理者之一，同时也是公司的监事会成员，按照《公司法》系公司高级管理人员，负有对公司忠实、审慎的义务，发现他人意图侵吞公司财产，或利用公司实施犯罪行为时，必须履行监事职责，而收受他人财物，为他人隐瞒上述行为，轻则是对《公司法》要求的职务廉洁性原则的侵犯，导致民事或行政责任，而严重的更是侵犯了《刑法》所保护的公司经营管理秩序和公司企业人员的职务廉洁性，要承担刑事责任。张某作为某公司资产部主管，在负责本单位北桥湾房屋的拆迁工作中，不仅应对规划内的房屋进行核查、申报，还应对单位自建房屋调查核实，并按照正常程序进行申报。在验收北桥湾公房过程中，张某不仅发现院内自建房被验收和封堵的情况，而且在发现两间公房也被当作私房验收和封堵的情况后，未揭露情况，即放弃了如实核查和申报的职责，其发现他人在院内翻盖自建房屋时未予制止，对他人的违规违法行为予以放任，导致按照拆迁补偿规定本应由单位获得拆迁补偿款的自建房，却被他人当作正式私房获得巨额补偿；同时，袁某才等人伪造了相关证明后，在同一房屋上产生了两份产权关系证明，拆迁部门对作为单位两间公房申报和作为个人私产申报的同一处房产错误认为是两处不同的不动产，并支付了两份性质不同的补偿款，还向产权证明上的个人支付了补助款等，累计向袁某才等人支付人民币230余万元，给国家财产造成重大损失。

综上所述，张某利用其核实、申报单位公房和自建房的职务便利，收受财物，为他人隐瞒侵害公司和国家财产的犯罪行为，致使他人非法获取财产利益，严重违背了非国家工作人员的职务廉洁性要求，其行为系利用职务便利，收受他人贿赂，为他人谋取不正当利益，应当以非国家工作人员受贿罪追究其刑事责任。

（供稿：北京市东城区人民检察院　赵　虹
案例编辑：北京市人民检察院　庞　静）

[第 015 号]

弓某斌擅自发行股票案
——擅自发行股票、集资诈骗与非法吸收公众存款罪的区分

办案要旨

擅自发行股票中的股票须为违法发行的真实股票,即有一定的股权对应性;集资诈骗不仅要有非法集资的行为,更应具备诈骗罪的一般特征,即对于非法吸收的资金要有非法占为己有的目的;认定非法吸收公众存款罪的关键在于"公众"的多数性和不特定性(亦称公开性和社会性)。被不起诉人弓某斌所谓发行的"股票"只是一个吸收资金的幌子,并不对应特定的公司股份和股权,且其对吸收的资金并不具有明显的非法占有故意,也不具有外部性,故不宜认定为犯罪。

基本案情

被不起诉人弓某斌,男,1971年11月21日出生,研究生文化,北京某软件科技发展有限公司法定代表人、经理。因涉嫌合同诈骗罪、诈骗罪,于2012年5月1日被北京市公安局海淀分局刑事拘留,经北京市海淀区人民检察院批准,以涉嫌擅自发行股票罪于同年6月6日被逮捕。2013年1月22日,北京市海淀区人民检察院以弓某斌涉嫌擅自发行股票罪,报送北京市人民检察院第一分院。经北京市人民检察院第一分院决定,于同年2月28日变更强制措施为取保候审。

经审理查明,北京某软件科技发展有限公司的主要经营方式为在互联网上设立"专家网"(网址为www.wisenman.tv),每名专家在该网站拥有自己的"知识网店",专家的知识在商店内作为商品出售,客户可通过搜索系统在网站内查询相关知识并支付费用,网站和专家分享收入。其销售采取加盟代理商的方式,代理商须购买一定数量的致富通专家网站系统。一个系统是950元,对外定价是2100元,另外还有20%专家网络服务费,代理商主要赚取差价。代理费地级市收人民币14.5万元,县级市收人民币9.8万元。该系统于2007年11月正式发布,截至2009年5月,在全国范围内先后发展了

100余家代理商，收取代理费共计人民币3050.29万元（因部分代理商申请退出，先后退回代理费人民币405.02万元）。

2008年，弓某斌经人介绍认识了骆某（我国台湾地区人），花费人民币300万元聘请骆某为公司准备上市计划，同时在公司内部制定了"员工持股计划"及"服务商持股计划"，根据持股计划，股份授予对象为现有经营团队员工、未来新进员工、顾问团队、服务商、对公司有特殊贡献的非上述人员。但实际授予对象仅包括公司现有员工和代理商。以公司准备在新加坡上市为名义，向公司员工（含弓某斌及其亲属共计41人）及代理商（79人）共计120人发行"股票"进行融资，共募集资金人民币611.535万元。

对已缴纳资金的员工或代理商，均以北京某软件科技发展有限公司或"持股管理委员会"的名义出具了股权认购书，所出具的股权认购书样式为自己公司制作，正面印有毛泽东主席的头像及北京某软件科技发展有限公司全员控股计划管理委员会字样，还有持股人姓名、股数、弓某斌的签章，背面是说明，特别备注和公司法定代表人签名。2009年中，公司经营失败，弓某斌离开公司与员工失去联系。

北京市人民检察院第一分院认为，弓某斌以北京某软件科技发展有限公司通过发行股票向代理商及公司员工120人募集资金人民币611.535万元，事实清楚，证据确实充分。按照我国《刑法》规定，其行为系发行股票，但根据最高人民法院《关于审理非法集资刑事案件具体应用法律若干问题的解释》及最高人民检察院、公安部有关此类案件立案追诉标准的规定，弓某斌的行为尚未达到定罪处罚的标准，故认为弓某斌的行为不构成擅自发行股票罪。

疑难问题

弓某斌的行为是否构成犯罪？构成何罪？

分歧意见

第一种意见认为，弓某斌的行为构成擅自发行股票罪。理由是：擅自发行股票罪是指未经国家有关主管部门批准，擅自发行股票或者公司、企业债券，数额巨大、后果严重或者有其他严重情节的行为。并且根据2010年5月7日最高人民检察院、公安部《关于公安机关管辖的刑事案件立案追诉标准的规定（二）》第34条之规定，未经国家有关主管部门批准，擅自发行股票或者公司、企业债券，涉嫌下列情形之一的，应予立案追诉：（1）发行数额在50万元以上的；(2) 虽未达到上述数额标准，但擅自发行致使30人以上的投资者购买了股票或者公司、企业债券的；(3) 不能及时清偿或者清退的；(4) 其他后果严重或者有其他严重情节的情形。此案中，弓某斌以公司近期在新加坡上市为由，未经证监会等主管部门批准，向公司员工、代理商共计120人发行股票，数额达到600万元。发行股票人数及发行数额均达到2010年5月7日最高人民检察院、公安部《关于公安机关管辖的刑事案件立案追诉标准的规定（二）》第34条的规定。其行为符合擅自发行股票罪的构成要件，因此，构成擅自发行股票罪。

第二种意见认为，弓某斌的行为构成合同诈骗罪。理由是弓某斌的公司并没有在新加坡上市的实力，在没有向证监会申请等上市行为的情况下，对员工和代理商谎称即将在新加坡上市，以出售股票为由骗取员工和代理商钱款共计600余万元，员工在购买股权后只是出具收据和公司自己印发的股权认购书，且在公司经营失败后弓某斌的逃匿行为足以认定其有非法占有的目的。公司出具的股权认购书不具有股票的效力，不能产生股权变更，此行为应认定为双方签订的在未来股权买卖的合同。符合合同诈骗罪以非法占有为目的，在签订、履行合同过程中骗取他人财物的行为，应以合同诈骗罪追究其刑事责任。

第三种意见认为，弓某斌的行为不属于犯罪，属于经济纠纷。

深度评析

笔者认为，**弓某斌的行为不构成犯罪**。理由如下：

1. 被不起诉人弓某斌没有非法占有的主观故意。

按照主客观相统一的原则，行为主观面上的意图界定不能只考察相关口供的相互印证，更要与其客观行为形成对应。首先，对于募集的资金去向，弓某斌所在公司自2007年10月至2009年6月的支出共计41378778元。支出项目包括房租支出、员工工资、社保支出、日常办公费用、差旅费、会议费以及聘请培训老师的费用，该公司还曾向中华慈善总会、中国妇女发展基金会等机构捐款或物资共计1022.41万元。未发现明显的用于个人挥霍的支出。支出均属于正常公司经营活动。其次，弓某斌的逃匿行为也不足以认定其非法占有的目的。弓某斌在公司经营失败后曾赴山东乳山启动所谓的"乳山样板市场"项目，在此之前，曾通过电子邮件告知公司员工自己的计划，虽有部分时间公司员工无法与弓某斌进行联系，弓某斌也承认未告知自己的具体位置。但问题的关键在于，逃匿行为只是佐证被不起诉人具有的非法占有目的途径之一，而非充分条件，不能仅根据被不起诉人有逃匿行为而认定其具有非法占有的目的。弓某斌离开公司时公司资金已所剩无几，其也没有携款逃匿，故不存在基于非法占有的目的而逃匿的情形。最后，弓某斌不但动员其亲属参与购买非法发行的内部股票，而且也具有运作公司上市的真诚努力。弓某斌聘请了骆某运作上市并支付相应酬金 300 万元，聘请律师事务所咨询上市事宜并支付酬金 35 万元。

综上，鉴于没有证据证明弓某斌存在明显的非法占有的故意，而非法占有的故意是构成合同诈骗罪的必要条件，因此其行为不构成合同诈骗罪。

2. 公司自行印发的股权认购书不属于股票。

从形式上看，本案中弓某斌是向特定人员擅自发行了公司自行印制的期权股票，但该股票更类似于公司内部发行的股权认购书，在没有对公司资产进行核算的情况下，该公司所发行的股票期权缺乏总量控制，只在一定时期确定单股的价格，而没有所发行股票的总数，可以说，只要有人认购，就有可售的期权股票，上不封顶，多多益善，如此，认购者既无法实际掌握自己占有公司的股份比例，也无法行使股东权利。根据"员工持股计划"及"服务商持股计划"，这种股权认购相当于对未来股权的转让合同，即公司原有股东弓某斌与股权认购者签订的股权转让合同，虽然该转让协议具有法律效力，但不得对抗第三人。

3. 弓某斌的行为是以擅自发行股票的形式掩盖其向特定人员非法集资的实质。

发行股票是一种融资方式，而未经批准擅自发行股票即是一种非法融资，但是并不是任何具有股票形式或者名为股票的股权认购凭据都属于《刑法》第 179 条意义上的"擅自发行股票"。股票必须对应着公司特定的股份，而如果只有股票之名，并不对应着特定股权的认购凭据不能视为《刑法》第 179 条意义上的"股票"，此时，认购凭据只是一种非法集资的手段，可退款、可转让的认购凭据相当于私自签订的债权文书，没有对外效力。因此，在没有发行股票的实体条件的前提下，打着发行股票的幌子实施的非法集资行为，构成非法吸收公众存款的行为。根据最高人民法院《关于审理非法集资刑事案件具体应用法律若干问题的解释》之规定，承诺在一定期限内以股权等方式还本付息或者给付回报以及不具有发行股票的真实内容，以虚假转让股权等方式非法吸收资金（第 2 条第 5 项）的，都属于非法吸收公众存款的行为。但是，根据上述解释第 1 条第 2 款，未向社会公开宣传，在亲友或者单位内部针对特定对象吸收资金的，不属于非法吸收或者变相吸收公众存款。本案中弓某斌系向其亲属、单位内部员工及代理商等特定对象实施的非法吸收资金的行为，并没有纵容本单位员工或亲友"以人传人"向社会面上扩散，也没有将单位以外的不特定人以吸收资金的名义转换为本单位员工，从其涉及的总人数

(120人)来看,基本没有外部性。因此,不宜以非法吸收公众存款定罪处罚。

4. 擅自发行股票、集资诈骗与非法吸收公众存款的区分。

实践中,擅自发行股票、集资诈骗、非法吸收公众存款容易混淆,一般来说,集资诈骗不光要有非法集资的行为,更应具备诈骗罪的一般特征,即对于非法吸收的资金要有非法占为己有的目的。非法吸收公众存款类似于非法集资行为的一般适用罪名,认定的关键在于"公众"的多数性和不特定性(亦称公开性和社会性[①])。而擅自发行股票中的股票须为违法发行的真实股票,即有一定的股权对应性,如果所谓的"股票"只是一个吸收资金的幌子,并不对应特定的公司股份和股权,则属于变相吸收公众存款的行为。

(供稿:北京市海淀区人民检察院　付　心　李　辰
案例编辑:北京市人民检察院　王志坤)

[①] 参见刘为波:《非法吸收公众存款与内部集资的区分》,载《中国审判新闻月刊》2011年第65期。

[第 016 号]

田某志集资诈骗案
——把握家属"送首"与根据家属提供线索抓获的区别

办案要旨

犯罪嫌疑人亲属提供线索，由侦查机关实施抓捕将其抓获的情况是否应当认定为自首，现有的法律及司法解释没有明确的规定，需要在司法实践中按照自首制度设置的原意来进行判断。一般来说，此种情况不宜认定为自首，但是在量刑时可以根据案件的具体情况酌情从轻处罚。

基本案情

被告人田某志，男，56岁（1950年12月8日出生），汉族，出生地安徽省，高中文化，北京某投资咨询有限公司法定代表人，住北京市崇文区。

2003年1月至2005年5月间，被告人田某志以与他人合作经营为名，采取编造虚假合作项目并签订合作经营合同书等方法，在社会上非法集资，以投资零风险及高额回报为诱饵，共计骗取82名被害人的人民币832.9万元。2004年底，田某志已不能按时返还投资人的高息，但仍以各种理由、借口拖延。2005年3月，其公司所在的东普大厦将房屋全部租给交通银行使用，故田某志在中国棋院又租用了3间房作为新的办公地点。但其仍不能按时返还高息，5月11日中国棋院作为出租方，将该3间房封闭，终止了同某公司的租赁合同。投资人发现此情况后，又找不到田某志，于是相约于2005年5月16日到北京市公安局崇文分局报案。后因田某志不能按时返还投资人的高息，投资人相约于2005年5月16日到北京市公安局崇文分局报案。至案发，尚有人民币732.09万元未予归还。

公安机关找到田某志的儿子田某，田某于2005年5月27日向侦查人员反映：2005年5月27日早上，通过姑姑知道父亲田某志住在圣德堡饭店，可能住在该饭店405房间；2005年5月21日田某的手机有两个被叫电话，往回打打不通，可能是其父亲的电话。侦查人员经过工作，确认田某提供的两个电话是崇文区圣德堡酒店的电话，并到该酒店查到田某志的住宿登记，后于 2005 年 5 月 27 日在该酒店 405 号房内将田某志抓获。

北京市人民检察院第二分院以田某志犯集资诈骗罪向北京市第二中级人民法院提起公诉后，北京市第二中级人民法院认为田某志亲属提供重要线索积极协助公安机关抓获田某志的行为，可视为田某志具有自首情节，依法应予从轻处罚，以集资诈骗罪判处田某志无期徒刑，剥夺政治权利终身，没收个人全部财产。

北京市人民检察院第二分院经审查认为，法院判决认定存在错误，被告人田某志在案发过程中始终没有主动投案的行为，一审法院将田某志亲属提供线索给侦查员导致田某志被抓的行为视为田某志的自首情节，并依法予以从轻处罚，超出了自首的司法解释规定，属于认定事实错误，适用法律不当，依法提出抗诉。

北京市高级人民法院二审终审判决，检察机关抗诉意见正确，原审被告人田某志之子田某向侦查机关提供线索将田某志抓获的情节不应认定为自首，纠正了原审判决对原审被告人田某志自首情节的错误认定。

疑难问题

亲属提供线索后，侦查机关根据线索分析被告人可能的藏匿地点，后抓捕归案的情况能否视为系家属"送首"，可否认定为自首？

分歧意见

第一种意见认为，田某志的亲属提供重要线索积极协助公安机关抓获的行为，可视为具有自首情节，依法应予从轻处罚。

第二种意见认为，田某志的亲属提供线索，由侦查机关实施抓捕，将田某志抓获归案的情况，不符合法律及有关司法解释的规定，不应对田某志认定为自首。

深度评析

笔者认为，**对田某志不应认定为自首**。

最高人民法院《关于处理自首和立功具体应用法律若干问题的解释》将亲友接到公安机关通知或者主动报案后，将犯罪嫌疑人送去投案的，认定为自首。而犯罪嫌疑人亲属提供线索，由侦查机关实施抓捕将其抓获的情况是否应当认定为自首，现有的法律及司法解释没有明确的规定，需要在司法实践中按照自首制度设置的原意来进行判断。本案中，被告人田某志的亲属提供其可能藏匿的地点，由公安人员将其抓获的，不应认定为自首，但鉴于被告人亲属的协助抓捕行为与一般的社会公众协助抓捕是有差别的，在量刑时应根据案件的具体情况酌情从轻处罚。理由如下：

1. 犯罪嫌疑人亲属提供线索，由侦查机关实施抓捕将其抓获的情况，不符合自首的本质，不应认定为自首。

自首，是犯罪嫌疑人基于对其所犯罪行的违法性和应受惩罚性的认识，主动接受司法机关追究的一种法律行为。自首的本质强调犯罪嫌疑人人身危险性、司法机关侦破案件难度及司法成本支出的降低。我国《刑法》根据惩办与宽大相结合的刑事政策和刑罚个别化的原则，设置了自首制度并确定了从宽的原则。

本案被告人田某志在发案过程中，始终没有主动投案的行为。被告人田某志之子田某在被公安机关调查时，反映其父可能住在圣德堡酒店 405 房间，并提供了两个可疑的电话号码。侦查人员通过对电话号码核实，确定是圣德堡酒店总机，又进一步查询圣德堡酒店住宿登记，确定了田某志的住宿房间，后将田某志抓获。从被告人田某志的角度考虑，既没有体现出对其所犯罪行的违法性和应受惩罚性的认识，也没有实施主动前往要求接受司法机关追究的行为，其人身危险性、再犯可能性和社会危害性并没有发生变化。从侦查机关的角度，从接到线索，到核实线索，确定侦查方向，最终抓获犯罪嫌疑人，侦查机关取得侦破案件、抓获犯罪嫌疑人的工作成果，系通过侦查机关自身侦查工作的开展，虽然从一定程度上降低了侦破的难度，但是成本的支出方面并没有降低。因此，对本案被告人田某志之子田某提供线索，由侦查机关将田某志抓获的情况，不宜认定为自首。

2. 犯罪嫌疑人亲属提供线索，由侦查机关实施抓捕将其抓获的情况，尽管不能认定为自首，但是在量刑时应当根据案件的具体情况酌情从轻处罚。

从本案的具体情节考虑，田某作为田某志之子，在侦查机关向其进行调查时，主动提供了其父可能所在的处所，侦查机关也正是基于田某提供的线索，找到并抓捕了田某志。田某志之子提供的线索经过核查属实并取得实效，客观上确实节约了侦查机关的时间和精力，对案件的侦破和田某志的到案起到了积极的作用。田某作为儿子去向侦查机关提供抓捕其父亲的线索，从父子亲情的人性角度，从普通社会伦理的宽容角度，田某都要承受巨大的压力。在压力之下仍然选择不隐瞒地向侦查机关提供线索，从犯罪人家属的角度考虑，除了法治意识的修养，对司法工作的支持与配合之外，也存有争取为犯罪人减轻罪责的心理。这种协助抓捕行为与一般的社会公众协助抓捕是有差别的。如果司法机关在量刑当中对此予以考虑，犯罪人家属以提供线索使犯罪人归案的作用，得到司法机关对犯罪人量刑上的酌定从轻处罚，不仅对此行为客观上起到鼓励的作用，对于犯罪人及其家属的情感也是很好的弥补，有助于社会的和谐。因此，犯罪嫌疑人亲属提供线索，由侦查机关实施抓捕将其抓获的情况，尽管不宜认定为自首，但是在量刑时应当根据案件的具体情况酌情从轻处罚。

原审判决对田某志予以从轻处罚既符合本案的具体情节，也没有超出原审法院对于量刑裁量权的范畴，是合适的。但是，原审判决以田某志具有自首情节作为从轻处罚的依据，放宽了自首的条件，扩大了自首的范围，属于适用法律不当。综上所述，原审判决认定事实清楚，证据确实充分，定性准确，量刑适当，审判程序合法，唯对被告人田某志自首情节的认定不正确。

（供稿：北京市人民检察院　傅　尧
案例编辑：北京市人民检察院　庞　静）

[第017号]

马某贷款诈骗案
——以非法取得的房屋作担保骗取购房贷款的行为构成贷款诈骗罪

办案要旨

诈骗罪和贷款诈骗罪的区分认定中应注意行为人实施的客观行为以及手段行为和目的行为的关系，同时结合牵连犯的相关规定加以认定。从行为人马某的行为可以推定其主观上具有"非法占有银行贷款的目的"，马某对房产所有人及管理人的诈骗行为是手段行为，而骗取贷款才是目的行为，根据牵连犯的相关规定，应认定为贷款诈骗罪。

基本案情

被告人马某，男，36岁，汉族，北京市人，大专文化，无业。

经审理查明：2000年底，被害人于某华将其名下一处房屋产权证书交给其女婿马某保管，并委托马某为其办理房屋出租手续。2004年，马某欠下白某20余万元债务，无力偿还，于是许诺出售一处房产套现后还账。同年11月3日，马某找到一名女子冒充于某华，并持于某华的房屋产权证书、假身份证、假委托书等文件在某公证处办理了委托公证，取得房屋产权的处置权。11月5日，马某凭借公证书及房产证到建设委员会和国土管理部门将房屋产权无偿过户到白某名下。2005年1月5日，马某请求朋友任某帮忙以银行按揭贷款方式从白某处买下该房产。于是，房屋产权被过户至任某名下，任某以所购房产为担保，与银行签订了借款合同，银行依约向白某支付了24万元购房款。马某所欠债务随即消灭。交易结束后，马某告知任某，所购房产是其从于某华处骗来还账的。此后，马某与任某一起，每月按时偿还房屋贷款，至案发时止，已经偿还借款及利息1万余元。2006年7月，任某向于某华主张房屋所有权，于是案发。经鉴定，涉案房屋价值人民币39.5万元。

2006年10月18日，北京市公安局丰台分局以〔2006〕189号起诉意见书认定，2004年11月间，犯罪嫌疑人马某伙同他人伪造被害人于某华的身份证后，骗取了财产委托公证，后持该公证书和于某华名下的房产证，骗取国土局过户登记，贷得房款24万元用于还债。马某的行为触犯了《刑法》第266条之规定，以马某涉嫌犯诈骗罪向北京市丰台区人民检察院移送审查起诉。

丰台区检察院以京丰检刑二诉字〔2006〕第239号起诉书向丰台区法院指控：被告人马某以非法占有为目的，采取虚构事实、隐瞒真相的手段骗取他人财物，数额特别巨大，其行为已经触犯了《刑法》第266条之规定，构成诈骗罪。

丰台区法院认为，被告人马某使用虚假产权证明作担保，骗取贷款，数额特别巨大，其行为构成贷款诈骗罪，依据《刑法》第193条，判处马某有期徒刑10年。

疑难问题

被告人马某的行为是构成诈骗罪还是贷款诈骗罪？

分歧意见

第一种意见认为，虽然马某客观上实施了一系列欺骗行为，但是该人没有将他人房产据为己有的意思，在取得贷款后，按月还本付息，主观上不具有"非法占有公私财物的目的"，不具有刑事可罚性，不构成犯罪。

第二种意见认为，马某采用一系列欺骗手段，办理了房屋产权变更登记，使第三人取得房屋产权，其行为属于虚构事实、隐瞒真相骗取他人财物的性质，而其后指使任某以按揭贷款方式购买房屋的过程中并没有使用任何虚假的手续，只是该人利用犯罪所得获益的一种行为，应认定为诈骗罪。

第三种意见认为，从马某实施的客观行为可以推定该人主观上具有"非法占有银行贷款的目的"，且马某对房产所有人及管理人的诈骗行为是手段行为，而骗取银行贷款是目的行为，根据牵连犯的相关规定，应认定为贷款诈骗罪。

深度评析

笔者认为，**马某的行为应认定为贷款诈骗罪**。主要理由如下：
1. 马某主观上具有非法占有银行贷款的目的。

根据《刑法》第193条的规定，"以非法占有为目的"是构成贷款诈骗罪的要件之一。笔者认为，马某主观上符合贷款诈骗犯罪目的方面的要件：

首先，贷款诈骗罪中"以非法占有为目的"不同于一般的犯罪目的。犯罪目的是指行为人意图通过实施犯罪行为达到某种犯罪结果的心理态度。对于一般犯罪来说，犯罪目的是附属于直接故意而存在的，不需对这种犯罪目的加以专门的认定。① 但是我国刑法分则条文也对 20 余种罪名的犯罪目的作了明确规定，例如走私淫秽物品罪要"以牟利或者传播为目的"，赌博罪要"以营利为目的"、贷款诈骗罪要"以非法占有为目的"等。有些学者，将《刑法》明文规定的犯罪目的称为法定犯罪目的。② 将法定犯罪目的与一般犯罪目的加以区分，是探究法定犯罪目的实质内容的前提和基础。就贷款诈骗罪而言，如果行为人主观上不是以"非法占有为目的"，即使在申请贷款时使用了欺骗的手段，也不必然构成本罪。因此，行为人是否具有"非法占有的目的"就成为认定贷款诈骗罪与非罪的关键。

其次，贷款诈骗罪中"以非法占有为目的"的实质是行为人希望达到占有银行或者其他金融机构贷款的最终结果。对于如何认定法定犯罪目的的实质内容，刑法理论界的主流观点是"犯罪动机说"。例如，张明楷教授认为，刑法分则中的"以……为目的"实际上是犯罪的动机。③ 而笔者认为，虽然犯罪动机与犯罪目的有着紧密的联系，但二者是不同的心理现象。从内容上看，动机回答行为人实施犯罪行为的内心起因是什么，而目的回答的是行为人实施犯罪行为所希望发生的结果是什么，犯罪动机不能等同于法定犯罪目的的实质内容。例如，贷款诈骗罪中行为人的犯罪动机可以是多种多样的，有的是为了挥霍，有的是为了进行其他犯罪活动，像本案马某的犯罪动机就是为了偿还个人债务，但这些显然不是行为人的犯罪目的。那么如何界定法定犯罪目的的实质内容呢？笔者认为，可以借鉴德国的"追求超故意的结果说"，即行为人实现犯罪行为所造成的直接危害结果以外的进一步希望达到的最终结果。就贷款诈骗罪而言，行为人实施犯罪行为对银行贷款的管理制度造成的直接危害结果是浅层的犯罪目的，而行为人在追求该结果以外的进一步希望达到的占有银行或者其他金融机构贷款的最终结果，才是贷款诈骗罪的法定犯罪目的。

最后，要综合考虑行为人的客观行为，推定其主观上是否具有法定犯罪目的。犯罪目的是行为人主观上的心理活动，不可能脱离客观外在活动而独立存在。因此，在认定行为人主观上是否具有法定犯罪目的时就要坚持主客观相一致的原则，通过客观行为予以推定。有关的司法解释为这种司法推定提供了根

---

① 参见陈兴良：《当代中国刑法新境域》，中国人民大学出版社 2007 年版，第 736 页。
② 参见彭辅顺：《法定犯罪目的的实质探究》，载《兰州学刊》2004 年第 2 期。
③ 参见张明楷：《犯罪论原理》，武汉大学出版社 1991 年版，第 292 页。

据，例如 2001 年 1 月 21 日最高人民法院《全国法院审理金融犯罪案件工作座谈会纪要》规定，金融诈骗案件中，具有所列七种情形之一的，可以认定行为人具有非法占有的目的，但列举的形式并不能涵盖所有案件的实际情况。综合上述规定，我们可以根据借款人是否具有法定资格、借款是否符合法定条件以及是否具有履行法定义务的能力等方面，综合考察推定行为人主观上是否具有"非法占有的目的"。结合本案具体情况分析，可以从马某的客观行为上推定该人主观上具有"非法占有的目的"：(1) 马某指使任某使用虚假的房屋产权作担保申请贷款。虽然在申请贷款前，马某实施了一系列骗取活动，使担保文件在形式上符合法律规定，但由于借款人任某实际上不具有房屋的产权，贷款担保形同虚设。(2) 马某的行为实际上改变了贷款用途。银行与借款人任某签订借款合同中约定，该笔贷款是用于支付购买涉案房屋的产权的。而马某实际上利用任某将购房款从银行借出后，用于与购房无关的用途，即用于归还个人债务。(3) 马某没有将房屋产权转移至自己名下，而是转移至任某名下，后又要求任某帮忙以银行按揭贷款的形式借出购房款，这从一个侧面反映出马某不具有独立偿还购房贷款的能力。综合本案，贷款的取得、贷款的使用以及马某不能独立还款的因素，可以推定马某主观上具有非法占有银行贷款的目的。

2. 马某先后实施的两个骗取行为符合牵连犯的规定。

理论通说认为，牵连犯就是行为人以实施某一犯罪为目的，而其犯罪的方法（手段）或结果行为触犯其他罪名的犯罪。牵连犯要求以数个独立的犯罪行为之间具有牵连关系为必要条件，即行为人的数个行为是围绕一个犯罪目的而实施的，而且数个独立的犯罪行为之间有因果关系，牵连关系是牵连意图与因果关系的统一。① 本案就符合牵连犯的规定：

首先，在上述行为中，虽然马某实施了数个诈骗行为——对房屋产权所有人及管理人的诈骗行为和对银行的诈骗行为，但支配其行为实施的犯罪目的或者说直接追求的犯罪目的只有一个，即以非法占有银行的贷款为目的。

其次，当马某为追求唯一犯罪目的而实施的两个诈骗行为是相对独立的，对其中任何一个行为单独进行评价，均能认定其构成犯罪，而且符合不同的犯罪构成，即马某骗取房屋产权的行为符合诈骗罪的规定，指使任某对银行实施的诈骗行为符合贷款诈骗罪的规定。

最后，马某实施的两个诈骗行为之间存在不可分割的联系，非法占有银行的贷款用于还债是目的，相应地对银行的诈骗行为就是目的行为，而骗取房屋

---

① 参见王林：《论牵连犯》，载《贵州民族学院学报》（哲学社会科学版）2007 年第 1 期。

产权，则是为了诈骗银行而准备的必要条件，因此对银行房屋产权所有人和管理人的诈骗行为应当是方法行为，即实施骗取房屋产权的行为是实施贷款诈骗行为的原因，实施对银行的诈骗行为是实施诈骗行为的结果，二者之间存在着内在的联系。① 因此，本案属于牵连犯中方法行为与目的行为的牵连，按照牵连犯的处罚原则，应当择一重罪处罚。

对诈骗罪和贷款诈骗罪的主刑进行比较可以发现，两罪对数额特别巨大或者有其他特别严重情节的，均判处10年以上有期徒刑或者无期徒刑，但起刑点却不相同。1996年12月16日最高人民法院《关于审理诈骗案件具体应用法律的若干问题的解释》中规定，数额巨大的标准应在"3万元至5万元"的幅度内确定，诈骗数额在30万元以上的，应当确定为数额特别巨大。而《解释》规定，个人进行贷款诈骗数额在20万元以上的，属于数额特别巨大。另外，二罪对数额较大和数额巨大或者有其他严重情节的法定主刑也有明显区别，对数额较大的，诈骗罪应判处3年以下有期徒刑、拘役或者管制，对贷款诈骗罪是处以5年以下有期徒刑或者拘役；对数额巨大或者有其他严重情节的，诈骗罪应判处3年以上10年以下有期徒刑，对贷款诈骗罪是处以5年以上10年以下有期徒刑。从整体情况来看，贷款诈骗罪的法定刑要高于诈骗罪的法定刑，因此，本案应当择一重罪即贷款诈骗罪认定。

（供稿：北京市人民检察院　张京晶
案例编辑：北京市人民检察院　张　倩）

---

① 参见王占洲、林苇：《关于贷款诈骗罪的几个问题》，载《贵州警官职业学院学报》2002年第3期。

[第 018 号]

卢某勇票据诈骗案
——一人公司形式下自然人犯罪问题分析

办案要旨

行为人以虚假手段骗取工商部门的许可营业登记，但实际上并未开展过任何实际经营活动，应按照公司人格否认制度，不以单位犯罪认定。行为人以公司之名，乱开空头支票实施的诈骗行为系以个人非法占有为目的，不能认为是为单位利益骗取他人财物。

基本案情

卢某勇，男，1965年1月29日出生，汉族，福建省人，初中文化，原系北京某商贸有限公司法定代表人。

2006年9月，卢某勇委托中介机构代为办理公司登记注册手续，注册成立了北京某商贸有限公司。该公司系依据《公司法》第59条成立的一人有限责任公司，卢某勇为出资人及法定代表人。

2007年5月25日，卢某勇在北京市朝阳区某刨花板市场向郑某锁购买多层板250张，总货款为19750元人民币。付款时，卢某勇交付给郑某锁一张抬头为北京某商贸有限公司的支票（出票日期为2007年5月28日、面额人民币20000元）。后卢某勇将全部多层板运至徐某忠处要其代销。5月29日，卢某勇以月底厂家结账为由从徐某忠处拿走货款16500元人民币，后将该款挥霍。同日，郑某锁持支票去银行兑现，银行告知其该账户内余额为零，为不能承兑的空头支票。同年5月31日，郑某锁到公安机关报案。

2008年10月24日，北京某商贸有限公司因注册后从未年检而被吊销营业执照。

2010年7月12日，公安机关将卢某勇抓获归案。经查，该公司注册资金、注册地点、公司监事等登记事项均由中介机构以虚假手段伪造，公司无任何会计账目、没有雇员、没有固定经营地点。案发时，公司账户内存款余额为人民币900元。

卢某勇到案后承认其诈骗行为，并辩解购买多层板时并未使用北京某商贸有限公司的名义，而是其与郑某锁之间的个人交易行为。郑某锁亦表示其与卢某勇交易时并不知北京某商贸有限公司的存在，更不知卢某勇是该公司的法定代表人，与卢某勇的交易纯属个人之间购销。

2010年12月21日，北京市朝阳区人民检察院以京朝检刑诉〔2010〕3101号起诉书提起公诉，指控被告人卢某勇犯票据诈骗罪。

被告人卢某勇在庭审中辩称，其给被害人郑某锁转账支票时已告知是空头支票，不是故意想骗被害人。

辩护人的辩护意见为，本案证据不足，指控被告人卢某勇犯票据诈骗罪的罪名不能成立。

北京市朝阳区人民法院经审理认为，被告人卢某勇为牟私利，采取签发空头支票的方法骗取公民财产，且数额较大，其行为触犯了刑律，已构成票据诈骗罪，应予惩处。鉴于被害人的损失已得到赔付，故对其所犯罪行酌予从轻处罚。判处被告人卢某勇犯票据诈骗罪，有期徒刑1年，罚金人民币2万元。

疑难问题

一人有限责任公司法定代表人使用单位支票诈骗财物构成单位犯罪还是自然人犯罪？以空头支票付款骗取货物的行为构成票据诈骗罪还是合同诈骗罪？

分歧意见

第一种意见认为，不应追究卢某勇的刑事责任。理由是一人有限责任公司是具有法人资格的单位，符合我国《刑法》中单位犯罪的主体条件。虽然北京某商贸有限公司注册资料系伪造，但是已经工商部门注册登记，具有法人资格。卢某勇以公司名义签发支票，显示该交易系以单位名义，为单位谋取非法利益，应属单位犯罪。卢某勇以非法占有为目的，使用空头支票用于购买多层板，其行为符合《刑法》第194条第4款第4项之规定，系"签发空头支票或者与其预留印鉴不符的支票，骗取财物"。由于该单位骗取人民币19000余元，未达到单位犯票据诈骗罪的立案标准（人民币10万元），因此不应追究该单位及卢某勇的刑事责任。

第二种意见认为，卢某勇系个人犯罪，构成合同诈骗罪。理由是依据《公司法》第20条和第64条规定，应以公司人格否认制度，否认北京某商贸有限公司的法人人格。在本案中卢某勇滥用了公司法人的独立地位，损害了债权人郑某锁的利益，因此应依据"揭开公司面纱"原则，直接追究公司法定代表人亦即公司唯一股东卢某勇的刑事责任。此外，诈骗行为发生在签订、履行合同的过程中，虽使用了空头支票，但仅属于交易结算方式，实际上符合《刑法》第224条之规定，是"以非法占有为目的，在签订、履行合同过程中，骗取对方当事人财物"，应当构成合同诈骗罪。

第三种意见认为，卢某勇系个人犯罪，卢某勇以口头合同、空头支票骗取财物，同时符合合同诈骗罪与票据诈骗罪的犯罪构成，在法条竞合情况下应选择适用特殊法条，对其以票据诈骗罪定罪处罚。

深度评析

笔者认为，**卢某勇系个人犯罪，构成票据诈骗罪**。理由如下：

我国《刑法》对单位犯罪的入罪标准往往要高于自然人犯罪，从近年来的刑法修正案以及司法解释来看，立法机关和最高司法机关正在努力地纠正这种对于单位犯罪和个人犯罪区别对待的做法。在本案中，判断被告人的行为系单位意志还是单纯的个人犯罪行为，即搞清究竟是单位犯罪还是自然人犯罪，将直接关系到行为人的切身利益（包括是否构成犯罪以及处罚的严厉程度）。①

1. 北京某商贸有限公司并非合法成立，且未进行任何正常经营行为，不符合《刑法》中单位犯罪的主体要件。

本案之所以在对卢某勇行为性质的认定上存在较大分歧，主要由于一人公司的单位行为与自然人股东的个人行为往往难以区分。从代理的角度而言，如果是公司的法定代表人做出的行为，则可视为公司的意思表示，但是如果其未向对方表明系公司行为，则应在双方意思表示达成一致的范围内认定其行为性质。例如，以公司名义对外签订书面合同，或在交易时明确告知对方系公司所为，相反，则视为个人行为。此外，在区分公司行为与个人行为时，还要考虑公司是否合法成立、行为人是否基于以公司名义作出的决定从而对外实施行为、行为人及被害人对于行为性质的理解是否相同、行为所得利益是否归属于公司等因素，方能对一人公司的法定代表人所实施的行为性质作出准确的判断，从而解决犯罪主体问题。

具体到本案中，卢某勇虽然是一人公司的法定代表人，在向被害人郑某锁购买多层板时也出示了以本公司名义签发的支票，表面上似乎符合单位犯罪的特征。但是，北京某商贸有限公司注册资金、注册地点、公司监事等登记事项均由中介机构以虚假手段伪造，骗取工商部门予以许可营业登记，但该公司未进行过任何实际经营活动，且无雇员、无账目、无经营场所，且其从未进行年

---

① 参见陈兴良主编：《刑法总论精释》，人民法院出版社2010年版，第573页。

检,因而被吊销营业执照。因此,虽然北京某商贸有限公司符合公司登记的形式要件,却不符合有效成立的法定实质要件。

此外,我们认为,主张以"公司人格否认"制度来否认本案中的公司法人人格,明显存在概念与逻辑上的错误。因为"公司人格否认"原则作为《公司法》上的特定概念,它只是在特定条件下对特定民商事法律关系中公司法人人格的否认,而不是对公司法人人格的永久性剥夺。因此,适用该原则并不能解决在《刑法》上公司实质性的法人人格问题。①

2. 在案证据均印证卢某勇以个人非法占有为目的骗取郑某锁财物,可以排除卢某勇为单位利益骗取财物的可能性。

在本案中唯一可能被证明是公司行为的,只有一张以北京某商贸公司名义签发的空头支票,这也是主张本案系单位犯罪的主要依据。我们认为,这并不能成为认定本案系单位犯罪的理由。因为根据票据行为"无因性"、"流通性"及"见票即付"的特征,卢某勇有权以其合法持有的由他人签发的支票作为结算工具,郑某锁也有权以其合法取得的他人的支票来兑现现金,而不问其基于的原因关系或基础关系存在与否或是否有效。② 因此,郑某锁收取北京某商贸公司的支票并不等于其交易相对方就必须是北京某商贸有限公司。

本案中,卢某勇在审讯过程中多次表明购买行为并非以单位名义实施,而纯系个人行为。被害人郑某锁也在证言中多次表示其不知交易对象是北京某商贸有限公司,多层板买卖是其与卢某勇的个人交易。因而,被告人供述与被害人陈述一致,表明二人均认可本案属于个人交易行为。卢某勇的有罪供述虽然具有不稳定性,但是被害人陈述等其他证据可以一一证实其有罪供述的细节,可以证实其有罪供述的真实性和可采性。此外,结合北京某商贸有限公司从未进行经营活动、没有账目、财物被其个人挥霍的事实与证据,亦可与二人言词证据相互印证,证实卢某勇并非以单位名义、为单位利益骗取郑某锁财物。

3. 犯罪行为同时符合具有交叉关系的法条,应按照特别法优于普通法的原则,以特别法的法条定罪处罚。

在构成要件上,票据诈骗罪、合同诈骗罪都是以非法占有为目的,使用虚构事实或者隐瞒真相的方法,骗取数额较大的公私财物的行为。但是,其具体犯罪行为不同,侵犯的犯罪客体不同,不能混淆其罪名认定。票据诈骗罪在客体上侵犯的是国家对票据的管理制度,在客观上仅限于使用本票、汇票和支票骗取数额较大的公私财物的行为。合同诈骗罪侵犯的客体是国家对合同的管理

---

① 参见石少侠:《公司人格否认制度的司法适用》,载《当代法学》2006年第5期。
② 参见范健主编:《商法》(第二版),高等教育出版社、北京大学出版社2002年版。

制度，在客观上限于在签订、履行合同过程中进行诈骗的行为。如果忽略这些特定的诈骗犯罪行为特征和犯罪侵犯的特殊客体不计，行为人实施金融诈骗、合同诈骗的行为，也完全符合诈骗罪的法定构成要件，这种情形在刑法理论上被称为法条竞合。所谓法条竞合，是指一个犯罪行为同时触犯了两个刑法分则条文，其中某一法条规定的全部内容包含于另一法条的内容之中（即两个法条发生重合），或者两个法条的部分内容相同（即有所交叉）的情形。票据诈骗罪、合同诈骗罪与诈骗罪之间就属于一种包含关系，票据诈骗罪与合同诈骗罪之间是一种交叉关系。对于法条竞合的处理，《刑法》没有明确规定，但在刑法理论上，一般认为应择一重处断，即按照《刑法》规定的法定刑较重的法条定罪处刑；如数个法条的法定刑相同，则按照特别法优于普通法的原则，以特别法的法条定罪处刑。

被告人卢某勇签发空头支票，其行为不仅侵犯了合同诈骗罪中他人公私财物所有权，更主要的是还侵犯了国家对票据的管理制度这一特殊客体，符合票据诈骗罪的特征。当然，其骗取郑某锁的财物，同时利用了口头购销合同，形式上也触犯了《刑法》第224条的规定，构成合同诈骗罪。但如前所述，对这种情形的法条竞合，应按照特别法条优于普通法、重法优于轻法的原则，选择适用特别法条。本案犯罪金额为人民币19000余元，其对应的票据诈骗罪的法定刑为5年以下，对应的合同诈骗罪的法定刑为3年以下，且前者的入罪数额标准低于后者，因此，应以票据诈骗罪追究卢某勇的刑事责任。

（供稿：北京市朝阳区人民检察院　石　晶；北京市人民检察院第一分院　武　伶　案例编辑：北京市人民检察院　庞　静）

[第 019 号]

姚某芳信用卡诈骗案
——窃取意图无法证明时，宜仅处罚冒用他人信用卡的行为

办案要旨

证据是司法机关据以定案的基础。只有在现有证据达到足以证实被告人具有"秘密窃取"的明确故意时，才能以盗窃罪对其定罪量刑。当不足以排除可能存在的合理怀疑时，则应本着有利于被告人的原则对其行为进行评价。故此，在被告人姚某芳窃取信用卡的意图无法证明时，宜仅处罚其冒用他人信用卡的行为，定信用卡诈骗罪。

基本案情

被告人姚某芳，男，1982年3月20日出生，汉族，初中文化程度，无业，户籍所在地为黑龙江省哈尔滨市动源三道街。

被告人姚某芳于2008年11月1日10时许，在北京市西城区西单北大街107号中国民生银行北京西单支行取款机处，陪同其同事白某玉查询白的民生银行信用卡的一笔钱是否到账。查询后，白某玉发现钱没有到账，于是就将卡放进钱包里离开自动取款机。此时姚某芳提出要帮白某玉再查一下。白某玉没什细想，便将钱包给了姚某芳，姚从钱包里拿出民生银行卡在ATM机上再次查询（白某玉之前曾告诉姚某芳该卡密码），白某玉在取款机外等。姚某芳查完发现钱仍没有到账，就把钱包还给了白某玉，并顺手将白某玉的民生银行卡装在自己身上，白某玉并未发现信用卡未归，二人随后离开自动取款机。姚某芳和白某玉分别后，于2008年11月1日13时35分持卡前往本市西城区黄寺大街万家马甸邮币卡市场C-8093号刷卡套取人民币11000元，后又于2008年11月6日、11月13日在黑龙江省鸡西市分别从该卡内提取人民币2700元。后被害人白某玉报警，民警经对姚某芳实施上网追逃，于2009年3月3日将姚某芳抓获。姚某芳在被抓获后辩称：其没有窃取被害人信用卡，而是在帮助白某玉查询后将卡"忘"在了自己身上。

2009年5月19日，北京市公安局西城分局以〔2009〕第455号起诉意

见书认定，犯罪嫌疑人姚某芳于2008年11月1日10时许，在北京市西城区辟才胡同口处的民生银行内，趁事主白某玉不备，盗窃白某玉钱包中的民生银行卡1张，后持该信用卡刷卡消费、取现1万余元，姚某芳的行为触犯了《刑法》第264条之规定。后以其涉嫌犯盗窃罪向北京市西城区人民检察院移送审查起诉。北京市西城区人民检察院于2009年7月3日以京西检诉字〔2009〕0377号起诉书认定，被告人姚某芳于2008年11月1日10时许，在本市西城区西单北大街107号中国民生银行北京西单支行取款机处，秘密窃取被害人白某玉的民生银行信用卡1张，后持该信用卡刷卡套取现金1万余元，其行为触犯了《刑法》第196条、第264条之规定。后以其构成盗窃罪向北京市西城区人民法院提起公诉。北京市西城区人民法院认为，被告人姚某芳以非法占有为目的，采取编造谎言的手段获取他人信用卡后，冒用他人信用卡套取、提取现金且数额较大的行为，扰乱了金融秩序，破坏了市场经济秩序，已构成信用卡诈骗罪。依据《刑法》第196条第1款第3项，判处姚某芳有期徒刑1年。后被告人姚某芳未提出上诉；北京市西城区人民检察院未提出抗诉。

疑难问题

窃取意图无法证明时，冒用他人信用卡该如何处理？

分歧意见

第一种意见认为，姚某芳的行为应认定为盗窃罪。姚某芳在知道被害人信用卡密码的情况下，主动提出要替被害人查询，查询后将卡"忘在了自己身上"，后又从该卡内套取现金11000元，被告人的上述行为说明，被告人具有非法占有被害人财产的目的，并在该目的支配下，实施了秘密窃取被害人信用卡并使用的行为。因此，其行为系"盗窃信用卡并使用"，应依照《刑法》第196条第3款以盗窃罪对其定罪处罚。

第二种意见认为，姚某芳的行为应认定为信用卡诈骗罪。姚某芳取得信用卡的过程首先源于被害人白某玉的自愿交付，其辩称"顺手忘在自己口袋里"，有其合理性，被害人的陈述并不能明确证实姚某芳的主观故意，且本案也没有其他证据能够对姚某芳将卡放在自己身上时的主观状态予以甄别。因此，不宜强行推断姚某芳具有秘密窃取的主观故意。对于姚某芳占有他人信用卡并冒用的事实，应以信用卡诈骗罪对其定罪处罚。

以上两种意见对于姚某芳使用他人信用卡套取1万余元的事实并没有争议，关键问题在于对其前期取得信用卡行为如何评价，这也决定了其后来使用信用卡行为的性质是"冒用"还是"窃取后的使用"。

深度评析

笔者认为,**姚某芳的行为应认定为信用卡诈骗罪**。理由如下:

1. 当前证据不足以认定姚某芳主观上具有"窃取"故意。

"两高三部"《关于办理死刑案件审查判断证据若干问题的规定》第18条规定,对被告人供述和辩解应当着重审查以下内容:被告人的辩解内容是否符合案情和常理,有无矛盾。第32条规定,对证据的证明力,应当结合案件的具体情况,从各证据与待证事实的关联程度、各证据之间的联系等方面进行审查判断。因此,只有那些"之间具有内在的联系,共同指向同一待证事实,且能合理排除矛盾的"证据,才能作为定案的根据。区分盗窃罪还是信用卡诈骗罪的关键在于:行为人是"盗窃信用卡并使用"还是"冒用他人信用卡"。对于盗窃罪这种"主观方面不存在间接故意"①的犯罪而言,证据上须达到足以认定行为人主观上存在积极追求窃取结果发生,且意志上不存在放任的标准。鉴于实践中可能出现的复杂情况,我们不反对通过客观证据来推断被告人的主观故意,事实上大量被告人不认罪的案件都需要司法机关通过行为人的客观表现来推断其主观状态,但该客观表现必须清晰、明确,相应的证据必须达到确实、充分的程度。本案中,被害人在将信用卡给姚某芳时,连同装卡的钱包一起交给姚,姚声称其接过来查询后,由于疏忽将钱包还给被害人白某玉,而将卡"忘"在自己身上。姚的辩解是否能被采信,需要综合案件证据情况来分析。在案发现场,只有被告人姚某芳与被害人白某玉二人,即只有白某玉的陈述能够对姚某芳的供述起到印证或削弱作用。案件中,姚某芳将信用卡装在自己身上、将钱包还给白某玉时,白某玉并未发现信用卡的去向,直到信用卡被套现、提现后才发现卡不在手中的事实。可以看出,白某玉对姚某芳何时占有自己信用卡的时间并不知晓,也无法分辨姚某芳行为时的主观状态是"蓄意窃取"还是"占有后忘记归还"。因此,本案证据无法达到"被告人的供述和辩解与同案犯的供述和辩解以及其他证据能否相互印证"的程度,虽然姚某芳具有故意窃取该卡的现实可能性,但依据此"可能"就认定姚某芳的行为构成盗窃罪尚缺乏说服力,显得不够严谨、客观。

2. 定信用卡诈骗罪符合"疑罪从轻"的原则。

被告人姚某芳取得并使用信用卡的方式,可分为前后两个阶段。前一阶段,被害人白某玉在被告人姚某芳提出帮助其查询信用卡的情况下,将钱包(信用

---

① 赵秉志:《侵犯财产罪》,中国人民公安大学出版社1999年版,第165页。

卡）交给了被告人姚某芳，由上述分析可知，在此阶段姚某芳取得该信用卡并不是毫无依据的。后一阶段，被告人姚某芳冒用他人信用卡，从中套取现金、提取现金，对金融管理秩序造成了破坏，构成《刑法》第196条第1款规定的"冒用他人信用卡"的信用卡诈骗行为。就整个案情来讲，现有证据并不足以证明被告人姚某芳的行为具有盗窃信用卡的主观故意，应本着有利于被告人的原则，把处罚重点放在姚某芳冒用他人信用卡并使用的后续行为，对其前期的取卡行为不宜按盗窃性质作评价。所谓"存疑时有利于被告人的原则"，是指在对事实存在合理的疑问时，应当作出有利于被告人的判决、裁定。该原则在具体适用中可能表现为多种情形：当事实在有罪与无罪之间存在疑问时，应该按照无罪来处理；当事实在重罪与轻罪之间存在疑问时，应该认定为轻罪；就从重处罚情节存在疑问时，应当否认从重处罚情节；当无法确信某一犯罪行为是否超过追诉时效时，应当不再追诉。① 从定罪量刑来说，定信用卡诈骗，应处5年以下有期徒刑或者拘役；若以盗窃罪来定罪量刑，应处3年以上10年以下有期徒刑。显见，对于被告人姚某芳的行为，如果认定为信用卡诈骗罪，处罚将会轻缓许多。

综上所述，证据是司法机关据以定案的基础。在推定被告人是否具有"秘密窃取"的主观故意时，应严格遵守"两个证据规定"，只有在现有证据达到足以反映被告人具有该故意的证明标准时，才能以盗窃罪对其定罪量刑。当证据的证明力不足以排除可能存在的合理怀疑时，则应本着有利于被告人的原则对其行为进行客观的评价，才能实现公平正义的价值目标。

（供稿：北京市人民检察院　邱江华

案例编辑：北京市人民检察院第三分院　张　倩）

---

① 参见张明楷：《刑法格言的展开》，法律出版社2003年版，第314页。

[第020号]

李某胜信用卡诈骗案
——恶意透支型信用卡诈骗罪中的
"持卡人"可以包括实际用卡人

办案要旨

基于保护信用卡秩序的必要,需要在刑法视野下对"持卡人"这一恶意透支型信用卡诈骗罪的主体进行解释,将其解释为银行卡记载的"持卡人"与"实际用卡人"。乔某彬将信用卡转借李某胜使用,且二人经银行催收后仍未归还欠款。李某胜作为实际用卡人,其行为构成信用卡诈骗罪。

基本案情

被告人李某胜,男,36岁,汉族,大专文化,户籍所在地为北京市顺义区南彩镇。

2006年10月4日,乔某彬(被告人李某胜的妻子)以本人名义向中国工商银行申领信用卡一张。2006年10月13日,该卡被激活,并发生透支消费、提取现金等各项交易。

2009年10月27日,该卡项下最后一笔还款为人民币8000元,余款始终未归还。银行多次以电话方式催收,乔某彬多次承诺还款,但后期拒绝还款并变更通讯联系方式。后银行又多次给乔某彬的直接联系人李某胜打电话催收,但二人均未还款。截至2010年8月,该账户欠款为45131.88元,其中本金为22544.07元,利息22587.81元。

2010年11月23日,中国工商银行工作人员向北京市公安局朝阳分局报案。经侦查,该卡办理后系乔某彬丈夫李某胜实际使用。北京市公安局朝阳分局侦查终结,以李某胜涉嫌信用卡诈骗罪,于2010年12月8日向北京市朝阳区人民检察院移送审查起诉。

北京市朝阳区人民检察院经审查认为,被告人李某胜的犯罪事实清楚、证据确实充分,应当以信用卡诈骗罪追究其刑事责任,于2010年12月14日提起公诉。

北京市朝阳区人民法院经审理认为，被告人李某胜以非法占有为目的，恶意透支信用卡，数额较大，其行为构成信用卡诈骗罪，应予惩处。被告人李某胜犯信用卡诈骗罪，判处有期徒刑6个月，罚金人民币2万元。

疑难问题

恶意透支类型信用卡诈骗罪中的"持卡人"能否包括实际用卡人？

分歧意见

第一种意见认为，当银行核发对象的持卡人与实际用卡人不一致时，实际用卡人不属于恶意透支型信用卡诈骗罪所规定的"持卡人"。因为信用卡是建立在申领人也就是登记持卡人的个人信用基础上的，实际用卡人与银行之间不存在权利义务关系。

第二种意见认为，恶意透支型信用卡诈骗罪的主体原则上仅指登记持卡人，但对于与登记持卡人有特定关系的实际用卡人，例如父母与子女、配偶之间等，可以对"持卡人"作扩大解释，即当实际用卡人与登记持卡人之间具有因法律或者事实关系形成的共同共有财产关系等，双方彼此了解对方的钱款使用情况，且明知银行的催收情况，如果恶意透支钱款是否用于家庭生活，供双方共同使用，则应对"持卡人"作扩大解释。

第三种意见认为，恶意透支型信用卡诈骗罪的主体可以包括实际用卡人。

深度评析

笔者认为，**恶意透支型信用卡诈骗罪的主体可以包括实际用卡人**。理由如下：

1. 基于保护信用卡秩序的必要，需要在《刑法》视野下对"持卡人"进行解释，将其解释为银行卡记载的"持卡人"与"实际用卡人"具备合理性。

理论和实践中关于恶意透支类型信用卡诈骗罪的犯罪主体"持卡人"的争议颇多，但归纳起来，主要围绕以下三种观点展开：一是恶意透支的主体只能是合法持卡人；二是恶意透支的主体包括合法持卡人和骗领信用卡的人；三是恶意透支按持卡人是否具有合法资格分为纯正的信用卡恶意透支和不纯正的信用卡恶意透支，前者为合法持卡人，后者为合法持卡人以外的人，包括盗窃、捡拾并使用盗窃、捡拾来的信用卡进行恶意透支的行为、伪造、变造并使用伪造、编造的信用卡恶意透支的行为、发卡行或特约商户的工作人员利用职务便利侵吞、骗取或以其他非法手段造成"合法持卡人"透支的等。①

随着1997年《刑法》的修订以及《刑法修正案（五）》的颁布，《刑法》第196条对上述第二、三种观点中的行为类型分别进行了明确区分，第一种观点逐渐成为通说观点。但是，这仍然未能解决经过名义持卡人同意借用的实际用卡人是否属于"持卡人"的问题，就实际用卡人与银行之间而言，双方之间的关系可能而且有必要用《刑法》予以规范。

中国人民银行《信用卡业务管理办法》规定"信用卡仅限于合法持卡人本人使用，持卡人不得出租或转借信用卡及其账户"，从上述规定看，借用信用卡人的人显然不能成为合法持卡人。② 问题是，《信用卡业务管理办法》关于"持卡人"的规定是民事法律关系下的范围，而《刑法》具有独立性，基于保护信用卡秩序的必要，我们需要思考的是如何在刑法视野下对"持卡人"进行解释，能否扩大解释为"实际用卡人"。

笔者认为，应当将信用卡诈骗罪中恶意透支的主体解释为银行卡记载的"持卡人"与"实际用卡人"。恶意透支的行为侵害了《刑法》规定信用卡犯罪所要保护的法益。信用卡诈骗罪是金融诈骗罪类罪名之下的犯罪，相比较单纯财产性质的诈骗犯罪，其侵犯的客体是复杂客体，即包括国家的金融管理制度、秩序和公私财产所有权。从保护信用卡管理秩序的目的看，这种基于转借关系而实际使用信用卡并透支的行为对信用卡管理秩序同样具有破坏性，当其达到一定的社会危害程度之后，具有用《刑法》予以调整的必要。此外，《刑法》具有独立性，由于实际用卡人行为侵害了金融管理秩序与银行财产双重客体，其以信用为基础恶意透支钱款的行为早已超出了民事和行政法律可以调整的范畴，登记办卡人对于银行卡的使用权的处分行为是否具备法律效力，并不影响认定实际用卡人对信用卡管理秩序破坏的行为性质。

2. 在以非盗窃、诈骗等违法犯罪手段获取他人信用卡后使用的情况下，将实际用卡人视为恶意透支的犯罪主体不会造成法条之间的适用混乱，解释符合法条之间的逻辑关系。

信用卡是指由银行发行的，消费者得以在特约商户或代理网点进行计账消费或提取现金的一种信用凭证。司法解释对实际用卡人未获得登记持卡人授权而使用信用卡的处理已有相关规定，如盗窃信用卡并使用的构成盗窃罪，捡拾

---

① 参见赵秉志、许成磊：《恶意透支型信用卡诈骗犯罪问题研究》，载《法制与社会发展》2001年第3期。

② 《信用卡业务管理办法》已明确规定：信用卡仅限于合法持卡人本人使用，持卡人不得出租或转借信用卡及其账户。

信用卡并使用的构成信用卡诈骗等，但是实际用卡人通过租、借等从登记持卡人处获得信用卡并恶意透支的行为能否构成犯罪，却尚存在诸多争议。

从《刑法》第196条信用卡诈骗罪的条文本身分析，处罚实际用卡人透支行为的，除了恶意透支外，还可能适用"冒用他人信用卡"。实践中，也有人提出"冒用"是相对于银行而言的，因此，借用信用卡并透支不还的行为完全可以适用"冒用他人信用卡"进行处罚，无须将"持卡人"扩大解释为包括实际用卡人。问题在于，《刑法》第196条已将"冒用他人信用卡"与"恶意透支"的行为分别类型化，旨在区分两者行为，而且已经将"冒用"限定为具有以《刑法》进行规制必要的行为。有观点指出"冒用他人的信用卡应仅指未经持卡人同意或授权，擅自以持卡人名义使用信用卡，进行信用卡业务内的购物、消费、提取现金等的诈骗行为，从而使得冒用他人信用卡与借用亲属、朋友的信用卡等形式上的'冒用'行为区别开"。①

笔者认为，当登记持卡人与实际用卡人不一致时，应区分登记持卡人是否自愿将使用权让渡给实际用卡人。恶意透支不同于冒用他人信用卡的行为，前者是民事违约上升为刑事违法性质，是卡主侵害银行的财产权益，而后者则是加害人对他人财产权益的侵害，如果银行已经尽了全部善良管理人的注意义务，则可能并不承担任何损失。从《刑法》及其解释目前的规定看，通过盗窃、抢劫等犯罪手段获取信用卡的行为，立法和司法者把取得金融凭证后的变现行为作为前罪的自然延续，不属于信用卡诈骗罪调整的范围。通过捡拾等非犯罪手段获取他人信用卡，并且在违背他人意愿的情况下进行使用，则应属于冒用他人信用卡的行为。通过借用等自愿、平和手段将信用卡让渡他人使用，卡主在与银行缔结信用卡合同时，承诺不将卡转借他人使用，如果实际使用者正常消费、还款，对于银行而言，实际持卡人则不应属于刑法意义上的"冒用他人信用卡"的犯罪主体，而如果实际使用人恶意透支，则二人在民事上应对银行承担连带责任，实际使用人拒不归还银行催收钱款，且数额较大并超过3个月的，其行为性质则应从民事违约上升为刑事违法。

根据《信用卡业务管理办法》规定"持卡人违反本办法规定，出租或转借信用卡及其账户的，除责令其纠正外，对其按账户出租、转借发生的金额处以5%但不低于1千元罚款，并没收其非法所得"。可见，办卡人转借信用卡的行为无合法效力，办卡人将银行卡借予他人并不能阻断其与发卡行之间的民事责任，即暂且不论办卡人的行为是否触犯《刑法》，其行为均需要承当上述民事责任，

---

① 赵志芳：《信用卡诈骗之"冒用"》，载《南京医科大学学报》（社会科学版）2008年第1期。

本文前述的一种观点以此否定实际用卡人成为恶意透支犯罪主体，有以登记办卡人民事责任代替实际用卡人恶意透支刑事责任之嫌疑。

此外，前述第二种观点以"恶意透支钱款是否用于家庭生活，供双方共同使用"作为条件，不仅容易造成判断标准的模糊，而且从法理上而言，除非双方基于事前或事中的共谋构成共同犯罪，实际用卡人单独恶意透支共同消费，在构成犯罪的前提下，属于对赃物的处理，不能推定二者共同承担刑事责任。

3. 实际用卡人作为"持卡人"构成恶意透支型信用卡诈骗罪的情况下，应区分信用卡的申领人是否明知恶意透支行为来认定其是否承担罪责。

在刑法理论上，非法占有为目的是超过了构成要件的客观要素的所谓"超内心倾向"，与故意不同，它实际上是刺激行为人实施犯罪的内心起因（即犯罪动机），① 因此它不是由行为直接推定的，而是一个独立的必须单独认定的定罪要件。就恶意透支型信用卡诈骗罪而言，超期或超限额透支的行为，只有同时具备了以非法占有为目的的主观要件才能构成犯罪，否则就容易导致刑法惩罚范围的扩大。毕竟信用卡透支对银行而言本身是一种高风险的业务，应充分认识到其风险性，一味地以行为人透支结果认定为行为人具有非法占有为目的虽然降低了银行的风险，但却有失公正。也恰恰因为此，司法解释规定了六种可认定行为人具有非法占有为目的的情形，从这六种情形看，推定过程中要区别具有主观恶性的拒不归还与存在合理的客观因素的不能归还，前者是主观不愿，属于恶意透支；后者是客观不能，本质上属于善意透支中的不当透支。

当登记持卡人与实际用卡人不一致时，实际用卡人能够作为"持卡人"而单独构成恶意透支型信用卡诈骗罪。对于办卡人与用卡人不一的情形，区分二者主观心理状态的不同，办卡人可能承担不同的责任。一是办卡人和用卡人共同恶意透支的。对有证据表明办卡人和实际用卡人以非法占有为目的，相互串通，透支不还的，应认定为恶意透支的共同犯罪。二是办卡人恶意透支的情形。以非法占有为目的包括自己占有也包括他人占有，从实践看，可能存在以下情形：对于信用卡办卡人办卡后借予他人使用，明示或暗示他人进行透支，但有证据表明双方并无共谋的，应认定为办卡人恶意透支；对于银行催收办卡人，办卡人故意未告知实际用卡人的。三是用卡人恶意透支的情形。办卡人将信用卡借予他人使用，在银行催收办卡人，办卡人告知银行和用卡人，但未主动及时履行归还义务，用卡人超过规定限额或期限透支并经银行催收后拒不归还或者逃避催收的，按照罪责自负的原则，则用卡人单独构成恶意透支，办卡人应

---

① 参见刘明祥：《财产罪比较研究》，中国政法大学出版社2001年版，第67页、第264页。

承担相应的民事责任。

综上所述,中国工商银行对乔某彬个人信用进行评估核发信用卡,乔某彬擅自转借他人使用,在银行催收后告知银行实际使用人情况,告知用卡人李某胜关于银行的催收要求,但未主动代替履行归还义务,实际用卡人李某胜拒不归还欠款,数额较大,李某胜的行为已构成信用卡诈骗罪,乔某彬应承担相应的民事责任。

(供稿:北京市人民检察院第二分院　谢财能
　案例编辑:北京市人民检察院　庞　静)

[第 021 号]

崔某兵虚开发票案
——虚开发票罪与非法出售发票罪的法律适用问题

办案要旨

虚开发票罪的犯罪主体往往具有合法的发票申领资格，而非法出售发票罪的犯罪主体一般不具备这一资格。虚开发票罪的主观故意为"明知无交易或交易不实而虚开"，并不要求主观上要以"谋利"为目的。崔某兵实施犯罪行为时明知两单位没有实际交易仍虚开发票，具有直接故意，构成虚开发票罪。

基本案情

被告人崔某兵，男，1971年12月1日出生，出生地为河北省武安市，汉族，大学文化，北京某策划有限公司法定代表人，户籍所在地为北京市西城区。因涉嫌犯非法出售发票罪于2012年3月14日被羁押，同日被刑事拘留，同年3月23日被逮捕。

被告人崔某兵在没有真实业务发生的情况下，以自己担任法定代表人的北京某策划有限公司为收款单位为他人虚开北京市服务业、娱乐业、文化体育业专用发票3张（票面金额达人民币80.55万元）。2012年3月14日15时许，被告人崔某兵在北京市朝阳区三元桥内环辅路处同对方交易时被当场抓获，民警当场起获被告人崔某兵持有的三星手机1部，并在对被告人崔某兵住所进行搜查的过程中起获松下牌打印机1台、公司印章1枚、税控器1台及空白的北京市文化体育业专用发票31张。

崔某兵因涉嫌非法出售发票罪，于2012年3月14日由北京市公安局朝阳分局刑事拘留，同年3月23日经北京市朝阳区人民检察院批准以涉嫌非法出售发票罪被朝阳分局执行逮捕。

北京市朝阳区人民检察院以京朝检刑诉〔2012〕1378号起诉书指控被告人崔某兵犯虚开发票罪，于2012年6月6日向北京市朝阳区人民法院提起公诉。

北京市朝阳区人民法院2012年6月28日审理后认为，被告人崔某兵犯虚开发票罪，判处拘役 4 个月，罚金 2 万元，在案所扣押之三星手机 1 部予以没收；松下牌打印机 1 台、公司印章 1 枚，税控器 1 台发还北京某策划有限公司，北京市文化体育业专用发票 31 张存档备查。

宣判后，被告人服判，未提出上诉，判决已生效。

疑难问题

如何区分虚开发票罪与非法出售发票罪？

分歧意见

第一种意见认为，崔某兵构成非法出售发票罪。

第二种意见认为，崔某兵构成虚开发票罪。

深度评析

笔者认为，**崔某京构成虚开发票罪**。理由如下：

《刑法》第 209 条第 4 款规定的非法出售发票罪是简明罪状，并未对犯罪的客观行为进行具体规范，通过司法实践来看，本罪客观行为一般情况下可概括为以下三个特点：一是表现为买卖交易；二是发票来源多为非正常渠道；三是票面明细内容多为虚构。

虚开发票罪是 2011 年 5 月 1 日颁布实施的《刑法修正案（八）》（以下简称《修八》）新增罪名，是指违反发票管理规定，虚开各种不能用于出口退税，抵扣税款的发票的行为。参照虚开增值税专用发票、用于骗取出口退税、抵扣税款发票罪的罪状表述，本罪的"虚开"行为应当包括有四种表现形式，即为他人虚开发票，为自己虚开发票，让他人为自己虚开发票及介绍他人虚开发票；这里的"虚开"包括没有实际商品、服务等交易内容，票面内容与实际数量或金额不相符等情况。

我们认为，在行为人有偿为他人虚开发票罪，以及有偿非法出售发票两种情况下，两罪存在竞合。本案如果发生在《修八》实施前，则按照当时法律规定，应认定为非法出售发票罪，而新法实施后，由于虚开发票罪与非法出售发票罪在某些情况下，行为存在竞合之处，在本案中，崔某兵意图通过出售发票获利，票面内容明细也系虚构，这些与非法出售发票罪的客观要素部分相符，但涉案发票又系其公司从税务部门合法申领，因此需要进一步甄别二者的区别，以准确适用罪名。

1. 虚开发票罪的犯罪主体往往具有合法的发票申领资格，而非法出售发票罪的犯罪主体往往不具备这一资格。

虚开发票类犯罪的犯罪主体申领发票是符合税法规定的。其虚开的发票多是具备发票申领资格的企业从税务局领回的。这些企业既可以是具有实际经营项目的企业；也可以是之前有经营内容，后因经营不善不存在贸易内容但保有领取发票资格的企业。这些公司企业申领发票均是符合税法的。以本案为例，崔某兵为他人虚开的发票是其担任法定代表人的公司从税务部门合法申领。

非法出售发票类案件的被告人绝大多数都是职业票贩子，他们在整个发票贩售链中处于中间一环，发票来源一般有两种：一是从网上购买，二是从一些皮包公司购买。根据《发票管理办法》的规定，除税务机关可以依法发售各种发票外，其他一切出售发票的行为都是非法的。因此，除了税务机关之外的其他主体发售发票，达到犯罪标准均构成非法出售发票罪。

2. 虚开发票罪的主观故意为"明知无交易或交易不实而虚开"，并不要求主观上要以"谋利"为目的。

虚开发票罪主观方面为"明知无交易或交易不实而虚开"，即要求行为人明知是虚开行为而故意为之，多数情况下，会伴随谋利行为，即通过虚假开票从中赚取高额手续费。当然"以谋利为目的"并不是本罪主观故意的必要条件，不管行为人是出于谋利的动机，还是出于给朋友帮忙等其他动机，只要存在虚开发票的行为，且达到了刑事案件立案追诉标准的，就应构成虚开发票罪。

本案中，崔某兵明知本公司与他人之间并无材料购销贸易，为他人虚开发票，在虚开发票时，崔某兵给对方的发票联金额大，记账联金额小，即上下联不符的"阴阳发票"，其虚开行为可谓一举两得，既可收取对方支付较高手续费，又可在向税务部门报税并购买新的发票时少申报应税收入，从而赚取虚开发票所得佣金与税款间的差额。而在非法出售发票中，其主观故意表现为"明知不能卖而卖"，即单纯出售发票而获利。

3. 虚开发票罪的行为方式有别于非法出售发票罪中的"虚开环节"。

一是虚开发票罪中"虚开"的行为方式多于非法出售发票罪，囊括了非法出售发票罪中"虚开行为手段"。虚开发票罪的行为方式包括四种：为自己虚开发票、让他人为自己虚开发票、介绍他人虚开发票、为他人虚开发票。在这四种行为方式中，"为自己虚开，让他人为自己虚开、介绍他人虚开"一般不会出现于非法出售发票罪的客观行为中，而"为他人虚开发票"仅可能是非法出售发票罪的手段行为，进行出售并获得利益才是此罪的目的行为。可见，相较于非法出售发票罪，虚开发票罪的客观行为强调是"虚开"，而非虚开后的谋利行为。

二是虚开发票罪并非必然伴随金钱交易。金钱交易不等同于谋利，强调的是双方或多方基于一定目的的钱财与货物或服务的流转。虚开发票罪中"为自己虚开"是典型的不存在金钱交易的形式；而其他三种虚开发票的方式一般情况下均具有金钱交易，但也有例外，如朋友间为帮忙而进行的虚开并提供发票的行为，此种行为是不能用非法出售发票罪来评价的。而在非法出售发票类案件中，金钱交易是必然存在的。此时对于"出售"应当作狭义的理解，不包括行为人没有从中谋利的转借发票的行为等。

三是两种行为侵犯的法益存在细微差别。非法出售发票罪与虚开发票罪虽然都是妨害发票管理制度，但后者同时侵害了国家税收管理制度，会导致除增值税、关税等以外的其他税款的流失。因此，非法出售发票罪中"出售"是核心行为；而虚开发票罪中的重点在于虚开发票的行为，本案中崔某兵获取利益即是虚开交易内容后收取开票费，然后向税务机关虚报交易额后赚取税金差价。

综上所述，崔某兵实施犯罪行为时明知自己单位与他单位没有实际贸易仍然为他人虚开发票，具有实施犯罪的直接故意；客观方面，崔某兵任法人的北京某策划有限公司具有从税务机关领取发票的主体资格，但其在涉案发票显示的两单位没有货物购销或服务交易的前提下，仍为他人虚假开具发票并从中牟取利益，客观上侵犯了国家的发票管理秩序和税收秩序，应当认定为虚开发票罪。

（供稿：北京市朝阳区人民检察院　杨圣坤　李晓娟）
　　案例编辑：北京市人民检察院　庞　静）

[第 022 号]

彭某假冒注册商标案
——被采取强制措施期间逃跑后又主动归案不成立自首

办案要旨

犯罪嫌疑人在取保候审期间逃跑的,应视为逃避刑事强制措施,其后到案并如实供述自己罪行的,只能作为量刑的酌定情节,而不能视为自首。彭某被抓获归案后已接受讯问,并被采取取保候审强制措施,畏罪潜逃后再次归案,其行为既不符合相关司法解释中的"尚未受到讯问、未被采取强制措施时,主动、直接向公安机关、人民检察院或者人民法院投案"的规定,也不符合"犯罪后逃跑,在被通缉、追捕过程中主动投案"的规定,故不宜认定为自动投案,不能成立自首。

基本案情

被告人彭某(绰号"土飞"),男,1987年10月10日出生,汉族,小学文化程度,农民,户籍地为河北省沙河市刘石岗乡。

2005年2月至2005年10月间,被告人彭某受雇于王某,与王某悦、孟某力、朱某明等人(均已判刑)在北京市丰台区南苑镇一出租民房内,未经长城、统一、壳牌、嘉实多、美孚、蓝星、现代、大众八种注册商标权人许可,制造该八种品牌的润滑油及防冻液。彭某、王某、孟某力等人于2005年10月18日被查获归案,起获大量假冒的八种品牌润滑油及防冻液,共计价值人民币78800.12元,同时起获大量该八种品牌的包装材料、商标标识。经讯问,彭某、王某等人对上述犯罪事实供认不讳,公安机关对彭某等人采取取保候审强制措施,后彭某在取保候审期间经传唤未到案,后被上网通缉追逃。2009年5月7日,彭某到公安机关投案,并如实交代前述犯罪事实。

北京市大兴区人民检察院以京大检刑诉〔2009〕0474号起诉书指控彭某犯假冒注册商标罪,于2009年6月25日向北京市大兴区人民法院提起公诉。检察机关认为,彭某被抓获归案后已接受讯问,因系未成年人而被取保候审,系已被采取强制措施,其潜逃后投案,不能认定为自首。

辩护人认为，被告人彭某由于文化低、不知法、不懂法，只知挣钱，又受雇于王某，在判刑时应与王某有所区别，且属自首，请求对彭某从轻处罚。

北京市大兴区人民法院经审理认为，被告人彭某无视国法，未经注册商标所有人许可，在同一种商品上使用与其注册商标相同的商标，情节严重，其行为已构成假冒注册商标罪，应予惩处。北京市大兴区人民检察院指控被告人彭某犯假冒注册商标罪，事实清楚，证据确实充分，指控罪名成立。鉴于被告人彭某犯罪时系未成年人，且系从犯，并有投案自首情节，依法从轻处罚。据此，对被告人彭某依照《刑法》第213条、第52条、第53条、第17条第1款、第3款、第27条、第67条第1款、第25条第1款及最高人民法院《关于处理自首和立功具体应用法律若干问题的解释》第1条之规定，判决如下：

被告人彭某犯假冒注册商标罪，判处有期徒刑10个月，并处罚金人民币8万元。

疑难问题

犯罪嫌疑人被抓获归案后被取保候审期间，未经执行机关批准逃匿多年，后又主动归案，是否属于自动投案，能否成立自首？

分歧意见

第一种意见认为，彭某取保候审潜逃后再次主动归案，可以成立自动投案，且其如实供述，构成自首。① 其理由在于，犯罪人归案是在其本人意志的决定下自动为之，在此情形下，犯罪人归案实际兼具取保候审期间之报道归案义务和自动投案的双重属性，认定自动投案，也不会必然产生鼓励犯罪分析采取类似手段逃避法律制裁、钻法律空子的负面效应。

第二种意见认为，犯罪嫌疑人在取保候审期间逃跑后，只要在司法机关采取措施将其控制前能够主动投案，如实供述自己的罪行，应视为自首。彭某投案后如实供述，属于最高人民法院《关于处理自首和立功具体应用法律若干问题的解释》（以下简称《解释》）规定的"犯罪后逃跑，在被通缉、追捕过程中主动投案"，系自首。

第三种意见认为，取保候审属于我国《刑事诉讼法》规定的一种刑事强制措施，犯罪嫌疑人在取保候审期间逃跑的，应视为逃避刑事强制措施，其后到

---

① 参见周加海：《自首制度研究》，中国人民公安大学出版社2004年版，第56页。

案并如实供述自己罪行的,只能作为量刑的酌定情节,而不能视为自首。彭某被抓获归案后已接受讯问,并被采取取保候审强制措施,畏罪潜逃后再次归案,其既不符合《解释》中"尚未受到讯问、未被采取强制措施时,主动、直接向公安机关、人民检察院或者人民法院投案"的规定,也不符合"犯罪后逃跑,在被通缉、追捕过程中主动投案"的规定,故不是自动投案,不能成立自首。

深度评析

笔者认为,**彭某的行为不能成立自首**。理由如下:

1. 从自首的立法规定看,取保候审后再次自动归案,已经丧失了"自动投案"的前提条件,不能成立一般自首,如其到案后主动供述新的犯罪事实系司法机关不掌握的同种罪行的,可酌情从轻处罚,供述系司法机关不掌握的不同种罪行的,可"以自首论"。

在我国刑事立法中,自首分为自首和以自首论两种情况,学理中多表示为一般自首和准自首。通常认为,一般自首,是指我国《刑法》第67条第1款规定的情况,即犯罪以后自动投案,如实供述自己罪行的;准自首,是指我国《刑法》第67条第2款规定的情况,即被采取强制措施的犯罪嫌疑人、被告人和正在服刑的罪犯,如实供述司法机关还未掌握的本人其他罪行的,以自首论。

一般自首,需要同时具备自动投案和如实供述自己的罪行两个条件,方才成立。对于"自动投案"的内涵,前述《解释》第1条第1款规定"自动投案,是指犯罪事实或者犯罪嫌疑人未被司法机关发觉,或者虽被发觉,但犯罪嫌疑人尚未受到讯问、未被采取强制措施时,主动、直接向公安机关、人民检察院或者人民法院投案"。在这里,"投案"应当是行为人主动将自己置于公安、检察、审判机关的合法控制下,接受公安、检察、审判机关的审查与裁判的行为。① 如果犯罪嫌疑人被抓获归案后,接受了讯问并被采取取保候审强制措施,侦查机关此时已经获知了犯罪事实和犯罪为该人所为,并告知了其取保候审应履行保证到案的义务,此后嫌疑人逃跑并再次主动归案,即使其如实供述了犯罪事实,但因已不具备自动投案的条件,故其行为不能构成一般自首。

特殊自首,需要同时具备特殊主体和供述不同种罪行,方才成立。即必须是依法被采取强制措施的犯罪嫌疑人、被告人和正在服刑的罪犯这三种人,因其人身已经处于司法机关的控制之下,故不存在自动投案的必要性和可能性。此外,其必须如实供述司法机关没有掌握的不同种罪行。根据《解释》规定,行为人向司法机关如实供述的罪行必须是司法机关尚未掌握的本人的其他罪行,

---

① 参见张明楷:《刑法学》,法律出版社2007年版,第447页。

并且其所供述的罪行在犯罪性质或者罪名上与司法机关已经掌握的罪行不同。如果其供述的罪行与已经被掌握的罪行属于同一种类,虽然可以酌情从轻,但不属于自首。因此,犯罪嫌疑人在取保候审期间逃跑后又投案如实供述自己罪行的,如果其供述的是司法机关正在立案查处的犯罪事实,则其行为不成立特殊自首,而只能作为量刑时的从轻情节;如果其供述的是与司法机关正在立案查处的犯罪事实无关的其他犯罪事实,则可以成立"以自首论"。

本案中,彭某首次到案系被公安机关抓获归案,已经接受多次讯问,因系未成年人,而被采取取保候审的强制措施。虽然其第二次到案系主动到公安机关承认罪行,并将自己重新置于公安机关控制之下,但是从到案的自动性、主动性而言,其已经不具备一般自首中"自动投案"的前提条件,其主动归案并不是自首规定中的"自动投案"。

2. 自首规定中"犯罪后逃跑"归案前的行为,而取保候审后潜逃系已经归案后的行为,行为人被网上追逃后主动归案,不属于"自动投案"中"犯罪后逃跑,在被通缉、追捕过程中,主动投案的"情形。

《解释》第1条第1项规定"自动投案,是指犯罪事实或者犯罪嫌疑人未被司法机关发觉,或者虽被发觉,但犯罪嫌疑人尚未受到讯问、未被采取强制措施时,主动、直接向公安机关、人民检察院或者法院投案"。同时,解释在第1条第1款第2项、第3项列举了七种"应当视为主动投案"的情形,其中包括"犯罪后逃跑,在被通缉、追捕过程中,主动投案的","应当视为自动投案"的情形,是司法解释对自动投案中非典型的投案情况作出必要的说明,如投案对象包括了公安机关、人民检察院、人民法院以外的犯罪嫌疑人所在单位、城乡基层组织或者其他有关负责人员等;在本人主动前往投案以外包含了亲友规劝的"陪首"和亲友强制的"送首";因病、伤不能前往而以信电方式投案;罪行尚未被司法机关发觉,仅因形迹可疑,被有关组织或者司法机关盘问、教育后,主动交代自己的罪行的等。这些特殊情形,本身均要符合第1条第1款第1项的前提条件,即"犯罪事实或犯罪嫌疑人未被司法机关发觉"或"尚未受到讯问、未被采取强制措施",七种情形仅是在到案方式、投案对象等有别于典型自首。

因此,前述规定中"犯罪后逃跑",应仅限于"犯罪后罪行及犯罪嫌疑人本人已被司法机关掌握,未被抓获就直接逃跑",不包括"已接受讯问并被采取强制措施期间违反规定畏罪潜逃"的情形。本案中,彭某犯罪后是被公安机关抓获归案,其在向公安机关承诺接受取保候审的义务规定并签名认可后,被依法解除羁押。从被采取取保候审之日起,彭某就负有"严格遵守取保候审要求、传唤时及时到案"的法律义务,接受司法机关控制、监督。其明知上述义务而恶意潜逃,在司法机关传唤时不能到案,公安机关将其上网追逃,此时已经不是前述《解释》中"犯罪后逃跑"的情形,其主动归案是履行到案接受进一步审查的必然内在要求。相反,如果彭某犯罪后直接逃跑,没有被抓获,被公安机关上网追逃期间,其主动、直接投案,并如实供述共同犯罪的全部罪行,把自己置于司法机关控制之下,则可以认定为自首。

3. 从自首的立法精神看,犯罪嫌疑人在取保候审期间,其明知法定义务而恶意潜逃,在司法机关传唤时不能到案,不仅延误诉讼,还导致增加追逃、通缉的司法成本,因此,再次投案仅如实供述原侦查罪行或同种罪行的,不宜认定构成自首。

自首制度是我国《刑法》规定的一项重要刑罚制度,是我们党和国家惩办与宽大相结合之基本原则的具体化和法律化。科学设计、正确理解和运用自首制度,有利于促进刑罚目的之实现,有利于保障罪责刑相适应原则之落实,有利于司法效率提高。法律鼓励犯罪嫌疑人尽早投案,根据罪行的轻重和投案的自动性程度,酌情给予从轻、减轻处罚,其中,犯罪较轻的,可以免除处罚。

有观点认为,行为人在被取保候审后逃跑再主动归案,如果不以自动投案论,"则会人为造成本可避免的、断绝这类犯罪人认罪悔过的自新之路、迫使其对抗到底的有害影响",并认为"可认定自首但不予从轻处理"。① 我们认为,"违反义务要承担一定责任,若能从义务违反中获取收益,将会引导行为人做出逃避法律的选择"②。犯罪嫌疑人被采取取保候审强制措施,就负有保证到案的义务,而"取保候审、监视居住对人身自由限制强度都不大,因此逃避执行、监督的难度亦不大,犯罪嫌疑人、被告人逃跑的机会很多,有意制造自首并不难"③。如果违反法定义务还可认定自首,则在法律适用的效果和影响上,不仅与社会公众的普遍认识相悖,且可能会引发犯罪嫌疑人钻法律空子,客观上起到鼓励犯罪分子采取类似手段逃避应有的法律制裁,产生更严重的社会效果和不良影响。

虽然《刑法》规定自首"可以从轻或者减轻处罚",但是实践中,审判机关对自首情节通常都给予了从轻处罚。而当前司法实践中,判决书中量刑部分仅限于列举法定、酌定量刑情节,对在基准刑基础上,量刑从轻、减轻的具体幅度,不作专门陈述。从判决书中,我们很难看出基准刑上下调整的幅度是什么,

---

① 参见周加海:《自首制度研究》,中国人民公安大学出版社2004年版,第56页。
② 白静雯:《自首若干实践问题解析》,载中国知网中国优秀硕士学位论文全文数据库,网址:http://10.11.204.41/kns50/detail.aspx?QueryID=27&CurRec=5。
③ 白静雯:《自首若干实践问题解析》,载中国知网中国优秀硕士学位论文全文数据库,网址:http://10.11.204.41/kns50/detail.aspx?QueryID=27&CurRec=5。

给予部分人宽缓的幅度是多少。而法官宣告自首却不予从轻处罚的裁量活动，如果不予明示于判决书中，则不能让被告人、犯罪嫌疑人等明晰其中道理，而社会公众也不能知悉自首不予从轻处罚的结果。而在判决书中认定自首之后明确说明不予以从轻处罚，同样会对想归案的其他潜逃取保候审人员造成负面影响，既然认定自首但不从轻处罚，也难以起到鼓励其归案的作用。

本案中，彭某的同案犯王某、孟某力等人与彭某同时被抓获，同样被取保候审，但无逃跑后再次归案的行为，故均无自首情节，未予以从轻处罚。如果认定彭某自首，并予以从轻处罚，则违反了共犯之间同罪同罚与罪刑均衡的基本原则。此外，彭某弃保潜逃，后经上网追逃，长达4年未能结案，其二次自动归案虽然节约了第二次抓捕成本，但是其本身不符合自动投案的前提条件，且也没有节约司法机关侦破案件的诉讼成本，还严重妨害了刑事诉讼活动正常进行，不应构成自首，但根据其逃跑的时间、动机、未到案造成的后果、影响等综合评价，是否需要酌情从轻处罚或酌情从重处罚。

综上所述，犯罪嫌疑人在取保候审期间潜逃后又投案，如实供述已被侦查机关掌握的罪行，不成立自首，而只能作为量刑时酌情从轻情节；如实供述不同种罪行的其他犯罪事实，可以成立准自首。

（供稿：北京市大兴区人民检察院　郭艳春
案例编辑：北京市人民检察院　庞　静）

[第 023 号]

许某军销售假冒注册商标的商品案
—— "明知"的推定应充分考虑各种因素

办案要旨

犯罪嫌疑人主观方面的"明知"包括知道和推定知道。推定行为人销售假冒注册商标的商品时是否具有明知的主观心理状态，一般要综合以下几方面考虑：（1）背景因素。包括销售者从事经销活动时间的长短、经销规模的大小；经销者本人的知识经验水平等。（2）商品本身的因素。主要有商品的包装是否完整、形式是否符合相关法律规定、销售后顾客是否有反映该商品质量问题等。（3）销售行为方面因素。主要有进货渠道是否正规、进货手续是否齐全以及进货价格、销售价格是否合理等因素。（4）其他因素。诸如行为人的有罪供述、交易的方式、地点、行为人有无前科等。

基本案情

犯罪嫌疑人许某军，男，33岁，汉族，初中文化，无业。

经审理查明：2005年8月中旬，作为美国"ER"金属抗磨剂在中国唯一一个被授权使用该商标的北京某科技发展有限公司（以下简称"公司"）接到一男子举报称有人在海淀区西郊汽配城T3摊位销售假冒的"ER"抗磨剂。后某公司指派职工吴某贵谎称自己为空军指挥学院工作人员从许某军处购买了两瓶"ER"抗磨剂。经回公司鉴定，这两瓶抗磨剂均系假冒产品。后吴某贵再次与许某军取得联系，并称要购买20箱"ER"抗磨剂，双方约定在空军指挥学院干休所进行交易。之后某公司向海淀工商局举报。

2005年9月2日11时许，许某军携带20箱"ER"抗磨剂来到约定地点与某公司职员吴某贵进行交易，并收取了吴67200元人民币的货款，同时该人还出具了1张发票。两人交易完成之后，海淀工商局工作人员遂将许某军查获，同时起获了赃款、赃物。后海淀工商局将此案移送至海淀分局。经某公司鉴定，起获的20箱"ER"抗磨剂均系假冒产品。

据许某军供述，上述"ER"抗磨剂是在其相信了惠聪商情上的广告后，从深圳某汽车用品公司购进的,深圳某公司还向其出具了国家质量监督检验检疫总局深圳计量鉴定站对"ER"抗磨剂的检验报告。

经查证,惠聪商情确实刊登过深圳某公司的广告,上述深圳某公司给许某军的"ER"质量检测报告是修改的其他产品的检验报告,其原件是网上的"AR"纳米金属高抗磨表面调理剂的质量检测报告。同时,深圳某公司未在工商局注册。

2005年12月5日,北京市公安局海淀分局以〔2005〕第13号起诉意见书认定,2005年9月2日11时许,犯罪嫌疑人许某军以非法牟利为目的,在海淀区空军指挥学院干休所内,以67200元人民币的价格向北京某科技发展有限公司销售假冒注册商标的美国"ER"品牌金属抗磨剂20箱,被当场抓获。许某军的行为触犯了《刑法》第214条之规定,以许某军涉嫌犯销售假冒注册商标的商品罪向北京市海淀区人民检察院移送审查起诉。

本案经两次退回补充侦查,后经海淀区检察院检察委员会讨论,认为认定许某军涉嫌犯销售假冒注册商标的商品罪的事实不清、证据不足,于2006年8月14日决定对犯罪嫌疑人许某军作存疑不起诉处理。

疑难问题

现有证据能否推定许某军明知其销售的抗磨剂为假冒他人注册商标的商品?

分歧意见

第一种意见认为,许某军曾经供述其购进的"ER"抗磨剂价格偏低,其购进的抗磨剂上没有生产日期和生产厂家,也没有相应的发票,同时某公司出具的证明证实"ER"抗磨剂没有在大陆使用过带"ER"商标的商品,该商品在大陆的商标为"安耐驰"。因此现有证据能够推定许某军明知其销售的抗磨剂为假冒他人注册商标的商品。

第二种意见认为,许某军提出其是从正规商情广告上看到的深圳某公司的广告,并由该公司出具了"ER"抗磨剂的质量检测报告,由此相信深圳某公司销售给其的"ER"抗磨剂为真品,经退回补充侦查,上述情况属实,许某军也存在被骗的可能,因此现有证据不足以推定许某军的明知情况。

深度评析

笔者认为,**许某军具有被骗的可能,其"明知"证据不足**。主要理由如下:本案主要涉及以下3个问题:一是销售假冒注册商标的商品罪中"明知"

的含义;二是如何通过客观证据推定行为人的主观明知情况;三是推定在何种情况下可以被推翻。

1. "明知"包括知道和推定知道。

我国《刑法》第214条规定,销售假冒注册商标的商品罪需要行为人明知其销售的商品为假冒注册商标的商品。最高人民法院、最高人民检察院《关于办理侵犯知识产权刑事案件具体应用法律若干问题的解释》规定,认定《刑法》第214条销售假冒注册商标商品罪的"明知"应当从如下方面认定:(1)知道自己销售的商品上的注册商标被涂改、调换或者覆盖的;(2)因销售假冒注册商标的商品受到过行政处罚或者承担过民事责任,并且又销售同一种假冒注册商标的商品的;(3)伪造、涂改商标注册人授权文件或者知道该文件被伪造、涂改的;(4)其他知道或者应当知道是假冒注册商标商品的情形。

由此可以看出,明知分为知道和应当知道两种情况。在有些情况下,行为人的主观心理状态是有其他客观证据能够证明的,如在上述司法解释中,认定行为人明知的前三种情况及第四种情况中的"其他知道是假冒注册商标的商品"均属于可以通过客观证据来反映出行为人确知其销售的商品假冒了他人的注册商标,这种情况下行为人的主观心理状态属于"知道"。而在另外一些情况下,行为人的主观心理状态没有其他客观证据能够直接证明,如上述司法解释第四种情况中"应当知道是假冒注册商标的商品",在这种情况下认定行为人的主观心理状态需要根据逻辑或司法经验,以案件基础事实为前提,对行为人的主观心理状态进行论证,因此"应当知道"属于一种推定的明知。

本案中,现有证据中没有一项客观证据能够直接证明犯罪嫌疑人许某军的明知情况,因此只能依靠推定的方法来认定许某军是否明知其销售的商品为假冒他人注册商标的商品。

2. "明知"的推定。

刑罚本质上是对犯罪的惩罚性评价,因此对犯罪的追究要有充分的证据,但是在刑事司法中,并没有完全排除推定的适用空间,相反,它往往是能够证明被告心理状态的唯一手段,因而在刑事司法中起着非常重要的作用。[①] 结合本案来考虑,在推定行为人是否明知的主观心理状态时,一般要综合以下几方面考虑:

(1)背景因素。包括销售者从事经销活动时间的长短、经销规模的大小;经销特定商品时间的长短、经销数量的多少;经销者本人的知识经验水平等。

[①] 参见刘善春、毕玉谦、郑旭:《诉讼证据规则研究》,中国法制出版社2000年版,第86页。

本案中许某军作为在专门的汽配城专门经销汽油添加剂（"ER"抗磨剂属于一种汽油添加剂）的商户，其对汽油添加剂的品牌、生产厂家、供销渠道应有较深的了解，并且其在供述中也曾表示"ER"抗磨剂在大陆没有正规的销售网点及代售点。在这种情况下，许某军仍销售商标为"ER"的抗磨剂，存在其认识到该商品使用的商标为假冒的可能性。

（2）商品本身的因素。主要有商品的包装是否完整、形式是否符合相关法律规定、销售后顾客是否有反映该商品质量问题等。如果销售者进货时商品的包装存在瑕疵，或经销售后有较多顾客反映商品的质量问题，则销售者明知商品为假冒他人注册商标商品的可能性较大。本案中许某军供述自己从深圳某公司进购的"ER"抗磨剂包装上没有厂家及生产日期，这明显不符合《产品质量法》的相关规定，许某军作为一个专业的经营者，应该非常清楚该规定，在此情况下，其仍旧进购这种商品，也存在明知该商品为假冒他人注册商标的商品的可能性。

（3）销售行为方面因素。主要有进货渠道是否正规、进货手续是否齐全以及进货价格、销售价格是否合理等因素。如果销售者进货手续不齐全，应有的发票、收据、合格证、质量保证书等单据证书缺乏，或者销售者的进货价格明显低于同种正品的市场正常进货价格，则该商品为假冒注册商标的商品可能性较大。本案中许某军供述其进货手续不齐全，从深圳某公司购进的"ER"抗磨剂没有开具发票，该抗磨剂明显低于市场价格（正品进货价格比其进货价格高出1倍左右），从以上几点来看，许某军对于其明知销售的商品为假冒他人注册商标的商品的可能性也较大。

（4）其他因素。诸如行为人的有罪供述、交易的方式、地点、行为人有无前科等。

3. 推定的推翻——嫌疑人的抗辩。

明知的推定是一种假定，存在一定的或然性。推定在绝大多数情况下能反映事物的真实性，但是由于受到时间、空间、认识能力等方面的限制，也不排除其虚假的可能。所以立法上采取了一种补救措施：通过嫌疑人的有效抗辩来推翻结论，从而把可能造成的负面效果降到最低限度。① 嫌疑人的抗辩主要集中在以下方面：（1）据以推定的客观情况存在疑问无法查证属实；（2）客观情况缺乏必要的证据予以证明；（3）证据之间的矛盾不能合理排除；（4）根据客观情况得出的推定结论具有其他可能性。② 本案中许某军即是通过提出抗辩使客观

---

① 参见叶自强：《事实上的推定与法律上的推定》，载《人民法院报》2001年第11期。
② 参见赵素萍、赵飞：《论明知的推定》，载《西华大学学报》2006年第3期。

情况得出的推定结论具有其他可能性,导致其心理处于一种存疑的状态。

首先,许某军辩解其进货渠道是从正规的商情广告上看到深圳某公司的信息,并且某公司向其提供了"ER"抗磨剂的质量检测报告,因此其相信某公司的"ER"抗磨剂为真品。经过核实,某公司确实在惠聪商情的广告上刊登有"ER"抗磨剂的广告,许某军收到的深圳某公司的"ER"抗磨剂的质量检测报告系深圳某公司将网上的其他公司的"AR"产品的质量检测报告修改而成,且深圳某公司并未在工商行政机关登记注册。上述证据证实许某军亦存在被骗的可能。

其次,许某军辩解其进货没有相关发票是由于不要发票每瓶可以便宜2~3元钱,尽管该做法系违法,但是在一些市场交易中,仍被一些人采用来降低销售成本,因此许某军对于进货手续不齐全的辩解存在一定的可信性。

最后,许某军辩解其进货价格比正品要低,但是价格能否能成为推定销售者明知的客观证据以及如果价格可以成为推定销售者明知的客观证据,那么本案中许某军的进货价格及销售价格是否明显低于正品的一般市场价格,以上两个问题经过侦查现无法确定。

(1)价格能否成为推定销售者明知的客观证据存在两种观点,一种观点认为,价格因素可以推定销售者的明知情况,且已有相关行政法规确认。国家工商行政管理局发布的《关于执行商标法及其实施细则若干问题的通知》第6条列举了7种情况,符合这七种情况之一的,即以明知"认定",其中第4项规定:有意选择不正当进货渠道且价格大大低于已知正品的。尽管违反行政法的行为不一定违反《刑法》,《刑法》对于行为人社会危害性的要求要高于行政法,但是在《刑法》对于一个问题没有明确规定的时候,仍然可以参考行政法对此问题的规定。另一种观点认为价格不能成为推定行为人主观明知的客观情况。这种观点主要考虑到我国正处于经济转型期,有些产品的价格波动较大,非正当渠道的正品进货价格也有可能大大低于市场价格,如水货手机。笔者认为,司法解释规定的"其他知道或者应当知道是假冒注册商标的商品的情形"是一种对司法推定的基础事实的空白性规定,授权给司法者根据案件的具体情况来确定。从价格角度来看,在一种产品成熟的市场中,产品价格一般比较固定,上下浮动不大,价格可以作为推定销售者主观明知的客观证据。但在相关产品的市场混乱的情况下,单一价格因素不足以推定销售者明知的主观故意。

(2)本案现有证据无法确定许某军销售的抗磨剂正品的一般市场价格,由此无法确定许某军进购的"ER"抗磨剂是否明显低于该产品正品的市场价格。根据汽车交易协会、汽车配件协会出具的证明,两协会均表示中国有关汽车所用金属抗磨剂的销售情况混乱,没有相关抗磨剂的一般市场价格。在这种情况下，作为销售者可能存在以低价进购假冒他人注册商标的商品而自己并不知情的情况。

综上分析，尽管现有证据中存在能够推定许某军明知其销售的"ER"抗磨剂为假冒他人注册商标的客观证据，但是通过许某军提出的抗辩，也仍存在证明许某军可能不知其销售的"ER"抗磨剂为假冒他人注册商标的客观证据，即根据客观情况得出的推定结论具有其他可能性。由于现有证据对于许某军是否"明知"的主观状态存疑，而导致本案作存疑不起诉处理。

（供稿：北京市人民检察院 朱克菲
案例编辑：北京市人民检察院第三分院 张 倩）

[第 024 号]

陈某满等人侵犯著作权案*

——对盗窃他人软件及源代码后销售并
复制的行为宜定侵犯著作权罪

办案要旨

以营利为目的,窃取他人享有著作权的计算机软件及源代码后为他人复制的行为侵犯了他人的商业秘密和著作权。陈某满等4人并未对著作权人的作品进行实质性修改,属于《刑法》意义上的"复制";同时为他人进行大量的安装以供他人使用,属于《刑法》意义上的"发行",在其获利达到了追诉标准时,应以侵犯著作权罪定罪处罚。

基本案情

陈某满原系北京某信息技术有限公司(以下简称某公司)销售人员,负责销售某公司具有著作权的"网景社区卫生服务综合管理信息系统",2010年3月间离职。同期,因中国电子科技开发有限公司(以下简称电子科技开发公司)中标河南省偃师市卫生局"数字健康系统"建设合同,该公司经理耿某强委托被告人陈某满在偃师市卫生局及下属卫生院安装"数字健康系统"。2010年9月至2011年4月间,陈某满指使某公司技术人员叶某亮、胡某、刘某窃取该公司开发并享有著作权的"网景社区卫生服务综合管理信息系统"软件及源代码。后陈某满将以"网景社区卫生服务综合管理信息系统"软件为基础简单修改而成的"数字健康系统"销售给偃师市卫生局。其中,胡某负责窃取该软件客户端源代码并进行相应修改、叶某亮负责窃取该软件平台程序及其源代码并在偃师市卫生局进行安装、刘某负责在该市邙岭卫生站安装客户端软件及运行维护。其间,陈某满收取耿某强给予的好处费共计人民币4万元,与叶某亮、胡某、刘某分赃。经鉴定,偃师市卫生局及

---

* 此案在实践中颇有争议,本文结论不代表编者意见,仅作为向大家提供争鸣、研究的素材。

邝岭卫生站安装的上述软件与某公司享有著作权的社区卫生管理系统软件源程序文件、目标程序文件、文档文件等整体相似。

经某公司员工报案，公安机关于2011年8月21日将被告人陈某满、叶某亮、胡某、刘某等人抓获归案。2012年1月10日，北京市海淀区人民检察院以陈某满、叶某亮、胡某、刘某等人涉嫌犯侵犯著作权罪向北京市海淀区人民法院提起公诉。2012年3月20日，北京市海淀区人民法院判决认定被告人陈某满、叶某亮、胡某、刘某等人构成侵犯著作权罪，判处陈某满有期徒刑1年，罚金人民币5万元；判处叶某亮有期徒刑10个月，罚金人民币4万元；判处胡某有期徒刑10个月，罚金人民币4万元；判处刘某有期徒刑6个月，罚金人民币4万元。

疑难问题

陈某满等4人以营利为目的，窃取他人享有著作权的计算机软件及源代码后为他人复制的行为如何定性？

分歧意见

第一种意见认为，本案不构成犯罪。所涉及北京某公司开发并享有著作权的"网景社区卫生服务综合管理信息系统"及源代码应属于商业秘密，陈某满等4人以营利为目的，未经许可复制发行上述计算机软件的行为属于侵犯商业秘密，由于现有证据无法证明已达到追诉标准，故不构成侵犯商业秘密罪。而陈某满等4人已经将软件源代码及软件名称进行修改，不等同于复制行为，所以也不构成侵犯著作权罪。

第二种意见认为，本案行为人的行为同时侵犯商业秘密和著作权，虽然未能达到"侵犯商业秘密罪"的追诉标准，但陈某满等4人并未对著作权人的作品进行实质性修改，仍侵犯了某公司的软件著作权，因违法所得4万元，应当以侵犯著作权罪定罪处罚。

深度评析

笔者认为，**陈某满等4人的行为构成侵犯著作权罪**。具体理由如下：

1. 陈某满等4人并未对著作权人的作品进行实质性改进，仍然构成刑法意义上的"复制"。

虽然从形式上看，陈某满等4人将以不正当手段获得的"网景社区卫生服务综合管理信息系统"软件进行了修改，并且更名为"数字健康系统"软件，是一种未经权利人许可而使用其软件的行为，与《著作权法实施条例》规定的

"以印刷、复印、临摹、拓印、录音、录像、翻录、翻拍等方式将作品制作一份或者多份"的"复制"行为有一定区别。但是,认定是否属于复制行为,不能仅以原文件与复制文件在形式上、表现上是否完全相同作为判断依据,还应当看其是否对该软件进行了实质性改进。如果对软件功能作了实质性改进,应属于演绎行为,与"复制"有所不同;如果仅依靠一定的设备、技术、技艺,机械性地再现原作品,则属于复制行为。从本案来看,陈某满等4人并未对"网景社区卫生服务综合管理信息系统"软件作实质性的改进,仅是将其源代码作了简单的修改,对原系统所包含23个子系统进行删减,调整为19个子系统,将原系统涉及"网景社区"名称的源代码替换为显示名称为"河南省偃师市卫生局"的源代码。后陈某满等人将"网景社区卫生服务综合管理信息系统"更名为"数字健康系统"软件。经鉴定,河南省偃师市卫生局所安装的"数字健康系统"软件与某公司享有著作权的社区卫生管理系统软件源程序文件、目标程序文件、文档文件等整体相似。因此,"数字健康系统"软件所包含的智力创造仍是北京某公司独自的劳动成果,不具有在某一方面的独创性和原创性,不是新的作品,在实质上仍是复制原作品。

2. 陈某满等4人的行为应当认定为刑法意义上的"发行"。

根据2011年1月的《关于办理侵犯知识产权刑事案件适用法律若干问题的意见》的规定,侵犯著作权罪中的"发行",包括总发行、批发、零售、通过信息网络传播以及出租、展销等活动。本案中陈某满收取他人给予的4万元好处费后,为偃师市卫生局及下属卫生院安装了上述侵权软件,系"零售"行为,构成刑法意义上的"发行"。

3. 本案被告人以营利为目的,违法所得4万元,已达到侵犯著作权罪的追诉标准。

以计算机软件为对象构成侵犯著作权罪应当同时具备以下三个条件:一是行为人具有营利的目的;二是行为人未经所有权人许可,实施了复制发行其计算机软件的行为;三是违法所得数额较大或者具有其他严重情节。具体到本案而言,首先,被告人陈某满、叶某亮、胡某、刘某等人在收受数额不等的好处费后在河南省偃师市卫生局及下属卫生院安装"数字健康系统"软件,其营利目的显而易见;其次,根据最高人民法院、最高人民检察院《关于办理侵犯知识产权刑事案件具体应用法律若干问题的解释》的规定,违法所得数额3万元以上的属于"违法所得数额较大"。本案被告人叶某亮、胡某、刘某明知陈某满所参与"数字健康系统"安装活动系建立在窃取某公司具有著作权的"网景社区卫生服务综合管理信息系统"及源代码的基础上而进行,仍对陈某满予以帮助、支持,其4人构成共同犯罪,实施犯罪行为违法所得数额4万元,达到侵犯著作权的追诉标准。

4. 本案的犯罪行为同时系侵犯商业秘密行为，由于未达到追诉标准，仅能以侵犯著作权罪追诉。

商业秘密是指不为公众所知悉或仅限于一定范围内的人知悉，能为权利人带来经济利益，具有实用性并经权利人采取保密措施的技术信息与经营信息。本案证据证明涉案的"网景社区卫生服务综合管理信息系统"及源代码属于商业秘密。被告人陈某满等人同时侵犯了他人商业秘密。

首先，权利人虽然曾经对外出售过软件，但该软件的源代码从未对外公开，涉案源代码作为"网景社区卫生服务综合管理信息系统"的核心内容乃"不为公众所知悉"。其次，权利公司对该源代码采取了一定的保密措施，防止其技术成果的外泄。公司内部规定：公司的正规程序系由市场部专门负责销售、安装，不允许任何人在未得到公司许可的情况下私自把公司研发的相关程序、软件给其他公司或者个人进行安装、使用。另外，陈某满等4人均签订保密协议，同意保守北京某公司的商业秘密。最后，涉案软件具有经济价值及实用性。权利公司通过投入人力、物力开发了具有独立知识产权的"网景社区卫生服务综合管理信息系统"，涉案软件是由源代码编译而成，因此源代码对于软件来说是核心技术，泄密后，"网景社区卫生服务综合管理信息系统"软件将被他人掌握和所有，使该软件的所有人失去潜在的市场价值，进而影响其商业利益。然而，由于本案经多方取证，始终无法核实实际损失，故无法认定陈某满等4人的行为达到侵犯商业秘密罪的追诉标准，对上述4人仅能以侵犯著作权罪定罪量刑。但是并不影响权利公司以侵犯商业秘密为由另行提起民事诉讼。

需要说明的是，假如违法所得或给商业秘密权利人造成损失数额达到50万元以上，则本案同时构成侵犯商业秘密罪和侵犯著作权罪，应当按照想象竞合犯处理原则，从一重罪论处。

(供稿：北京市海淀区人民检察院　胡晓亮
案例编辑：北京市人民检察院　刘丽娜)

[第 025 号]

李某巍合同诈骗案

——在区分合同诈骗罪与民事欺诈行为时,应当综合分析行为人的客观行为,并在形成完整证据链条基础之上排除合理怀疑

办案要旨

合同诈骗罪与民事欺诈行为在主观目的、行为方式、行为后果等多个方面存在差别。二者区分的核心在于如何认定"非法占有目的"。在难以取得被告人自认口供的情况下,对"非法占有目的",只能综合行为人的客观表现加以认定。一般来说,应考察行为人实施欺骗行为的目的、签订合同时的履约能力和担保真伪等,同时在综合分析行为人客观行为的基础上排除合理怀疑,即证据所证明的结论应当具有唯一性。

基本案情

被告人李某巍,男,22岁,汉族,北京人,无业。

经审理查明:2004年10月23日,李某巍因为拖欠今日新概念租赁公司的租车款,该公司不同意继续向其出租车辆,后经协商由李某巍的朋友张某出面,以张某自己的名义与今日新概念租赁公司签订了租车协议,约定承租中华牌轿车一辆,价值人民币12万元,租期3天,每天租金450元,共支付租金1350元,该笔租车款实际由李某巍支付,车辆也由李某巍实际使用。李某巍因为缺钱在车辆超期未归还的情况下,为向赵某重借款3万元,于同年12月20日左右将此车抵押给赵某重,承诺到期还款6万元,所借3万元全部予以挥霍。今日新概念租赁公司多次催李某巍还车,但是李某巍却总是推托或者不接电话,并向张某和今日新概念租赁公司隐瞒了已经将租赁的汽车予以抵押的事实。

2004年12月1日,李某巍租用汪某的宝马轿车一辆,价值人民币55万余元。2004年12月5日,李某巍将此车抵押给赵某重,向其借款人民币30万元,承诺到期还款42万元。李某巍将所借的30万元人民币中的8万元用于归还个人欠款,2万元用于日常花销,其余20万元全部在赌博中输光。在

此期间，李某巍以各种理由拒不还车，后将手机关机使汪某找不到他。

2004年12月1日，李某巍通过《手递手》报纸刊登的出租信息，从郭某处承租沃尔轿车一辆，价值人民币40万余元，租期半年，每月支付租金16000元。李某巍当时支付了第一个月的租金16000元及押金50000元，共计人民币66000元。承租协议签订前，李某巍还到其住地派出所开具了居住证明交给郭某。2004年12月10日左右，李某巍将此车抵押给赵某重，向其借款人民币24万元。2004年12月底，郭某开始打电话要下月租金，李一直推说在外地，后将手机关闭，使郭某无法找到他。

后被害人汪某因为长期无法找到李某巍，遂于2005年1月15日向公安机关报案，公安机关于2005年1月31日将李某巍抓获归案。

2005年6月8日，北京市公安局宣武分局以〔2005〕第222号起诉意见书认定李某巍所实施的第一、二、三起事实均构成合同诈骗罪，以涉嫌合同诈骗罪移送北京市宣武区人民检察院审查起诉。

2005年12月20日，北京市宣武区人民检察院以京宣检经诉字〔2005〕第35号起诉书向北京市宣武区人民法院指控被告人李某巍无视国法，在第一、二起事实中以非法占有为目的，隐瞒真相，骗取他人财物，数额特别巨大，其行为触犯了《刑法》第266条之规定，构成诈骗罪。

北京市宣武区人民法院认为：被告人李某巍无视国法，在第一、二起事实中，以非法占有为目的，在签订履行合同过程中，虚构事实、隐瞒真相，骗取对方财物，且犯罪数额特别巨大，李某巍的行为构成了合同诈骗罪。对被告人李某巍判决如下：

以犯合同诈骗罪处被告人李某巍有期徒刑10年。被告人李某巍上诉后，北京市第一中级人民法院依法裁定：驳回上诉，维持原判。

疑难问题

如何区分以非法占有为目的的合同诈骗犯罪与民事欺诈行为？

分歧意见

第一种意见认为，李某巍的行为是民事欺诈行为。理由：（1）李某巍本人虽然无业、没有经济能力，但其家庭经济状况比较好，可以认为其有经济能力；（2）"抵押"与"处分"不同，李某巍还款后就可以将车赎回，李某巍在本案之前曾有过抵押然后赎回的先例；（3）李某巍没有虚构身份；（4）李某巍将抵押的钱赌博输掉后，将手机关掉，但其并没有潜逃，并不足以证明其承租他人汽车的目的就是非法占有。综上，认定李有非法占有目的的证据不足，只能认定其构成民事欺诈行为。

第二种意见认为，李某巍所实施的第一、二起事实构成了合同诈骗罪。在第一、二起事实中，李某巍为了个人从事赌博活动而将自己租赁的车辆抵押出去获利并用于个人挥霍，事后又关闭手机躲避被害人追要车辆，可以认定其在主观上具有非法占有他人财物的目的，在客观上他在签订履行合同过程中虚构事实、隐瞒真相，骗取被害人的机动车辆，犯罪数额特别巨大，其行为严重损害了被害人的合法财产权和国家对于经济合同的正常管理秩序，因此可以认定李某巍的行为已经符合了《刑法》分则关于构成合同诈骗罪的全部犯罪构成要件，已经构成了合同诈骗罪。但是对于第三起事实，由于李某巍与被害人签订的合同履行期限未满，且李某巍在此前也曾经从他人处赎回过抵押出去的机动车，因此李某巍是否具有履约的意愿和能力尚处于不确定状态，现有证据不足以证实该起事实构成了合同诈骗罪。

深度评析

笔者认为，**李某巍所实施的第一、二起事实构成合同诈骗罪**。主要理由如下：

1. 应当通过综合分析行为人的客观行为，正确区分合同诈骗罪与民事欺诈行为。

合同诈骗罪是指以非法占有为目的，在签订、履行合同过程中，隐瞒真相、虚构事实，骗取对方财物，数额较大的行为。其与民事欺诈行为在主观目的、行为方式、行为后果等多方面存在差别。但是，在实践中对于二者进行正确区分的难度要远远大于理论上的区分，核心问题就在于如何认定"非法占有目的"。

在难以取得被告人口供直接承认的情况下，对"非法占有目的"，只能综合行为人的客观表现后加以确定。一般说来，应全面综合考察行为人实施欺骗行为的目的、签订合同时的履约能力和担保真伪、履行合同中有无履约实际行动、对合同标的物的处置情况、未履行合同的原因以及事后行为人的态度等方面的客观因素，才能得出是否有非法占有目的的结论，仅凭其中任何一点都难以准确认定行为人是否具有非法占有他人财物的目的。具体而言，存在以下认定标准：

（1）实施欺骗行为的目的。民事欺诈行为虽然在客观上也表现为虚构事实或隐瞒真相，但行为人实施欺诈行为主要是为了达到与对方签订合同，实施交易行为的目的，行为人本身具有履行合同义务的愿望；而合同诈骗罪中，行为人所要达到的目的则是要通过虚构事实、隐瞒真相，利用合同骗取对方财物，并且能够在骗取财物后顺利脱逃，行为人的最终目的是非法占有他人财物，而从开始就根本不具有履行合同义务的真实意思。此外，有的行为人在签订合同时虽然无非法占有的目的，但在合同签订后由于情况变化，履约无望，却产生了非法占有的目的，同样可以构成合同诈骗罪。

在本案中，李某巍在租车过程中，只交纳了少量租金，随后就拒绝继续支付租金，并将他人车辆非法抵押出去变现，供其挥霍，并采取措施逃避被害人对其追讨车辆和租金，致使被害人一方对自己所有的机动车长期处于失控状态，因此可以认定李某巍在签订履行合同过程中，在主观上具有非法占有他人财物的目的。

（2）行为人是否为履行合同义务积极创造条件。我们认为不能够单纯地以行为人在签订合同时是否具有实际履约能力作为认定合同诈骗罪的标准，不可否认在实践中确实存在某些行为人在签订合同时不具有履约能力，但在其看来在合同签订后可以通过努力争取到履约的条件，并在签订合同后实施了积极行为以创造出条件来履行合同义务，对于这种行为，如果最终行为人按照合同约定履行了合同，则显然不能够认定为合同诈骗罪，如果行为人最终没有能够按照合同全部履行义务，则要区分不能够完全履行的具体原因，对是否构成犯罪进行必要的区分。但是，如果行为人在签订合同时就明知自己没有履行合同的实际能力，或不具有完全履行合同的能力，在签订合同后也不积极创造条件促成合同的实际履行，而只是以签订合同为幌子，故意夸大自己的履行能力或者作出虚假的履约承诺，骗取对方信任，将对方财物骗归己有，那么就应当认定为合同诈骗。此外，即使行为人在签订合同时实际具有履约能力，也并不排斥构成合同诈骗罪的可能，关键还是要看行为人主观上是否有实际履约的意愿。

本案中，李某巍虽然已经22岁，但是他没有职业，也无正当收入，因此其本身在签订合同时不具有履约能力，其家庭所具有的履约能力，不能等同于他本人的履约能力，且在与他人签订租车协议后，他并没有采取任何积极措施为履行协议创造条件，而是采取逃避、躲藏的行为，因此其行为并非通常意义下的民事欺诈行为。

（3）对合同标的物的处置。合同当事人对标的物的处置情况虽不能作为判断当事人具有诈骗故意的唯一标准，但却是一个重要依据。若当事人未履行合同义务或只部分履行合同，则当事人对其所占有的他人财物的处置情况，在一定程度上就反映了其当时的主观目的。如果行为人采取欺骗手段与他人签订合同后，对依据合同取得的对方所给付的标的物予以挥霍，并且在挥霍后拒不归还，尤其是有条件归还而拒不归还时，我们就有理由认为行为人在签订合同之初根本不具有签订、履行合同的真实意愿,而仅仅是为了非法占有他人财物而已,绝非普通的民事欺诈行为。

本案中,李某巍将他人的汽车抵押给别人,用于赌博等个人挥霍,尽管其辩称想赌博赢钱赎车,但是从其事后躲藏的事实来看,他的辩解并不成立,其行为绝非普通的民事欺诈行为。

(4) 行为人不履行合同的原因是什么。我们认为行为人不履行合同义务的具体原因将直接影响到其行为的具体性质,如果行为人是由于主观原因不想履行合同而根本不考虑是否具有履行合同的客观条件,甚至是在实际具有履行合同能力的情况下仍然不履行合同,那么结合上面提到的其他几点行为特征,就可以认定行为人的行为符合了合同诈骗罪的特征;如果行为人没有按照合同约定履行合同,仅仅是由于出现了本人不可抗拒的外界客观原因,而事实证明行为人在履行合同期间曾经积极创造条件意图履行合同的话,那么就很难认定行为人所实施的行为是合同诈骗行为。

本案中,李某巍没有按照合同约定支付租金和归还承租车辆并非受困于外界的客观障碍,而是由于其在主观上根本就不想支付租金,归还车辆,因此结合李某巍的所有客观行为,可以认定其所实施的是合同诈骗行为。

2. 在综合分析行为人的客观行为基础之上,应当排除合理怀疑。

我国《刑事诉讼法》所要求的提起公诉的证明标准是"事实清楚,证据确实充分"。简单地说,所谓"事实清楚"是指与指控犯罪事实有关的犯罪事实和情节都已查证属实;所谓"证据确实充分"是指证明全部案件事实和犯罪情节的证据达到了一定的数量,并且符合法定的证据的客观性、合法性和关联性要求,同时上述证据所证明的结论应当具有唯一性。

但是在司法实践中,上述证明标准的表述方式存在一定的缺陷,主要存在以下几个问题:其一,表述过于笼统,不利于实践操作;其二,上述表述方式没有充分体现出执法者在刑事司法证明活动中的主观能动性;其三,在提起公诉,甚至是作出审判时将案件的全部事实和情节查清显然仅仅是一种理想状态而已。为此,理论界和司法实践中提出了"两个基本"的标准,即基本案件事实清楚,基本证据确实充分,以贴近司法实践。

最高人民检察院在 2005 全国检察机关第三次公诉工作会议上出台的《关于进一步加强公诉工作,强化法律监督的意见》中提出"坚持重证据、重调查研究、不轻信口供的原则,据以定案的证据必须形成完整链条、排除合理怀疑"。所谓"证据形成完整链条"通常是指:全案证据之间在证明方向上存在一致性,证据之间存在相互印证性,证据链条存在闭合性,证明结论具有唯一性。所谓"排除合理怀疑"所要达到的证明标准:一是作为定案依据的每一个证据都应当符合合法性、客观性、关联性要求；二是全案证据经过排列、组合、分析后，必须是排除了一切矛盾，达到同一证据前后一致，证据与证据之间一致，全案证据与案件的发生、发展过程和结果一致；三是作为证明对象的案件事实和情节均有一定数量的证据可以证实；四是证据所证明的结论具有唯一性。

其实这里提出的"在证据链条基础之上，排除合理怀疑"的证明标准与"事实清楚，证据确实充分"的证明标准，仅仅是在表述上存在一定的差异，而前者与后者相比，优点在于表述更加清晰、更具有可操作性，也更符合执法者在司法实践活动中的思维规律。因为，任何一种刑事司法证明活动都是客观证据与主观判断相结合的具体过程，而这个司法证明过程或者说是思维活动过程必然是一个提出怀疑，利用证据否定怀疑，提出怀疑，再以证据予以否定的周而复始的过程，也恰恰是在这个过程中通过不断否定犯罪嫌疑人可能无罪的怀疑，才能够在公诉人的心中形成一种关于犯罪嫌疑人确实犯有罪行的内心确信。

因此，在审查起诉时我们除了要追求据以定罪证据的数量和质量的同时，还必须关注对于涉及罪与非罪的合理怀疑的排除。

本案中李某巍所实施的第三起事实在形式上与前两起犯罪事实相比看似并无实质性的差异，但是通过审查案件事实可以发现两个关键点：一是第三起事实中约定的租赁期尚未届满；二是李某巍以前曾经在租期届满前将被抵押车辆赎回归还过车主。因此，对于第三起事实就产生了一个对于李某巍有利的无罪的"合理怀疑"，即李某巍在本起事实中所约定的租赁期满时有可能将涉案车辆赎回归还车主。对于这一"合理怀疑"现有证据无法有效加以排除，因此对于该起事实现有证据证明的结论不具有唯一性，不符合提起公诉的证明标准，不能够予以认定。

综上所述，我们认为在认定合同诈骗罪时，应当综合分析行为人的客观行为特征，从而有效地将合同诈骗行为与民事欺诈行为相区分，并在形成完整证据链条基础之上，排除合理怀疑。

（供稿：北京市原宣武区人民检察院　郜　超
案例编辑：北京市人民检察院第三分院　李　凯）

[第 026 号]

陈某合同诈骗案

—— 应当结合犯罪构成要件审查现有证据材料，在此基础上准确认定合同诈骗罪

办案要旨

行为人所冒充人员身份是否具有国家机关工作人员性质是区分合同诈骗罪与招摇撞骗罪的重要标志。行为人骗取财物时所使用的具体手段是区分合同诈骗罪与诈骗罪的重要标志。陈某所冒充的单位系虚构，不具有国家机关性质，且其系在签订、履行合同过程中实施诈骗行为，故应认定为合同诈骗罪。

基本案情

被告人陈某，女，1981年3月28日生，汉族，无业。

经审理查明：陈某曾于2005年3月至6月间在国家安全生产监督管理总局下属的事业单位技术研究中心负责培训工作，后被辞退。

2005年9月，陈某经人介绍与张某、张某玲二人结识，期间陈某自称是技术研究中心工作人员，并向对方提供了标明自己具有技术研究中心工作人员身份的名片。张某二人信以为真，提出想通过陈某与技术研究中心联系，共同合作举办培训班，并要求陈某提供办学所需的主办方批文，陈某表示同意。后张某二人注册成立了北京华业兴创管理咨询有限公司（以下简称华创）准备开展培训业务，双方口头约定：由华创拟定培训通知，陈某申请相应批文，华创以此为据向各地安全生产部门发函招生，培训每名学员收取980元的培训费，陈某从中获取300元，培训结束后，由陈某提供结业证书颁发给参训学员。

协议达成后，陈某私刻了虚构的"国家安全生产监督管理总局技术研究院"公章，对张某二人称"技术研究中心"已改名为"技术研究院"，只能以研究院名义出具相关批文。她还从海淀区金五星批发市场购买空白结业证书，加盖上述印章，在每期培训班结束后提供给华创，并收取相应提成费。

从2005年10月开始，华创先后在成都、深圳、厦门、昆明等处开办培

训班，共培训学员数 10 人，陈某从中获取提成费 10300 元。后华创提出要签订正式合作协议，2005 年 12 月 15 日在国家安全生产监督管理总局办公地一楼大厅内，陈某携带已由"苏某清"（陈某谎称该人为研究院主任，但据笔迹鉴定意见证实协议中"苏某清"为陈某所写）签署姓名的合作培训协议（该协议对双方已经进行的合作方式进行了书面确定），张某签署完协议后又按照协议要求向陈某支付了押金 3 万元（银行取款记录可以证实张某于当日曾经分别从自己和张某玲账户各取款 15000 元，且张某、张某玲均证实与陈某签署协议后已经实际交付了上述 3 万元押金，但陈某对此予以否认）。后陈某经他人举报，被民警查获。

2006 年 6 月 16 日，北京市公安局东城分局以〔2006〕第 313 号起诉意见书认定陈某 2005 年 9 月以来，冒充国家安全生产监督管理总局工作人员，并以虚构的"国家安全生产监督管理总局技术研究院"的名义与"北京华业兴创管理咨询有限公司"签订委托开办多期以"安全生产技术应用"等为内容的培训班，从中谋取非法利益人民币 1 万余元，其行为触犯了《刑法》第 279 条之规定，并以涉嫌犯招摇撞骗罪向北京市东城区人民检察院移送审查起诉。

2006 年 9 月 11 日，北京市东城区人民检察院以京东检刑诉字〔2006〕第 313 号起诉书向北京市东城区人民法院指控被告人陈某目无国法，以非法占有为目的，冒用他人名义并以虚构的单位与他人签订合同，骗取对方当事人财物，数额较大，其行为侵犯了公民的合法财产所有权，触犯了《刑法》第 224 条之规定，已经构成合同诈骗罪。

北京市东城区人民法院认为：被告人陈某以非法占有为目的，以虚构的单位与他人签订合同，骗取对方当事人钱财，数额较大，其行为扰乱了市场秩序，侵犯了他人的财产权利，已构成合同诈骗罪，依法应予刑罚处罚。检察机关的指控成立。辩护人关于张某等人知情并利用陈某虚构的事实为自己谋取利益的辩护意见，没有证据支持，本院不予采纳；在第二次庭审前的各诉讼阶段，被告人陈某对与张某签订协议及收取对方人民币 3 万元的基本事实尚不承认，何谈履约诚信，故对于辩护人提出的"3 万元是押金，约定合同期满后退还，不是骗取"的观点，本院亦不采纳。唯念被告人陈某系初犯、在法庭调查终结之前能够如实供述犯罪事实，可酌予从轻处罚。对被告人判决如下：

被告人陈某犯合同诈骗罪，判处有期徒刑 2 年，并处罚金人民币 2000 元。

疑难问题

如何准确区分合同诈骗罪与其他相似犯罪？

分歧意见

第一种意见认为，陈某的行为构成了招摇撞骗罪。本案中，陈某假冒的是国家安全生产监督管理总局工作人员的身份，骗取财物，情节严重，应当以招摇撞骗罪追究其刑事责任。

第二种意见认为，陈某的行为构成诈骗罪。本案中陈某除通过合作协议骗取张某等人 3 万元押金外，还利用这种合作办学的方式，进行虚假培训，收取学员培训费，从中获取提成款 1 万余元，因此其诈骗的对象不仅仅针对合同相对方，还有第三方（接受培训的学员），而且合同并非一开始就存在，是在陈某行骗过程中，根据华创的要求与其签订的，是陈某为了继续实施自己的诈骗行为而采取的一种掩饰手段，从综合评价的角度出发，认定为诈骗罪比较合适。

第三种意见认为，陈某的行为构成合同诈骗罪。本案中，虽然刚开始双方之间是一种口头约定关系，但合作办学的内容已经通过实际履行得以确认，且 2005 年 12 月 15 日签署的合作培训协议也对双方的合作方式予以书面确认，所以可以认定陈某是通过签订、履行合同的方式来骗取对方当事人 10300 元提成费以及 30000 元押金的，因此应当以合同诈骗罪依法追究其刑事责任。

深度评析

笔者认为，**陈某的行为构成共同诈骗罪**。主要理由如下：

1. 行为人所冒充人员身份是否具有国家机关工作人员性质是区分合同诈骗罪与招摇撞骗罪的重要标志。

招摇撞骗罪在客观上要求行为人所假冒的人员应当具有国家机关工作人员身份。对于国家机关工作人员的定义，通常包括在各级国家权力机关、行政机关、司法机关和军事机关中从事公务的人员。在依照法律、法规规定行使国家行政管理职权的组织中从事公务的人员，或者在受国家机关委托代表国家行使职权的组织中从事公务的人员，或者虽未列入国家机关人员编制但在国家机关中从事公务的人员，在代表国家机关行使职权时，视为国家机关工作人员。在乡（镇）以上中国共产党机关、人民政协机关中从事公务的人员，视为国家机关工作人员。

本案中陈某给张某的名片上虽然显示的是国家安全生产监督管理总局技术

研究中心，但该研究中心系虚构单位，也不具有国家机关性质，且陈某所冒充人员从事的也并非公务行为，其所冒充的身份并不具有国家机关工作人员性质，并不符合招摇撞骗罪的构成要件，不构成招摇撞骗罪。

2. 行为人骗取财物时所使用的具体手段是区分合同诈骗罪与诈骗罪的重要标志。

《刑法》第224条规定的合同诈骗罪，是指在合同的签订、履行过程中，具有法定的虚构事实、隐瞒真相的行为，因而骗取对方当事人财物、数额较大的行为。区分合同诈骗与普通诈骗罪的关键就在于行为人是否通过签订、履行合同的方式来骗取对方当事人的财物。因此，是否存在合同以及存在何种合同就成为认定的关键所在。我们认为，合同诈骗罪中的合同应当包括口头合同在内，因为现行《合同法》对于合同的形式采取了宽松式的规定，而《合同法》已经涵盖了绝大多数民商事合同，其中包括了口头合同，且《刑法》并未将合同诈骗罪中的合同限定为"书面合同"。因此，在司法实践中，除了与市场经济无关以及不受市场调整的合同、协议，例如不具有交易性质的赠与合同，以及婚姻、监护、收养、抚养等有关身份关系的协议，主要受劳动法、行政法调整的劳务合同、行政合同等之外，在现有证据证实存在合同关系的情况下，即使只是口头合同，只要发生在生产经营领域，侵犯了合同管理秩序的，同样应当以合同诈骗罪定罪处罚。

本案中，陈某伪造了国家安全生产监督管理总局技术研究院的印章，并向他人介绍自己为上述单位的工作人员，并以此单位的名义与他人商定合作培训计划，虽然此时并未签订书面合同，但双方已经就各自的权利义务进行了口头约定，并按照约定开展了三期培训，陈某也从中获利，后双方又签订了书面的合同，对前述合作培训方式进行了固定，该合同一方面可以作为前面口头合同内容的确认，另一方面也可以作为后面双方合作办班行为的依据。因此本案中具有合同诈骗罪所要求的"合同"这一客观形式。

此外，仅有了"合同"这一客观形式仍不足以认定合同诈骗罪，构成本罪还要求是在签订、履行合同过程中实施了诈骗行为。如果是在诈骗行为之后通过签订合同企图掩盖诈骗行为真相的，骗取财物的行为与签订合同的行为没有因果关系，仍然不构成合同诈骗罪。

本案中，陈某获取财物的行为是通过与他人办理培训班以及收取合同押金的方式来实现的，而这一切都依赖于与他人签订并履行了相关的合作培训协议。其一，其收取提成费的行为是基于与华创公司口头商定的合作培训协议，并实际履行了提供批文号、结业证书等行为，而华创公司也是根据合同的要求给付其提成费，是一种签订、履行合同的过程；其二，其收取合同押金的行为同样也是在与华创签订书面合作协议的过程中,通过骗取对方信任而实现的犯罪目的。因此,陈某的行为已经符合了合同诈骗罪的犯罪构成要件特征,应当以合同诈骗罪依法追究其刑事责任。

综上所述,我们认为对合同诈骗罪、诈骗罪以及招摇撞骗罪等相近似罪名之间进行区分的关键是要严格按照《刑法》所规定的犯罪构成要件将现有证据材料还原为案件事实,使我们对于案件事实的认知尽可能地贴近案件的事实真相,并对该行为的性质作出准确判定。

(供稿:北京市东城区人民检察院　严　岩;北京市人民检察院第二分院　李　斌　案例编辑:北京市人民检察院第三分院　李　凯)

[第 027 号]

薄某合同诈骗案*

——以签订《租车合同》为手段诈骗应构成合同诈骗罪还是诈骗罪

办案要旨

行为人在签订合同过程中隐瞒租车的真实目的，使得对方基于对合同关系的信任而交付财物，这种行为并非是对方基于对其本人的人格信任而陷入错误认识，而是基于对合同关系的诚信和约束力，因此行为人的行为破坏了社会主义市场经济秩序，侵犯了双重客体，不能认定为诈骗罪，应认定为合同诈骗罪。

基本案情

被告人薄某，男，1985年11月15日出生，汉族，高中文化，无业，户籍所在地为北京市海淀区。曾因寻衅滋事于2003年3月6日被北京市公安局海淀分局处治安拘留5日，现因涉嫌诈骗罪于2012年8月30日被北京市公安局朝阳分局刑事拘留，同年9月29日经本院批准被北京市公安局朝阳分局逮捕。

经依法审查查明：被告人薄某于2012年2月至8月期间，本人或指使他人虚构事实、隐瞒真相与北京佳吉运物流有限公司等公司签订《汽车租赁合同》11份，后将租赁所得奥迪轿车等13辆（经鉴定价值共计人民币200余万元）抵押他人，后被害单位发现后报警。所得赃款已挥霍，部分车辆被追回。

北京市朝阳区人民检察院指控被告人薄某的行为其行为触犯了《刑法》第266条之规定，应以诈骗罪追究其刑事责任。

北京市朝阳区人民法院经审理认为，被告人薄某无视国法，以非法占有为目的，在签订、履行合同过程中，骗取对方当事人财物，数额特别巨大，其行为侵犯了他人财产的所有权，触犯了刑律，已构成合同诈骗罪，依法应

---

* 司法实践中，自然人利用合同形式骗取财物，其行为应认定为合同诈骗罪还是诈骗罪存在一定争议，本案例结论不代表编者意见，仅供读者研究分析。

予惩处。判处有期徒刑11年，罚金人民币11000元。

疑难问题

以签订《租车合同》为手段诈骗财物的行为应构成合同诈骗罪还是诈骗罪？

分歧意见

第一种意见认为，本案应定性为诈骗罪。薄某在实施诈骗的行为过程中，虽然与车辆所有人或管理单位签订了所谓的《租车合同》，然后将车辆抵押给他人，将赃款挥霍，其行为主观上即出于诈骗的目的，签订租赁合同只是犯罪手段之一，不属于公司之间经济往来的情况。《刑法》第224条规定的合同诈骗罪的"合同"应当是特指发生在购销等经济领域的"经济合同"。

第二种意见认为，本案应定性为合同诈骗罪。双方签订的《租车合同》以车辆使用权为标的，其所承载的权益不仅限于租赁双方的财产利益，还包括对租赁业的交易秩序和竞争秩序的运行和维护。薄某在签订合同过程中隐瞒租车的真实目的，使得对方基于对合同关系的信任而交付财物，这种行为并非是对方基于对其本人的人格信任而陷入错误认识，而是基于对合同关系的诚信和约束力，因此其行为破坏了社会主义市场经济秩序，侵犯了双重客体，应以合同诈骗罪评价。

深度评析

笔者认为，**本案应定性为合同诈骗罪**。理由如下：

1. 行为人之间所签订的合同是否属于"经济合同"，已经无法作为区分诈骗罪和合同诈骗罪的标准。

从合同诈骗罪的立法渊源层面看，在1979年《刑法》中尚无合同诈骗罪，最高人民法院、最高人民检察院《关于当前办理经济犯罪中具体应用法律若干问题的解答（试行）》（1985年）和《关于审理诈骗罪案件具体应用法律若干问题的解释》（1996年）；而后者第2条规定，"根据刑法第一百五十一条和第一百五十二条的规定，利用经济合同诈骗他人财物数额较大的，构成诈骗罪"。可见，当时的合同诈骗之"合同"，应该指的是"经济合同[①]"，"利用经济合同"实施诈骗行为应当受到刑罚。1997年《刑法》第224条合同诈骗中没有继续沿用"经济合同"

---

① 参见赵秉志、肖中华：《合同诈骗中的疑难问题》，载正义网2002年8月13日。

概念，但不可否认的是，该罪中"合同"概念是从原经济合同法演变过来的。①

原《经济合同法》第2条规定，经济合同是法人之间为实现一定经济目的，明确相互权利义务关系的协议；第54条规定，个体经营户、农村社员同法人间签订经济合同应参照本法执行。② 因此，经济合同区别于非经济合同的特征是：第一，为了实现一定的经济目的；第二，合同相对方双方或一方必须是法人，另一方是个体经营户或农村社员。③ 但是随着1999年10月1日《合同法》的颁布实施，《经济合同法》、《涉外经济合同法》等三部法律同时被废止，而《合同法》中也未继续使用"经济合同"的概念，这表明"经济合同"已经丧失了原有的法律地位。在此基础上，如果继续将合同诈骗罪中的"合同"还机械地等同于"经济合同"，则人为地缩小和削弱了刑法规制的行为范围。

2. 诈骗罪与合同诈骗罪存在一定的竞合关系，前者侵犯的是一般客体，后者侵犯的是复杂客体，如果行为同时侵犯了他人的合法财产权以及市场经济管理秩序，按照竞合关系的定罪原则，则一般应以特殊罪名即合同诈骗罪定罪量刑。

合同诈骗罪规定在我国《刑法》"破坏社会主义市场经济秩序罪"的第三章，该罪侵犯的是复杂客体，即公民、法人等民事主体的财产权以及市场正常的经济管理秩序。利用合同之名行诈骗之实，其行为侵犯了国家对合同的管理制度、基于合同制度和诚实信用交易规则和他人的合法财产权利。④ 利用合同诈骗的行为，违反了市场交易中的诚实信用原则，造成人们对合同这种市场手段失去信赖，并扰乱了动态的财产流转市场秩序，妨害了国家对合同的管理秩序，因此合同诈骗罪中的"合同"必须是能够体现动态的财产流转市场秩序之合同。⑤ 因此，合同诈骗罪中的"合同"不应限于经济合同，但必须要具有该罪刑法意义特点的合同，即应当是刑法规制的合同。"被告人通过与他人签订、履行合同这一表面上合法的形式，来达到骗取他人财物的目的，'合同'作为犯罪手段是构成合同诈骗罪的必要要件，而非选择要件。因此，在合同诈骗罪中，作为行骗人与他人发生关系之媒介的'合同'，其签订与履行当然应发生在市场经济领域内、受市场秩序的制约。"⑥

3. 合同诈骗罪中作为必要犯罪手段的"合同"，其范围应当广于"经济合

---

① 参见康瑛：《以签订劳务合同为名骗取他人财物构成诈骗罪——石秋月诈骗案》，载《人民法院报》2002年12月30日。
② 参见《经济合同法》（1982年）。
③ 参见王家福、梁慧星主编：《民法债权》，法律出版社1991年版，第227页。
④ 参见莫洪宪、曹监：《论合同诈骗罪的几个问题》，载《中国刑事法杂志》2000年第5期。
⑤ 参见范登殿：《合同诈骗罪中"合同"概念之解析》（2010年湘潭大学硕士学位论文）。
⑥ 参见范登殿：《合同诈骗罪中"合同"概念之解析》（2010年湘潭大学硕士学位论文）。

同"，而小于《合同法》所规范的合同。

合同诈骗罪中的关键要素"合同"的范围应广于原《经济合同法》中所衍生的"经济合同"，如房屋租赁业的居间合同等，均应纳入合同诈骗罪的调整范围。但是能否认为本罪的"合同"范围就等同于《合同法》所调整的合同范围？《合同法》第2条规定，"本法所称合同是平等主体的自然人、法人、其他组织之间设立、变更、终止民事权利义务关系的协议"。《合同法》调整一切平等主体之间签订的民商事合同，既包括能够体现动态的财产，甚至服务流转的市场秩序的市场交易合同，也包括体现婚姻、收养、监护等有关身份关系的一般民事合同；对于前者，其能够体现《刑法》设立合同诈骗罪这一罪名的法益特征，即在包含公私财产权的同时着重保护合同管理制度及诚实信用的市场秩序，应当属于本罪的"合同"范围，而后者不能体现在市场经济运行下财产的动态流转，则由此产生的纠纷不属于合同诈骗罪调整的范围。故从范围上看，合同诈骗罪的"合同"只是《合同法》规范的合同中的一部分。

还有一些特殊的合同，如劳务合同、行政合同、著作权合同等亦不属于本罪特定的犯罪形式或者犯罪手段。此外，行为人虽然利用体现市场秩序的合同形式，但该合同在实施行为时不具有规范市场经济秩序的内核，如虚构生病或做生意急需用钱等理由，打下欠条骗取他人财物从而挥霍的行为，则不应以合同诈骗罪定罪，而应以诈骗罪论处。

综上所述，本案中，薄某所签订租车合同确非经济合同，一方面是因为相对方有部分是非个体经营者或农村社员的自然人，即车主，属于主体不适格。另一方面，虽然租车合同也是租赁合同，但与原《经济合同法》中所规定的财产租赁合同不同，经济合同之财产租赁合同有明确的要式要求，即必须明确规定租赁财产的名称、数量、用途、租赁期限、租金和租金缴纳期限、租赁期间财产维修保养的责任、违约责任等条款，且其适用的范围大多是大型设备等工业性标的物，而且是动产。而本案的租车合同既有制式合同，亦有相对简易的合同，但是合同的形式和合同相对人的身份都不能否认该"租车合同"规范了市场经济关系中租赁关系。故薄某实施诈骗的行为确实侵犯了市场经济秩序中财产租赁流转关系，应以合同诈骗罪定罪处罚。

(供稿：北京市朝阳区人民检察院　李晓娟
　　案例编辑：北京市人民检察院　庞　静)

[第 028 号]

王某梅合同诈骗案

——合同诈骗罪中"以非法占有为目的"的证明问题

办案要旨

海军法律顾问处是海军律师执行职务的工作机构,与一般律师事务所具有相同的法律地位,其律师依照法律、法规等规定,履行相关手续后可以代理军外普通刑事案件。司法解释中关于合同诈骗罪中"非法占有目的"的规定,不属于不可推翻的推定,因此,证明合同诈骗罪中被告人具有非法占有目的的举证责任在检方,检察机关必须运用证据证明合同诈骗行为人具有非法占有的目的。在被告人拒不供认的情况下,证明被告人的主观方面确有较大难度,但是并非无法证明,可依靠间接证据证明行为人的主观故意及非法占有目的。

基本案情

被告人王某梅,女,1973 年 12 月 15 日出生,汉族,初中文化程度,农民,住江苏省丰县凤城镇。

被告人王某梅于 2007 年 6 月在北京市大兴区黄村镇成庄市场内承租了房屋两间,并将其中一间改建为冷库。2007 年 9 月 28 日,被告人王某梅以与方某合伙经营冷库为名,与方某签订合伙协议,并收取方某合伙出资款人民币 6 万元。之后,王某梅以进货为名自方某处拿走人民币 3 万元,9 月底携款潜逃。方某经多方联系王某梅未果后,于 2007 年 12 月 13 日向公安机关报案。2011 年 7 月 29 日王某梅被抓获归案。

北京市公安局大兴分局于 2011 年 10 月 18 日,以王某梅涉嫌合同诈骗罪移送北京市大兴区人民检察院审查起诉。

北京市大兴区人民检察院于 2011 年 12 月 23 日,以被告人王某梅涉嫌合同诈骗罪,向北京市大兴区人民法院提起公诉。

北京市大兴区人民法院经审理认为,被告人王某梅以非法占有为目的,在签订、履行合同过程中,骗取公民钱财,数额较大,其行为已构成合同诈骗罪,应予惩处。依照《刑法》第 224 条第 4 项、第 52 条、第 53 条之规定,判决被告人王某梅犯合同诈骗罪,判处有期徒刑1年,并处罚金人民币1000元。

疑难问题

海军顾问处律师是否可以作为辩护人代理普通刑事案件?如何把握合同诈骗罪中的"非法占有目的"证明标准?

分歧意见

第一种意见认为,海军顾问处律师不能作为辩护人代理普通刑事诉讼。理由主要是海军顾问处是中国人民解放军内设的法律服务机构,其服务范围应仅限于与军队或者军人相关的法律事项,不能代理普通刑事案件。此外,逃匿型合同诈骗罪的非法占有目的不需证据证明。相关司法解释关于认定"非法占有目的"的规定系推定规范,检察机关仅需证明基础事实即可。且对于逃匿型合同诈骗罪来说客观行为反映主观故意,无须再单独运用证据举证证明被告人的主观故意。

第二种意见认为,海军顾问处律师可以作为辩护人代理普通刑事案件。逃匿型合同诈骗犯罪的非法占有目的,亦需要相关证据证明。

深度评析

笔者认为,**海军顾问处律师可以作为辩护人代理普通刑事案件**。理由如下:

1. 海军法律顾问处是海军律师执行职务的工作机构,与一般律师事务所具有相同的法律地位,其律师依照法律、法规等规定,履行相关手续后可以代理军外普通刑事案件。

修订后的《律师法》第2条规定,律师是"依法取得律师执业证书,接受委托或者指定,为当事人提供法律服务的执业人员"。根据《律师法》的规定,律师这一职业在我国具有法定性、政治性、服务性、委托性、执业性、自律性。律师的执业性,与律师的专业性密切相关,体现在执业范围和执业分工上。律师利用自己的专门法律知识和法律职业技能,通过各种执业活动,为当事人提供法律服务,是律师生存、发展的基础。对于律师的执业范围不应人为地加以限制,因此,司法行政管理部门陆续取消了过去刑事辩护律师、证券从业律师等一些专门执业范围分类,律师可以按照委托人的要求代理各种业务。当然军队律师是律师行业中身份较为特殊的一类,其在管理上有更加严格的规定。依照《律师法》第57条规定,为军队提供法律服务的军队律师,其律师资格的取得和权利、义务及行为准则,适用本法规定。军队律师的具体管理办法,由国务院和中央军事委员会制定。

中国人民解放军总政治部于1993年1月1日印发的《军队法律服务工作暂行规定》(以下简称《规定》)对军队律师的管理、执业范围等进行了规范。根据《规定》要求,军队律师执行职务必须依托于军队法律顾问处。本案中的海军法律顾问处系海军政治部设立的律师执行职务的工作机构,负责领导律师开展业务工作,组织律师学习政治和法律业务知识,总结交流律师工作经验。因此,海军法律顾问处与一般律师事务所均为平等民事法律主体,具有相同的功能和执业性质,仅是在执业人员身份和主要执业范围上有所差别。

《规定》第6条对军队法律顾问处的职责进行了规定,"法律顾问处的具体业务范围包括:(一)担任首长和机关的法律顾问,为领导决策提供法律服务;(二)接受军内单位和人员委托担任代理人、参加民事、经济、行政案件的诉讼、调解、仲裁等活动;(三)接受委托担任辩护人或代理人,依法参加刑事诉讼活动;(四)接受领导委派及军内单位和人员委托,办理非诉讼法律事务;(五)接受聘请担任军队企业、事业单位以及个人的常年法律顾问或者专项顾问;(六)为军内单位和人员提供法律帮助,解答法律咨询,代写法律文书;(七)接受军内单位或个人委托,代理、代办公证申请、工商登记、合同谈判、财产租赁、商标注册等事务;(八)通过开展法律服务活动,对部队进行经常性的法制教育"。

仔细比较上述第二、三、四项的规定,军队法律顾问处接受委托从事民事、经济、行政案件的诉讼、调解、仲裁等活动及办理非诉讼法律事务的对象仅限于军内单位和人员以及领导委派,而担任辩护人或诉讼代理人参加刑事诉讼则没有对象的限制。那么,法无禁止既自由,军队法律顾问处律师可以接受非军内单位和人员的委托,作为辩护人或诉讼代理人参加普通刑事诉讼。此外,军队律师的身份较一般律师身份特殊,其本质上是现役军官,因此军队律师代理普通刑事案件,应当按照军队的规定履行相关的手续。

2. 司法解释中关于合同诈骗罪中"非法占有目的"的规定,不属于不可推翻的推定,因此,证明合同诈骗罪中被告人具有非法占有目的的举证责任在公诉方,检察机关必须运用证据证明合同诈骗行为人具有非法占有的目的。

最高人民法院于1996年公布的《关于审理诈骗案件具体应用法律的若干问题的解释》(以下简称96年解释)及最高人民法院、最高人民检察院于2011年公布的《关于办理诈骗刑事案件具体应用法律若干问题的解释》(以下简称11年解释)是诈骗类犯罪的最重要的两项司法解释。前者规定包括普通诈骗罪和金融诈骗犯罪等特殊诈骗犯罪,后者仅针对普通诈骗罪的问题。1997年刑法修订增设了合同诈骗罪等特殊诈骗犯罪,但是由于刑法修订仅是在对诈骗类犯罪的罪名和量刑进行了特殊规范，不存在新旧法抵触而自然失效的问题，既未宣告该解释废止，也并没有出台新的司法解释，因此，96年解释中关于金融诈骗与合同诈骗罪的相关规定一直在司法实践中沿用。其第2条第3款规定，行为人具有下列情形之一的，应认定其行为属于以非法占有为目的，利用经济合同进行诈骗：（1）明知没有履行合同的能力或者有效的担保，采取下列欺骗手段与他人签订合同，骗取财物数额较大并造成较大损失的：①虚构主体；②冒用他人名义；③使用伪造、变造或者无效的单据、介绍信、印章或者其他证明文件的；④隐瞒真相，使用明知不能兑现的票据或者其他结算凭证作为合同履行担保的；⑤隐瞒真相，使用明知不符合担保条件的抵押物、债权文书等作为合同履行担保的；⑥使用其他欺骗手段使对方交付款、物的。（2）合同签订后携带对方当事人交付的货物、货款、预付款或者定金、保证金等担保合同履行的财产逃跑的。（3）挥霍对方当事人交付的货物、货款、预付款或者定金、保证金等担保合同履行的财产，致使上述款物无法返还的。（4）使用对方当事人交付的货物、货款、预付款或者定金、保证金等担保合同履行的财产进行违法犯罪活动，致使上述款物无法返还的。（5）隐匿合同货物、货款、预付款或者定金、保证金等担保合同履行的财产，拒不返还的。（6）合同签订后，以支付部分货款，开始履行合同为诱饵，骗取全部货物后，在合同规定的期限内或者双方另行约定的付款期限内，无正当理由拒不支付其余货款的。实践中，对于上述规定是否属于司法推定，具备这些情形还是否需要运用证据证明"以非法占有为目的"，一直存在争议。

推定是司法证明的重要方法之一，也是司法证明领域中使用比较混乱的一个概念。某些事实存在的盖然性很高，但是要想完全依靠证据加以证明却很困难，此时推定往往是证明不能的一种重要救济方式。大陆法系、英美法系的证据法学都承认推定是一种有效的事实认定机制，而且承认相同或类似的适用方法，从而使推定成为一种具有普遍性的证据法制度。

然而，推定与推理、推论不同，推定必须是以一定的事实为基础，然后根据客观事物之间联系的规律推导出另一事实的存在。前一个事实称为基础事实，后一个事实称为推定事实。理论通说将推定分为法律推定与事实推定。事实推定是根据经验法则、逻辑规则作出的推定，通说认为事实推定的适用主体为法官，是法官在诉讼活动中依据一定规则进行的推定。法律推定是根据法律规定所做的推定。法律推定又分为可以推翻的法律推定和不可推翻的法律推定。可以推翻的推定允许提出反证加以推翻，是不存在相反证据情况下允许作出的推定。不可推翻的法律规定是不允许提出反证加以推翻的推定。一般认为，只有可推翻的法律规定才是真正意义上的推定。

在我国刑事诉讼中，证明被告人有罪的责任由检察机关承担。根据《刑事诉讼法》第137条及最高人民检察院《刑事诉讼规则（试行）》的规定，检察机关需要用证据证明"被告人有无责任能力，有无故意或者过失，行为的动机、目的"也就是说被告人的主观方面是检察机关必须运用证据证明的内容，检察机关对此负有举证责任。

我们认为，如果是可以推翻的推定，那么检察机关证明基础事实的存在，法官即可在被告方不能提出反证的情况下直接认定推定事实的存在，即推定一定程度上转移了某些事实的证明责任。而96年解释第2条第3款关于属于"以非法占有为目的"的规定，并未转移检察机关证明责任，即并未将举证责任转移至被告方，使被告方承担提出反证的举证责任。通常情况下行为人实施了上述解释中规定的行为，具备"非法占有的目的"的盖然性很高，但是并不能排除所有和合理怀疑，这意味着检察机关要搜集证据排除被告方提出的辩解，证明其主观故意，而不是仅证明行为人存在解释规定的情况，即可要求法官依据推定规则推定行为人具有非法占有目的。因而，96年解释并未免除检察机关的证明责任，不产生举证责任倒置的效果。

3. 被告人拒不供认的情况下，证明被告人的主观方面确有较大难度，但是并非无法证明，可依靠间接证据证明行为人的主观故意及非法占有目的。

在"收受对方当事人给付的货物、货款、预付款或者担保财产逃匿"型合同诈骗罪中（以下简称逃匿型合同诈骗罪），证明了行为人的客观行为后，仍应运用间接证据证明行为人的主观故意。运用间接证据证明与推定在结构上具有相似性，也是通过证明一定基础事实的存在，用来证明行为人具有非法占有目的。只是推定因具有一定程度的"推测与假定性"而降低了证明要求，而运用间接证据证明必须符合证明充分性的一般要求，即必须达到案件事实清楚、证据确实充分的标准。

我们认为可以从以下几个方面搜集证据予以证明：

（1）行为人是否具有履行合同的能力。合同诈骗罪区别于一般合同欺诈行为的关键在于行为人是否具有非法占有的目的，而对于合同诈骗罪来说，行为人是否具有履行合同能力也是认定其是否具有非法占有目的重要事实。如果行为人在签订、履行合同之前，就不具有履行合同的能力，那么行为人具有非法占有目的的盖然性就很高。

（2）行为人携"款"逃匿的原因。这也是认定逃匿型合同诈骗罪必须考虑的因素。如果是因为受到自然灾害等原因而被迫逃匿的，则不应认定为其具有非法占有目的，但是如果没有任何不可抗拒的理由而逃匿，则得出其具有非法占有目的的盖然性非常高。

(3) 行为人在逃匿之后的表现。其中包括行为人对财产的处置情况,行为人是否及时与被害人联系履行合同事宜等内容。行为人逃匿之后是否挥霍所取得的货物、货款、预付款或者使用上述财产进行违法活动。如果行为人取得财产逃匿之后,主动与被害人联系,说明情况,并未积极履行合同做准备,则很难认定行为人具有非法占有目的。

　　本案中,王某梅与被害人签订协议,约定共同出资经营冷库。王某梅的供述、证人证言证明王某梅本人确实在成庄市场修建了冷库,并且一直在进行经营,这说明王某梅本人具有履行合同的能力。而证据证明被害人没有经营冷库的经验,其也不懂如何经营冷库,其要经营冷库必须依靠王某梅的配合。而王某梅却在签订合同的3日后携带被害人支付的出资款及进货款逃匿。王某梅一直辩称其给被害人留下的冷库及冷库中的财产足以抵偿被害人支付的款项,且被害人能够继续经营冷库。但是检察机关向法庭出示的证人证言、书证等证明虽然王某梅建设了冷库,但冷库的房子却为从他人处租赁,且租赁期限在双方签署合同不足半年时就已到期;王某梅逃匿后,其所经营的冷库尚拖欠成庄市场万余元的电费;其留在冷库内的物品价值仅为数十元。检察机关出示的证据还证明成庄市场在当年底即被拆迁,王某梅在逃匿后一直拒绝与被害人见面,音讯皆无,直至4年后被抓获归案。上述事实,足以证明王某梅具有非法占有目的。

　　　　　　　　　　(供稿:北京市大兴区人民检察院　司左军
　　　　　　　　　　　案例编辑:北京市人民检察院　庞　静)

[第 029 号]

陈某组织、领导传销活动案
—— 把握组织、领导传销活动罪的入罪标准问题

办案要旨

传销层级的划定必须着眼于整个传销网络体系，根据行为人在传销体系中的作用和地位分成相应的类别，再将这些类别确定为相应的层级，即传销层级考量的是行为人在传销网络中的地位和作用，而不仅仅是其发展下线人数的多少。组织、领导传销活动罪的实行行为是组织、领导诈骗型传销活动的行为，故参与传销的行为不成立本罪，以合理缩小《刑法》的打击面。

基本案情

陈某，男，1986年7月1日出生，出生地为广西壮族自治区，壮族，初中文化，无业，户籍所在地为广西壮族自治区横县；因涉嫌组织、领导传销活动罪于2013年1月5日被北京市公安局昌平分局刑事拘留，经北京市昌平区人民检察院批准于同年1月30日被逮捕。

被告人陈某于2011年初至2012年2月间，在北京市昌平区南邵镇等地，伙同刘某平、陈某真、郭某、吴某蓝、尚某林、李某、林某生、王某平等人以购买鹿胎素化妆品的方式组织、领导五级传销组织，该传销组织由五个层级组成，由低到高分别为分销商、社区服务中心、代理服务中心、区域管理中心、总经理，陈某处在代理服务中心级别，传销组织共计50余人，以发展人员的数量为依据，逐级递增返利、计酬，并获取非法利益。

2013年4月23日，北京市昌平区人民检察院公诉二处关于提请检委会研究陈某组织、领导传销活动罪一案报告书审查意见认为，根据现有定罪意见及现有证据，无法确定犯罪嫌疑人陈某发展下线满三层的事实，也没有确实、充分的证据印证陈某帮助上线及同一级人员管理下线的事实。故认为犯罪嫌疑人陈某构成组织、领导传销活动罪证据不足，建议作存疑不起诉。经检委会研究认为，应对本案提起公诉。

2013年5月30日，北京市昌平区人民检察院以京昌检刑诉〔2013〕227

号起诉书对本案提起公诉。

2013年6月19日，北京市昌平区人民法院审理后以〔2013〕昌刑初字第00637号判决书作出一审判决：被告人陈某伙同他人以销售鹿胎素为名，共同组织、领导传销活动，要求参加者缴纳费用获得加入资格，并按照一定顺序组成层级，以发展人员的数量作为计酬或者返利依据，引诱参加者继续发展他人参加，进行骗取财物，扰乱经济秩序的传销活动，其行为已构成组织、领导传销活动罪，依法应予惩处。北京市昌平区人民检察院指控被告人陈某犯组织、领导传销活动罪的事实清楚，证据确实充分，罪名成立。鉴于被告人在到案后能够如实供述，当庭自愿认罪，确有悔罪表现，依法予以从轻处罚。被告人陈某犯组织、领导传销活动罪，判处有期徒刑6个月，并处罚金人民币5000元。

疑难问题

如何把握组织、领导传销活动罪的入罪标准？本案中陈某的行为是否符合《关于公安机关管辖的刑事案件立案追诉标准的规定（二）》第78条"层级在三级以上"的追诉标准？

分歧意见

第一种意见认为，组织领导传销活动者发展的下线人数越多，其层级也越高。《关于公安机关管辖的刑事案件立案追诉标准的规定（二）》第78条"层级在三级以上"指的是组织、领导传销活动者本人还必须发展二层下线，就是犯罪嫌疑人及其发展的下线必须满三层。而本案中，陈某发展下线的证据不足，所以应作存疑不起诉处理。

第二种意见认为，层级的划定必须着眼于整个传销网络体系，根据行为人在传销体系中的作用和地位分成相应的类别，再将这些类别确定为相应的层级，即传销层级考量的是行为人在传销网络中的地位和作用，而不仅仅是其发展下线人数的多少。本案传销组织由5个层级组成，由低到高分别为分销商、社区服务中心、代理服务中心、区域管理中心、总经理，整个传销团伙层级在3级以上，符合《关于公安机关管辖的刑事案件立案追诉标准的规定（二）》第78条"层级在三级以上"的规定，并且也符合追诉组织、领导传销活动罪的其他标准，故应对陈某提起公诉。

深度评析

笔者认为，第二种意见是较为科学的。理由如下：

1. 层级的划定必须着眼于整个传销网络体系，根据行为人在传销体系中的作用和地位分成相应的类别，再将这些类别确定为相应的层级，即传销层级考量的是行为人在传销网络中的地位和作用，而不仅仅是其发展下线人数的多少。

传销活动之所以单独入罪，就是要有针对性地加大对传销的打击力度。传销组织是一种"金字塔"形的销售模式，因而对犯罪嫌疑人的组织、领导行为的确定较困难。通常意义上，在传销组织中除了最底层的销售人员，其他层级的传销人员都存在组织领导行为，但是《刑法》的立法本意并不是要打击所有的传销人员，因此正确理解传销组织中的组织、领导行为尤其重要。

最高人民检察院、公安部《关于公安机关管辖的刑事案件立案追诉标准的规定（二）》第78条规定"涉嫌组织、领导传销活动人员在三十人以上且层级在三级以上的，对组织者、领导者，应予立案追诉。"两项标准间用"且"字连接，即应当同时具备两项条件。如果将"三级以上"理解为犯罪嫌疑人及其发展的下线必须满三层，将实施传销活动的个人作为参照，其直接或间接发展了三个下线就达到"三级以上"，则将绝大部分传销的普通实施者纳入了本罪打击范围，其中大多数主观恶性较小，社会危害性小，这显然和本罪打击传销活动的组织、领导者的立法目的相悖。而如果将"三级以上"理解为在整个传销网络体系中，根据行为人在传销体系中的作用和地位分成相应的类别，再将这些类别确定为相应的层级，而不仅仅是其发展下线人数的多少，那么"三级以上"的传销的组织、领导人员基本上是传销活动的发起人、决策人、操纵人，以及在传销活动中担负策划、指挥、布置、协调等重要职责，或者在传销活动实施中起到关键作用的人员，而这些传销活动的关键人员正是本罪打击的对象。实际上，在生活中，实施传销行为大力发展下线的人往往是怀揣着"暴富"的想法被组织、领导传销活动的人所蛊惑的人，从另一个角度上来说，他们也是受害者。这一罪名的设立是为了打击从事传销活动，情节严重的行为，而非一般的传销行为，可见，不应用第一种意见来解释"层级在三级以上"。

传销组织一般以加入的顺序、发展的人员数量分成不同层级。每一个参与者都有属于自己的等级，上下级之间实行严格的单线联系，不同级别的人员禁止相互来往，大部分传销人员只知道发展自己的上线和自己发展的下线。在金字塔形的传销结构中，下线人员一般只认识发展自己的直接上线，上线的上线经过几层递推之后，就不会再有人牵连，且一个分支体系的人员根本不了解其他分支体现的上下线情况，更不用说隔着几层或十几层去直接指证传销组织的高层。若采第二种意见，则实际操作更加方便，只要证明该团伙参与人数在30人以上、层级在3级以上就可以认定达到了追诉标准。

本案中，陈某处于五级中的第三级（代理）级别，起着协调、管理作用，符合组织、领导传销活动罪的主体要件。

2. 没有或不以实际销售商品为主，而是以发展人员的数量作为计酬和返利依据是组织、传销活动罪的典型表现。

本罪在客观方面表现为违反国家规定，组织、从事传销活动，扰乱市场秩序，情节严重的行为。传销活动可以分为两大类：一类可谓原始性传销，其传销的是商品，以销售商品的数量作为计酬或者返利依据；另一类可谓诈骗型传销，并不传销商品，只是以发展人员的数量作为计酬和返利依据。本罪的传销活动，是指后一种传销活动。本罪的实行行为是组织、领导诈骗型传销活动的行为，故参与传销的行为不成立本罪。但不是所有的传销行为都构成犯罪，情节一般的，属于一般违法行为，由工商行政管理部门予以行政处罚；只有行为人实施传销行为情节严重才构成犯罪，依法追究刑事责任。

本案中，陈某伙同他人以推销商品经营活动为名，要求参加者以缴纳费用或者购买商品、服务等方式获得加入资格，并按照一定顺序组成层级，直接或者间接以发展人员的数量作为计酬或者返利依据，引诱参加者继续发展他人参加，骗取财物，扰乱经济社会秩序，陈某在该组织中起到管理作用，其行为已涉嫌组织、领导传销活动罪。

3. 组织、领导传销活动罪的实行行为是组织、领导诈骗型传销活动的行为，故参与传销的行为不成立本罪，以合理缩小《刑法》的打击面。

《刑法》打击的是传销活动的组织、领导者。传销活动，情节一般的，属于一般违法行为，由工商行政管理部门予以行政处罚。近年来，传销组织成员更趋复杂，低龄化趋势明显，被骗参与传销人员从低收入阶层和弱势群体逐渐向文化层次较高、年龄层次低的在校大学生以及复转军人、国家公务员等群体扩展。这些人员较传销活动的组织、领导者社会危害性较小，不纳入《刑法》追究的范围而是给予行政处罚有利于他们改过自新重新进入社会。而传销活动的组织、领导者社会危险性大，他们必须接受刑事处罚。

本案中，陈某在整个传销组织中处于第三级，其行为具有协调、管理作用，已构成组织、领导传销活动罪，应依法追究刑事责任。

（供稿：北京市昌平区人民检察院　孟繁智
　　案例编辑：北京市人民检察院　庞　静）

[第030号]

谈某明、刘某利、沈某忠非法经营案
—— 擅自制作网络游戏外挂出售牟利行为的认定

办案要旨

擅自制作"网游外挂"出售牟利行为既扰乱了国家对互联网的管理秩序，也侵害了著作权人、出版机构的合法权益。控方举证应能够证明行为人实施了以牟利为目的运营他人软件的"外挂"行为，该事实即可证明其实施了"复制发行"他人软件的行为，而不应苛求出示原权利人的软件核心代码。

基本案情

被告人谈某明，男，汉族，贵州省人，1971年10月21日生，大学文化程度，原北京市某商贸有限公司法人代表。因涉嫌犯非法经营罪，于2005年9月8日被拘留，经北京市人民检察院第一分院批准，同年10月11日被逮捕。

被告人刘某利，女，汉族，贵州省人，1970年11月6日生，大学文化程度，原北京市某商贸有限公司经理。因涉嫌犯非法经营罪，经北京市公安局决定，于2005年9月8日被取保候审。

被告人沈某忠，男，汉族，湖北省人，1971年6月14日生，无业，硕士研究生文化程度。因涉嫌犯非法经营罪于2005年9月8日被拘留，经北京市人民检察院第一分院批准，同年10月11日被逮捕。

《恶魔的幻影》（又名"传奇3"）是经新闻出版总署审查批准引进，由中国大百科全书出版社出版、中国广州光通通信发展有限公司运营的网络游戏出版物。2004年6月起，被告人谈某明未经授权或许可，组织他人在破译《恶魔的幻影》游戏服务器端与客户端之间经过加密的用于通讯和交换数据的特定通讯协议的基础上，研发出"传奇3外挂"计算机软件。后谈某明等人设立"007智能外挂网"网站和"闪电外挂门户"网站，上载007外挂软件和《恶魔的幻影》动画形象，向游戏消费者进行宣传并提供下载服务，并向游戏消费者零售和向零售商批发销售007外挂软件点卡。销售收入汇入名为"王某某"的账户。被告人刘某利负责外挂软件销售，被告人沈某忠负责网站日常维护。

2005年1月，北京市版权局强行关闭上述网站并将网络服务器查扣之后，谈某明、刘某利、沈某忠另行租用网络服务器，在恢复开通"闪电外挂门户"网站的基础上，先后设立"超人外挂"等网站，继续宣传其陆续研发的"008传奇3外挂"等计算机软件，提供上述软件的下载服务，并使用恢复开通的"闪电外挂门户"网站销售上述两种外挂软件的点卡，销售收入仍汇入名为"王某某"的账户。至2005年9月，谈某明、刘某利、沈某忠通过信息网络等方式经营上述外挂软件的金额达人民币2817187.5元。

网络游戏消费者要使用《恶魔的幻影》，在正常情况下，只需通过下载客户端程序后，在互联网上与服务器连接即可运行游戏；若使用《恶魔的幻影》007外挂软件、008外挂软件则不仅要下载《恶魔的幻影》软件客户端程序，而且要输入《恶魔的幻影》和007外挂软件、008外挂软件所要求的用户名和密码，这样才能最终与《恶魔的幻影》服务器端连接；而若使用超人外挂软件，则无须下载《恶魔的幻影》网络游戏软件客户端程序，就能直接与《恶魔的幻影》服务器连接，但也必须输入《恶魔的幻影》和超人外挂软件所要求的用户名和密码。使用涉案外挂软件运行《恶魔的幻影》的消费者，要同时向运营商光通公司和外挂经营者谈某明等人付费。

涉案上述系列外挂软件使用了《恶魔的幻影》的地图场景名称等名词；超人外挂程序目录中存在一个与《恶魔的幻影》软件目录相同反映服务器端IP地址的配置文件。《恶魔的幻影》客户端程序在内存中的动态表现形式只有以非加密的形式存在，才能被执行。涉案007外挂软件、008外挂软件在运行时，利用上述条件，能绕过客户端程序经加密的静态文件，直接对《恶魔的幻影》客户端程序在内存中的动态表现形式进行修改，并调用《恶魔的幻影》所使用的大量函数，使007外挂软件、008外挂软件功能添加到《恶魔的幻影》运行过程之中。加载了007或008外挂软件的《恶魔的幻影》客户端，所发送的对原游戏功能作出修改的数据也可被《恶魔的幻影》服务器端接收和反馈。而使用超人外挂软件的游戏消费者在启动《恶魔的幻影》网络游戏软件后，即使消费者不再亲自操控游戏，该外挂软件也能使处于在线状态的游戏一直进行下去。上述外挂软件的运行，改变了《恶魔的幻影》网络游戏软件设定的游戏规则，使用外挂软件的消费者较之未使用外挂软件的消费者在游戏能力上取得了明显的优势地位，通过外挂软件设置的功能可以更容易和更快地升级或过关，从而造成游戏消费者之间游戏能力明显不平等的局面。

2005年9月7日,谈某明、刘某利、沈某忠被抓获归案。作案工具亦被起获,涉案27个银行账号已被冻结,赃款人民币51700元扣押在案。

北京市海淀区人民检察院以京海检经诉字〔2006〕第257号指控被告人谈某明、刘某利、沈某忠犯侵犯著作权罪,于2006年5月19日向海淀人民法院提起公诉。

北京市海淀区人民法院以〔2006〕海法刑初字第1750号刑事判决书判决:3名被告人在不具备出版单位资质的情况下出版发行的涉案网络游戏外挂软件,属于出版程序性违法的非法出版物,其行为既违反了我国关于互联网信息服务的管理规定,又违反了我国对于出版活动的管理规定,也侵害了著作权人的合法利益,因此依据最高人民法院《关于审理非法出版物刑事案件具体应用法律若干问题的解释》第15条,属于情节特别严重的行为,应按照非法经营罪处罚,依法判处5年以下有期徒刑,并处或者单处违法所得1倍以上5倍以下罚金。被告人谈某明犯非法经营罪,判处有期徒刑2年6个月,罚金人民币5万元,被告人刘某利犯非法经营罪,判处有期徒刑2年,缓刑3年,罚金人民币3万元。被告人沈某忠犯非法经营罪,判处有期徒刑1年6个月,罚金人民币3万元。

一审宣判后,北京市海淀区人民法院以京海检抗字〔2007〕第1号提出抗诉,抗诉理由是:(1)谈某明等3人复制发行了《恶魔的幻影》游戏软件构成侵犯著作权罪,原审判决认定事实不当,定性错误。(2)如果认定为非法经营罪,应当同时认定涉案外挂软件程序违法也内容违法,应适用最高人民法院《关于审理非法出版物刑事案件具体应用法律若干问题的解释》第11条,而不是第15条,原判决认适用法律不当,量刑畸轻。

北京市人民检察院第一分院审查认为,认定原审被告人犯侵犯著作权罪的证据不足,不支持该抗诉意见。中华人民共和国新闻出版总署以新出音〔2005〕516号文件认定"传奇3智能外挂"等网络游戏外挂软件,属于非法互联网出版物,系最高人民法院《关于审理非法出版物刑事案件具体应用法律若干问题的解释》第11条规定的行为,应对3原审被告人判处5年以上有期徒刑,并处违法所得1倍以上5倍以下罚金或者没收财产。因此,原审适用法律明显不当。

北京市第一中级人民法院审理认为,3原审被告人违反国家规定,利用互联网出版发行非法出版物,严重危害社会秩序和扰乱市场秩序,其行为均已构成非法经营罪,且犯罪情节特别严重,依法应予惩处。谈某明系共同犯罪的起意人及主要行为人,在共同犯罪中起主要作用,系主犯。刘某利、沈某忠为销售及网络维护人员,在共同犯罪中起次要作用,系从犯,可对二人依法减轻处罚并宣告缓刑。一审法院根据原审3被告人的犯罪事实、性质所作判决,定罪准确,但适用法律有误,量刑不当,予以纠正。北京市海淀区人民检察院与北京市人民检察院第一分院关于原判适用法律不当的意见予以采纳,判决被告人谈某明犯非法经营罪,判处有期徒刑6年,罚金人民币50万元;被告人刘某利犯非法经营罪,判处有期徒刑3年,缓刑4年;罚金人民币10万元;被告人沈某忠犯非法经营罪,判处有期徒刑2年,缓刑3年,罚金人民币10万元。

疑难问题

未经许可擅自制作网络游戏外挂是否侵犯了网游权利人著作权的复制发行权?

分歧意见

第一种意见认为,谈某明等人制作"传奇3"外挂出售牟利过程中,对"传奇3"游戏客户端程序及游戏图片进行了复制,侵犯了"传奇3"的复制发行权,构成侵犯著作权罪。

第二种意见认为,由于"传奇3"外挂系非法出版物,且情节特别严重,同时构成非法经营罪,应认定为非法经营罪处罚。

第三种意见认为,《刑法》对于计算机软件著作权的保护仅限于软件的复制发行权,制作外挂出售牟利侵犯的是软件的修改权而不是复制发行权。上述行为侵犯的是著作权中的修改权,而不是复制发行权,不构成侵犯著作权;构成犯罪的,应以非法经营罪处罚。

深度评析

笔者认为,**本案行为人的行为应以非法经营罪处罚**。理由如下:

1. 擅自制作"网游外挂"牟利行为既扰乱了国家对互联网的管理秩序,也侵害了著作权人、出版机构的合法权益。

为整顿互联网网络安全秩序,新闻出版总署等6单位联合发布《关于开展对"私服"、"外挂"专项治理的通知》(2003年12月23日)中规定,"外挂"违法行为是指未经许可或授权,破坏合法出版、他人享有著作权的互联网游戏作品的技术保护措施、修改作品数据、私自架设服务器、制作游戏充值卡(点卡),运营或挂接运营合法出版、他人享有著作权的互联网游戏作品,从而谋取利益、侵害他人利益。未经权利人许可,擅自制作"私服"、"外挂"行为侵犯了著作权人的著作权，系违法行为，检法之间并无本质争议，但是该行为侵犯的是著作修改权还是复制发行权，则存在分歧认识。

根据《刑法》第217条规定，以营利为目的，未经著作权人许可，复制发行其计算机软件及其他作品的，违法所得数额较大或者有其他严重情节的，以侵犯著作权罪定罪处罚。也就是说，目前《刑法》只保护计算机软件的复制发行权，如果仅侵犯了其中的修改权、作品完整权等权利，则不能以本罪论处。最高人民法院、最高人民检察院《关于办理知识产权刑事案件具体应用法律若干的解释》第11条的规定，通过信息网络向公众传播他人文字作品、音乐、电影、电视、录像作品、计算机软件作品的行为，应当视为《刑法》第217条规定的"复制发行"。《计算机软件保护条例》规定，"修改权是指对软件进行增补、删节，或者改变指令、语句顺序的权利"。

我们认为，网络游戏是由服务器端程序、客户端程序及其运行生成的各种静态、动态数额、指令构成的一个计算机程序整体。亦即网络游戏不仅作为一个计算机程序整体受著作权的保护，其中能够自成体系的部分同样属于著作权保护的范畴。行为人在制作"游戏外挂"时需要使用网络游戏客户端的程序和数据，而网络游戏客户端的程序和数据又属于网络游戏整体程序中可以自称体系的一部分，行为人制作"游戏外挂"的行为可以视为对网络游戏程序的复制，因此制作、发行"游戏外挂"牟利行为符合侵犯著作权罪所要求"复制发行"要件。因此，擅自复制发行网络游戏程序内部自成体系部分的行为依法构成侵犯著作权罪。

本案中，谈某明等人的行为大致可以分为两个阶段。首先是制作"游戏外挂"，制作"游戏外挂"需要对于他人享有著作权的游戏软件进行反向编译，在破解其内部基本结构的基础上编写外挂软件程序，其中需要使用网络游戏客户端的程序和数据并进行必要的修改。其次是发行"游戏外挂"，"游戏外挂"需要经过不断复制从而供玩家下载、购买，而且为了实现其作弊功能，"游戏外挂"必须在网络游戏内部执行程序，并会自动修改网络游戏的部分数据。

谈某明等人在制作"游戏外挂"时擅自使用网络游戏客户端的程序和数据并进行修改的行为涉及对网络游戏的"复制发行"；而此后在网络上提供"游戏外挂"供玩家下载、购买行为虽然也是复制发行，但是其对象是"游戏外挂"本身，而不是受著作权保护的网络游戏，其在网络游戏内部执行程序过程中自动修改网络游戏的部分数据，虽然侵犯了网络游戏的著作权，但只能构成侵犯修改权，而非《刑法》打击的"复制发行"软件的行为。

2. 控方举证应能够证明行为人实施了以牟利为目的运营他人软件的"外挂"行为，该事实即可证明其实施了"复制发行"他人软件的行为，而不应苛求出示原权利人的软件核心代码。

如果我们要认定制作、发行"游戏外挂"牟利行为构成侵犯著作权罪,就必须证明其"复制发行"了网络游戏软件。审判机关认为,"外挂"是对他人游戏软件数据的破坏,因此,不是严格意义上的复制。如果要想成立复制,必须要求控方提供游戏源代码进行比对,并且源程序代码和"外挂"程序代码具有同一性。只有证明到如此程度,才能认定为"复制发行",才能成立侵犯著作权罪。

我们认为,我国《刑法》规定的侵犯著作权罪所规制的侵犯著作权行为仅限于以营利为目的的"复制发行"。最高人民法院《关于审理非法出版物刑事案件具体应用法律若干问题的解释》(以下简称《解释》)第3条规定"复制发行"包括"复制"行为、"发行"行为和"复制发行"行为。因此,只要实施了其中一种行为便可以构成侵犯著作权罪。源代码是核心商业机密,通常而言,著作权人不会轻易提供,尤其本案中传奇的原著作权人系韩国公司,我国境内的各网络运营商通过向其支付授权许可费取得经营权,因此对于该软件,我国境内并没有合法的原著作权人。因此,对于这种跨国的原权利人,无论从司法经济成本讲,还是从商业机密高度谨慎保护的角度讲,取得原权利人的配合获得原代码基本上是不可能的。在审理侵犯知识产权刑事案件时,由于大量被侵权的作品是未在我国出版发行,通常司法机关难以取得境外原权利人的作品进行鉴定,往往又过于苛求于查明源代码的同一性,查明盗版光盘 SID 码的原权利人归属,导致司法实践中,盗版境外音像制品的光盘、磁带,非法复制境外游戏软件、书籍,认定构成侵犯著作权罪寥寥无几,而多数是以非法经营罪论处,此种处理方式,虽然不至于轻纵犯罪,但未免显得牵强附会。因此,控方举证能够证明被告方实施了"外挂"行为,并且以牟利为目的运营他人游戏软件的事实即可,因为"外挂"事实本身就是实质意义上的"复制并使用"的行为。

3. 擅自制作"网络游戏"外挂出售牟利,既属于没有相应资质而非法从事出版活动,同时也违反了关于禁止出版非法互联网出版物的规定,应当认定系内容违法的非法出版物定罪处罚,即非法经营罪。

为规范纸质、电子、音像等媒介出版物的出版管理秩序,《解释》中针对出版内容违法的出版物与程序违法的出版物,分别作出了不同规定。根据该《解释》第11条规定,违反国家规定,出版、复制、发行宣扬色情、迷信、有政治问题等内容违法的出版物以外的其他严重危害社会秩序和扰乱市场秩序的非法出版物,情节严重的,以非法经营罪定罪处罚;第15条规定,非法从事出版物的出版、印刷、复制、发行业务,严重扰乱市场秩序,情节特别严重,构成犯罪的,以非法经营罪定罪处罚。从上述条款的表述上看,前者由于涉及内容因而扰乱社会秩序的危害性更为严重,而后者仅是单纯妨害了出版物的国家特许、审批管理秩序,因此二者的构罪标准分别表述为"情节严重"和"情节特别严重",适用不同条款也将直接影响到行为的定罪量刑结果。

"游戏外挂"属于电子出版物,其在互联网上发行牟利属于出版行为,必须遵守相关的法律法规。我国《出版管理条例》第9条规定,报纸、期刊、图书、音像制品和电子出版物等应当由出版单位出版。《互联网出版管理暂行规定》第6条规定,从事互联网出版活动,必须经过批准,未经批准,任何单位或个人不得开展互联网出版活动。本案中,谈某明等被告人制作传奇外挂后,未经国家有关部门审批,擅自设立外挂网站,并通过上述网站在互联网上将未经著作权人许可擅自制作的"传奇3"外挂出售牟利,根据《解释》第15条规定,谈某明等人用于发行"传奇3"外挂的"007智能外挂网"网站和"闪电外挂门户"网站,并没有在北京市通信管理局办理备案或经营许可手续,属于典型的没有相应资质,而非法从事出版物的出版、复制、发行业务,严重扰乱市场秩序的非法经营行为。

此外,谈某明等人擅自制作"游戏外挂",未经许可,破坏合法出版、他人享有著作权的互联网游戏作品的技术保护措施、修改作品数据、私自架设服务器、制作游戏充值卡(点卡),运营或挂接运营合法出版、他人享有著作权的互联网游戏作品,从而谋取利益,致使不使用他提供的外挂的客户在游戏中无法进行抗衡,既缩短了网游的运营寿命,也严重侵害了著作权人、出版机构以及游戏消费者的合法权益,扰乱了互联网游戏出版经营的正常秩序以及该产业的健康发展,其外挂服务既属于没有资质的违法出版行为,又属于内容违法的互联网出版物。鉴于非法出版物的内容违法应从重打击,因此认定其行为符合《解释》第11条的规定,且3被告人的行为已经达到第12条规定的情节特别严重的标准,应当在5年以上量刑。

综上所述,谈某明等人擅自制作未经有关部门审批的外挂服务器,其内容为非法出版物,且情节特别严重,同时构成侵犯著作权罪与非法经营罪,应以非法经营罪定罪处罚。

(供稿:北京市海淀区人民检察院　胡志强　杨崇华
案例编辑:北京市人民检察院　庞　静)

[第 031 号]

宋某庆、王某非法经营案*
——租借烟草专卖零售许可证的行为不应一律以犯罪论处

办案要旨

《烟草专卖许可证管理办法》系部门规章,不能作为认定非法经营罪的前置依据。烟草专卖零售权的权能可以分离,其权能行使不具有人身专属性。在法律和事实层面,租借经营都不是一般意义上的无证经营,无论是雇佣他人代理经营,还是将许可证租借他人经营使用,其经营方式的变化并未侵犯《刑法》保护的国家烟草专卖许可制度,非法出借行为与销售卷烟不应作为共同犯罪行为。

基本案情

宋某庆,男,1974年7月8日出生,汉族,小学文化,农民。

王某,男,1952年6月18日出生,汉族,初中文化,农民。

2007年7月,王某在北京市顺义区李桥镇开设经营超市,同年12月,其以个人名义在北京市顺义区烟草专卖局办理了烟草专卖零售许可证。

2008年初,宋某庆接替王某经营该超市。自2008年2月至2010年9月

---

* 此类案件定性在实践中颇有争议,本文结论不代表编者意见,仅作为向大家提供争鸣、研究的素材。

目前司法实践中,普遍认为个人租借烟草专卖零售许可证进行经营系无烟草专卖零售许可证的经营行为,并以非法经营罪定罪处罚。但由于其案件数量较多,入罪门槛低,量刑幅度高,社会危害性相对又较小,在罪与非罪的界定上,带给实务界极大的困惑。编者采写本案例,主要是希望读者可以关注此类案件的处理动向。此外,编者为慎重起见,也向有关权威人士(最高人民法院、最高人民检察院《关于办理非法生产、销售烟草专卖品等刑事案件具体应用法律若干问题的解释(2010年)》制定者)咨询了本类案件是否构成犯罪,答复为"此类个人租借证照经营的行为在解释起草时曾多次讨论,认为此行为并非一般意义上的无许可证,其社会危害性较小,不属于刑法二百二十五条调整范畴"。鉴于上述咨询系非正式请示,不具备正式效力,请读者切勿以此作为定案依据,仅供大家研究参考。

期间，宋某庆先后从北京市顺义区烟草专卖局采购卷烟95次、8994条，金额总计人民币411664.5元。

2010年9月10日，北京市顺义区烟草专卖局检查发现王某涉嫌向宋某庆出租烟草专卖许可证，根据《烟草专卖许可证管理办法》中"不得买卖、出租、出借或者以其他形式非法转让烟草专卖许可证"的规定，其行为涉嫌非法经营罪，遂将该案移送北京市公安局顺义分局。同日，侦查人员在超市扣押烟草制品33种、275条。经抽样检验，被抽样本均为真品卷烟。

宋某庆、王某在侦查前期供述：王某于2008年将超市租赁给宋某庆经营，双方约定房租4万元，王某将烟草专卖零售许可证借给宋用于经营卷烟业务，王某不经营超市，但负责许可证年检。

宋某庆、王某在侦查前期辩解：王某未将超市租给宋某庆，也没有借用烟草许可证，王某雇宋某庆当店长，帮助王某经营、管理超市，双方约定王某每年从超市盈利中抽取人民币4万元，盈余归宋某庆。

2010年11月25日，北京市公安局顺义分局以顺公刑诉字〔2010〕813号起诉意见书认定，宋某庆、王某的行为触犯《刑法》第225条之规定，涉嫌非法经营罪，移送北京市顺义区人民检察院审查起诉。

2011年3月2日，北京市顺义区人民检察院检委会讨论认为，宋某庆、王某涉嫌非法经营的事实不清、证据不足，决定依照《刑事诉讼法》第140条第4款，对宋某庆、王某作存疑不起诉。

疑难问题

租借烟草专卖零售许可证的行为是否一律以非法经营罪论处？

分歧意见

在本案的审查过程中存在两种意见：

第一种意见认为，王某与宋某庆的经营关系上是租赁关系还是雇佣关系影响到了二人的行为是否构成犯罪。烟草制品属于国家法律规定的专卖品，经营卷烟必须经过行政许可，若未经许可，则属于非法经营行为，情节严重的，应以非法经营罪追究刑事责任。本案中，如果王某将房屋、超市、烟草专卖零售许可证租赁给宋某庆使用，宋某庆使用该许可证经营数额为人民币41万余元，根据《刑法》第225条、最高人民法院、最高人民检察院《关于办理非法生产、销售烟草专卖品等刑事案件具体应用法律若干问题的解释（2010年）》（以下简称《解释》）第1条、第3条、第6条的规定，宋某庆没有许可证经营烟草制品，其行为构成非法经营罪，情节特别严重；王某明知他人没有许可证而为其提供经营场所、许可证的行为构成非法经营罪的共犯。如果王某仅是雇用宋某庆帮其经营管理超市，其仍为经营人之一，则不存在转借烟草专卖零售许可证的行为，也就不存在宋某庆无证非法经营烟草的情况，二人也就不构成非法经营罪。鉴于二者之间是雇佣关系还是租赁关系无法查清，无法认定是否构成犯罪，故对该二人作存疑不起诉处理。

第二种意见认为，无论宋某庆和王某是何种经营关系，均不影响对二人行为性质的认定。如果二人是雇佣关系，其行为当然不构成犯罪；但即使二人是租赁关系，这种借证经营烟草制品的行为也不构成非法经营罪。

深度评析

笔者认为，**宋某庆和王某借证经营的行为不构成非法经营罪**。理由如下：

1. 《烟草专卖许可证管理办法》（以下简称《管理办法》）系部门规章，不能作为认定非法经营罪的前置依据。

《烟草专卖法》（2009年修正）第3条规定，国家对烟草专卖品的生产、销售、进出口依法实行专卖管理，并实行烟草专卖许可证制度"。第16条规定"经营烟草制品零售业务的企业或者个人，由县级人民政府工商行政管理部门根据上一级烟草专卖行政主管部门的委托，审查批准发给烟草专卖零售许可证。已经设立县级烟草专卖行政主管部门的地方，也可以由县级烟草专卖行政主管部门审查批准发给烟草专卖零售许可证"。从上述规定看，我国对于卷烟零售采用严格行政许可制度。根据《解释》第1条第5款规定，"违反国家烟草专卖管理法律法规，未经烟草专卖行政主管部门许可，无烟草专卖生产企业许可证、烟草专卖批发企业许可证、特种烟草专卖经营企业许可证、烟草专卖零售许可证等许可证明，非法经营烟草专卖品，情节严重的，依照刑法第二百二十五条的规定，以非法经营罪定罪处罚"。非法经营罪是典型的行政犯，要讨论出借零售许可证，且经营的是从烟草专卖局采购的卷烟，这种行为是否构成非法经营罪，首先要界定什么是非法经营的犯罪行为，其核心在于要确定行为违反了哪项国家规定。我国《刑法》第96条"国家规定"，是指全国人民代表大会及其常务委员会制定的法律和决定，国务院制定的行政法规、规定的行政措施、发布的决定和命令。显而易见，上述"国家规定"的范围不包括国务院内设机构制定的部门规章。司法解释是对法律条文的解释，其解释要遵循罪刑法定的基本原则，既不能突破《刑法》条文的规定，也不应任意地将行政法规没有规定的行为方式认定为违法经营的客观行为。

《烟草专卖法》中关于烟草专卖零售许可证的法律责任规定仅有第39条"伪造、变造、买卖本法规定的烟草专卖生产企业许可证、烟草专卖经营许可证等许可证件和准运证的，依照刑法有关规定追究刑事责任"，除此以外，并没有涉及有偿出借烟草专卖零售许可证的行为。而根据《管理办法》规定，"不得买卖、出租、出借或者以其他形式非法转让烟草专卖许可证"。根据上述规定，出租、出借行为被界定为非法转让，但是《管理办法》是国家发展改革委员会制定的部门规章，并不具备行政法规的效力，不能作为认定非法经营罪的前置依据。出租、出借行为既然未违反《烟草专卖法》，也就不属于违反"国家规定"或"法律法规"，那么该行为就不能被认定为构成非法经营罪。而《管理办法》中规定"实施上述行为的，发证机关可以责令持证人暂停烟草专卖业务、进行整顿，直至取消其从事烟草专卖业务的资格"，也恰恰反映了对租借证照的行为应当实施的是行政处罚手段。

2. 烟草专卖零售权的权能可以分离，其权能行使不具有人身专属性。

烟草专卖零售许可证，是烟草专卖部门允许企业或者个人零售烟草专卖品的资格证件，持证人由此获得了烟草专卖品的零售权。烟草专卖零售权直接体现着经济利益，权利享有者能够从权利行使中获取价值，因此，按照民法中关于权利的分类，烟草专卖零售权具有财产权、专属权的属性。一般而言，财产权不具有人身依附性，其使用、收益等权能可以分离，也就是说可以在权利之上设定用益物权。虽然烟草专卖品零售权在客观上也具有可以转移给他人的属性，但是此权利的取得需经行政许可，因此其又有别于一般性的财产权，具有一定的专属性。所谓专属权，是指只能由权利主体享有或者行使的权利，包括享有上的专属权和行使上的专属权。享有上的专属权可由本人或者他人行使，而后者要求权利必须由本人亲自行使，他人不得代理。行使烟草专卖零售权并不需要本人亲自实施，例如进货、销售等一系列的烟草零售经营行为，都可以由许可证持有人本人或者委托他人进行，这也符合财产权行使本身的特点。因此，烟草专卖零售权应属于享有上的专属权，在行使上不具有专属性，其权能行使可以与原权相分离。借证行为是烟草专卖零售权的代为行使，不是烟草专卖许可的转让。

根据民法的一般原理，专属权权能可以由专属权的所有者委托他人行使，但是其财产权的权利、义务主体仍为所有权的拥有者。如前所述，如果认为烟草专卖零售权是享有上的专属权，那么我们就要判断租借证照经营的行为对权利归属产生何种影响，如果权利内容显示的是享有主体的转移，例如倒卖烟草专卖零售许可证，数额巨大，那么该行为则违反《刑法》第225条第2项；如果权利内容显示的只是行使主体的改变，那么该行为只具有民法或者行政法上的意义，不涉及刑事违法问题。租借烟草专卖许可具有多种表现形式，包括承包、租赁、无偿出借等，它们的共通之处在于均是烟草专卖零售网点所有权人将店铺经营权能的转让,许可证件转移给他人占有,烟草专卖零售许可证的所有权人并不改变,也不改变对外的民事、行政责任义务主体。在保留所有权的前提下,承包合约应理解为法律上的经营主体将部分权能一次性授予给他人行使,这不是权利享有主体的改变,而是权利行使主体的改变。权利行使主体不具有人身专属性,应当肯定其能够被分割。借用者在借出者同意之下以借出者名义实施经营行为,借用者与出借者承担同样的行政义务,就是按照《管理办法》第30条规定"在烟草专卖零售许可证标明的当地烟草批发企业进货",实际经营者的经营行为产生的对外结果应由借出者承担,经营主体并未改变,责任承担主体亦未改变。

　　此外,从借证经营行为的影响上看,许可证的持有者和实际经营者的部分分离,并没有严重破坏《刑法》所保护的国家烟草专卖制度,缺少严重妨害社会市场经济秩序的社会危害性。但是,北京地区刑事立案查处的涉烟犯罪案件中,因租借经营烟草制品执照而以非法经营罪定罪处罚的占有相当比例。根据司法解释的规定,非法经营数额在人民币25万元以上的,应当认定为"情节特别严重",依法应处5年以上有期徒刑,并处违法所得1倍以上5倍以下罚金或者没收财产。由于认定犯罪数额需将整个经营期间累计,而卷烟市场的销售价格整体相对较高,所以,多数本类案件都可能符合数额特别巨大的量刑标准,判处5年以上刑罚。而这种小规模的个人出借许可证经营烟摊或者便利店等行为,以行政处罚手段足以调整,无须动用《刑法》规范。

　　3. 在法律和事实层面,租借经营都不是一般意义上的无证经营,无论是雇佣他人代理经营,还是将许可证租借他人经营使用,其经营方式的变化并未侵犯《刑法》保护的国家烟草专卖许可制度,非法出借行为与销售卷烟不应作为共同犯罪行为。

　　在经营行为中,出借许可证者与借用许可证者本质上是相互联系的整体,借用者虽然本人没有取得许可证,但其使用了出借者的许可证,与通常意义的无证经营行为有着本质不同。前述第一种观点,在是否有烟草零售许可证的问题上,将出租者和承租者作为分离的两者看待,那么,出租者就是合法的权利享有者,不符合非法经营罪的主体要求,不构成本罪;但是,第一种观点同时又认为,出租许可证者与承租许可证者应为非法经营罪的共犯,其理由是经营者向他人借得许可证,因此系非法经营,出借者向非法经营者提供许可证,对犯罪行为起到帮助作用,因此他是非法经营的共犯。显然,上述观点的理由存在循环论证和导果为因的逻辑错误。

　　笔者认为,在法律和事实层面,租借经营不是一般意义上的无证经营,无论是雇佣他人代理经营,还是将许可证租借他人经营使用,其经营方式的变化并未侵犯国家烟草专卖许可，非法出借行为与销售卷烟不应作为共同犯罪行为。本案中，出借许可证的行为本身是违反了《管理办法》，但是由于行为并未违反国家《烟草专卖法》的规定，即使日后相关国家法律、法规会可能会作出与上述《管理办法》相同的禁止性规定，但是也只是说明有偿租借行为本身是违法经营，而承租者此后的经营行为是租借行为本身的自然延续，即使要认定其构成犯罪，其犯罪数额也应以租借许可证所支付的对价来确定，此后的经营数额不应计入非法经营的犯罪数额。

（供稿：北京市顺义区人民检察院　解　辉
案例编辑：北京市人民检察院　庞　静）

[第032号]

崔某等强迫交易案*
——诱骗消费后强行索款的行为一般应认定为强迫交易罪

办案要旨

如果犯罪嫌疑人有固定经营场所并有合法营业执照，具备交易主体资格，以取财为目的，以骗为铺垫，强迫被害人接受服务，符合强迫交易罪主客观要件，应认定为强迫交易罪。在认定时，应注意把握以下两点：先骗后交易再强迫付款的行为性质应从整体来考察；索取价钱、费用与合理价钱、费用是否相差悬殊在实践中应慎重把握。

基本案情

被告人崔某，男，1966年4月28日生，汉族，高中文化，无业，住北京市朝阳区。

被告人崔某于2005年3月至2006年3月间，在本市朝阳区朝外大街高速演艺吧租用4套包房，雇用6男1女利用电脑上网以女性身份与男性聊天并索要对方电话，再由佘某贤、贾某霞等女性"酒托"与被害人联系，约至高速演艺吧，女性"酒托"在点高价酒水（所售酒水价格高于市场价格六七倍）后借故离开，由崔某、裴某忠等人向被害人索要高额消费费用，如被害人意识到被骗提出异议，崔某以"消费后结账天经地义"为由，并告知被害人自己的酒吧有很硬的"后台"，报警也没用，迫使被害人交付费用。崔某等人以此手段作案6起，共收取孙某、刘某、杨某、黄某人民币1.5万余元。

2006年6月27日，北京市公安局朝阳分局以〔2006〕1185号起诉意见书认定崔某、贾某霞、裴某忠、佘某贤的行为触犯了《刑法》第274条的规定，涉嫌敲诈勒索罪向北京市朝阳区检察院移送审查起诉。

2006年12月25日，北京市朝阳区检察院审查认为，被告人崔某、贾某

---

* 此案定性在实践中颇有争议，本文结论不代表编者意见，仅作为向大家提供争鸣的素材。

霞、裴某忠、佘某贤无视国法，威胁他人强卖商品，情节严重，其行为触犯了《刑法》第226条，构成强迫交易罪，以京朝检刑诉〔2006〕1686号起诉书向北京市朝阳区法院提起公诉。

北京市朝阳区法院审理认为，被告人崔某、裴某忠、贾某霞以及佘某贤无视国法，为牟私利，结伙使用暴力或威胁手段强卖商品，情节严重，4被告人的行为侵犯了公民的合法权益以及社会经济秩序，触犯了刑律，均已构成强迫交易罪，依法均应予以惩处。北京市朝阳区法院以〔2007〕朝刑初字第549号判决书判处被告人崔某有期徒刑1年6个月，罚金人民币2万元，判处被告人裴某忠有期徒刑1年4个月，罚金人民币1万元，判处被告人贾某霞有期徒刑1年2个月，罚金人民币5000元，判处被告人佘某贤有期徒刑1年2个月，罚金人民币5000元。

疑难问题

行为人通过聘用"酒托"诱骗消费后强行索款的行为如何认定？

分歧意见

对于本案行为人行为的定性，有以下分歧意见：

第一种意见认为，崔某等人构成强迫交易罪。从本案来看，崔某是依法成立的经营主体，经营中产生非法获取高额收益的目的，组织佘某贤、贾某霞、裴某忠等人，通过骗取被害人到酒吧高消费，采用口头威胁方法，迫使被害人支付高额消费费用，完成交易行为。从行为的整体来看，行为人是有预谋、有组织的强迫交易行为，侵犯了正常的市场经济秩序，情节严重，构成强迫交易罪。

第二种意见认为，崔某等人构成诈骗罪。崔某等人通过诱骗方式诱骗被害人来酒吧消费，制造消费陷阱，所订的酒水价格已远远高于同行业价格，正是他们虚构"一夜情"诱饵，让佘某贤、贾某霞等女性约见男性"网友"，被害人被欺骗后方才自愿同意点价格昂贵的酒水，支付超出正常价格六七倍的价格，应认定诈骗罪为宜。

第三种意见认为，崔某等人构成抢劫罪。崔某等人采取威胁手段索取高额费用，实质上是打着交易的幌子获取非法所得，构成抢劫罪。本案中，被害人对酒水费用均提出质疑，已经感觉到费用过高，但迫于崔某等人的威胁不敢反抗，而交付财物，因此，认定抢劫罪为宜。

第四种意见认为，犯罪嫌疑人不构成犯罪，应作无罪处理。本案中，崔某等人设置消费陷阱，诱骗被害人消费，只能认定为不正当的招揽顾客；被害人来酒吧消费是出于自愿，请女"网友"消费也是自愿，消费后结账是应当且必需的。经北京市朝阳区价格认定中心证实，娱乐场所内销售酒水没有最高限价，且没有法律规定，故高速演艺吧酒水定价畸高，不属于违法行为，那么，在被害人进行消费之后，对方就有权要求被害人付款。换言之，行为方的问题主要不在于要求被害人付款，而在于诱骗被害人前来，而是否点酒水根本没有强制。而本案中诱骗被害人消费的行为本身也不构成诈骗罪，因为被害人在"酒托"离开后崔某等人索要钱款时已经知道事情真相，其付款是不自愿、不主动的。本案的威胁程度只是用轻微恐吓言词予以威胁，譬如其说"我黑道白道都有人，今天哪个警察来，哪个警察就脱衣服"等，威胁或者威吓程度轻微，而主要是被害人认为消费后给钱应当，虽然价格偏高有所疑虑，但还是应当支付的，因此不能认定为犯罪。

深度评析

笔者认为，**崔某等人构成强迫交易罪**。强迫交易罪是以暴力、威胁手段强买强卖商品，强迫他人提供服务或者强迫他人接受服务，情节严重的行为，其实质是控制和干涉他人选择交易对象和交易方的自由权。本案中，崔某等人有固定经营场所并有合法营业执照，具备交易主体资格，以取财为目的，以骗为铺垫，强迫被害人接受服务，符合强迫交易罪主客观要件。

1. 崔某等人以骗为强迫交易进行铺垫。

在实践中，此类案件的处理，往往在诈骗和敲诈勒索、强迫交易中产生争议，需要结合案件具体分析行为的主体和取得财物的核心行为性质。崔某等人主观上具有通过制造消费陷阱，强迫被害人支付酒水费用的故意，其作为一个正常的经营主体，有经营的资格，也不是以犯罪作为全部经营的活动。而崔某等人虚构事实、隐瞒真相手段，诱导被害人前来见面，但是简单的见面、点酒水都不是取财的关键，也不是支付高额酒水费用的原因，而是后面的违背交易相对人意愿，被迫接受服务，支付费用，因此其核心行为符合强迫交易罪客观要件。行为人从预谋制造消费陷阱，到威胁交付费用作为一个整体，体现了主导和控制被害人选择消费对象，尤其是被害人表示了不愿意支付时，其用威胁的语言，明显已经违背被害人意愿，但又不是以造成日后的侵害导致被害人精神上被胁迫而当场付款，以实现获取不正当交易收益之目的。

2. 先骗后交易再强迫付款的行为性质应从整体来考察。

从整体上看，交付钱款是违背被害人意愿的，但如果割裂为单个环节来看，就难以认定为犯罪。崔某等人制造消费陷阱，通过网络利用女性网友"一夜情"引诱男网友，虚构事实、隐瞒真相，有涉嫌诈骗罪可能。然而，被害人在被迫交付酒水费用时已经知道事实真相,并非因企图"一夜情"而自愿被骗后交付。

从主观上看,崔某等具有通过完成服务以获取不正当交易收益之目的,而不是单纯的非法占有目的。本案存在一个基本交易背景,是有对价、有偿的,交易行为本受法律保护,但强迫交易则因违背平等、自由交易原则,采取强制手段完成交易,所以为法不容。本案崔某等人正是构建这样一个交易,从此也可以看出主观上其具有完成交易之目的,并不是完全地以非法占有为目的诈骗或者抢劫行为,其价格与成本之间仍然并非显著背离。

从行为手段看,行为人强迫付款的行为部分不符合抢劫罪中针对被害人人身实施暴力、威胁的要求,但从欺骗到强迫交易整个过程来看,行为人采用欺骗方法引诱被害人来酒吧消费,指使女"酒托"点高价酒水,后为保证被害人付款采取"多人出面"暗示有"后台"等威胁方法,虽然不是直接针对人身的暴力威胁,但从整体而言是违背被害人意愿的交易行为。

3. 正常市场交易秩序是崔某等人的行为侵犯的主要客体。

强迫交易罪客体是国家保护的正常市场交易秩序。本案行为人崔某在侵害他人合法财产权益的同时,违背市场交易诚信、公平的规则,采用不法方式强买强卖,对正常交易秩序产生危害。虽然市场经济对娱乐行业的酒水价格开放,市场经济也允许多种招揽顾客的手段,但是并不允许诱导他人被迫接受高昂服务,而崔某组织佘某贤、贾某霞、裴某忠等人形成团伙,为获取高额利润,在普通日常经营的同时,为招揽顾客,诱导被害人前来后,强迫接受服务,同时侵犯了双重客体。

此外,我们对强迫交易罪的"威胁"手段程度应做有别于抢劫罪、敲诈勒索罪中威胁的理解。"威胁"是使他人不敢反抗以实现犯罪目的,因此,"威胁"只要达到使他人心理受到强制不敢反抗程度即可成立强迫交易罪的客观要件。本案中,行为人采用言辞方式,被害人面对崔某、裴某忠,已经产生恐惧心理而不敢反抗。如被害人孙某证言"我当时没敢提出异议,但我觉得肯定贵了,因为当时包间里有一个姓崔的男的,还有一个自称是齐齐哈尔的男的(裴某忠)和一名男服务员,当时我怕他们打我",说明崔、裴等人的言语实际上已对被害人形成了强制,而不得不付钱。

4. 索取价钱、费用与合理价钱、费用是否相差悬殊在实践中的判断应慎重把握。

2005年6月8日最高人民法院《关于审理抢劫、抢夺刑事案件适用法律若干问题的意见》为区别强迫交易罪与抢劫罪提供了3个参考标准:强迫交易罪的主体是否是从事正常商品买卖、交易或者劳动服务的人;是否以交易而不是以非法占有为目的;索取价钱、费用与合理价钱、费用相差悬殊。如果主体具有从事正常交易的身份，主观上以交易为目的，客观上索取的价钱费用与合理价钱、费用相差不多，则应该是强迫交易罪，否则是打着交易的幌子，构成抢劫罪。本案中，如何判断"索取价钱、费用与合理价钱、费用相差悬殊"则成为认定强迫交易和抢劫的关键问题之一。

实践中，判断"悬殊"通常遵循的是"比例原则"和"绝对数额"原则的结合，在认定时既要考虑超出合理价钱、费用的绝对数额，还要考虑超出合理价钱、费用的比例，加以综合考虑。就本案来看，崔某等人是按照事先制定的价目表收取酒水费，而根据北京市朝阳区价格认定中心证实，娱乐场所内销售酒水没有最高限价，并不存在价格违法情形，也就是说，其他客人并非因为"约见"而来的，可能也是用相同的酒水单，是否认为相差悬殊不能只考虑顾客的消费承受能力，也要考虑娱乐场所的消费确实与一般酒水的成本存在较大差异的客观事实，在没有显著背离价格的情况下，难以认定超出合理价钱、费用数额较大。同时，行为人主要是使被害人消费后收取酒水费用，而不是以非法占有为目的，要挟人身安全劫取财物，因此，不属于以交易为幌子的抢劫行为。

（供稿：北京市朝阳区人民检察院　黄福涛
　案例编辑：北京市人民检察院　庞　静）

[第 033 号]

李某元、石某明强迫交易案
——《刑法修正案（八）》新增罪状的溯及力判断

办案要旨

如果犯罪嫌疑人实施的犯罪行为系《刑法修正案（八）》规定的新增罪状，且该行为发生在《刑法修正案（八）》生效前，该新增罪状具有溯及力。李某元等的行为符合关于强迫交易罪新增罪状的表述，且二人行为发生在《刑法修正案（八）》生效前，故新增罪状具有溯及力，二被告人构成强迫交易罪。

基本案情

被告人李某元，男，1986年5月16日出生，汉族，黑龙江省人，初中文化，农民。

被告人石某明，男，1978年8月11日出生，汉族，内蒙古人，初中文化，农民。

2010年4月16日，被告人李某元、石某明经预谋，在北京市朝阳区十里河京瑞大厦内，二人在现场通过语言威胁，阻止拍卖会场其他竞拍人进行竞拍，以人民币173万元的价格购买了位于京通苑的房屋一套（面积110平方米），后二人将房屋转卖，获利人民币20万元。被告人李某元、石某明后被查获归案。

2011年9月28日，北京市朝阳区人民检察院以二被告人犯强迫交易罪向北京市朝阳区人民法院提起公诉。

2011年11月24日，北京市朝阳区人民法院经审理认为，被告人李某元、石某明以威胁手段通过竞拍的方式强买商品，情节严重，二被告人的行为均已构成强迫交易罪，依法应予惩处。指控事实清楚，证据确实、充分，罪名成立。鉴于被告人李某元、石某明归案后如实供述犯罪事实，且退缴犯罪所得，故依法予以从轻处罚，并宣告缓刑。判处被告人李某元有期徒刑1年，缓刑1年，并处罚金人民币1万元；判处被告人石某明有期徒刑1年，缓刑1年，并处罚金人民币1万元。

疑难问题

本案中二被告人的行为符合关于强迫交易罪新增罪状的表述,但二人行为发生在修正案(八)生效前,该新增罪状是否具有溯及力?

分歧意见

第一种意见认为,二被告人的行为不构成犯罪。其理由是,根据"罪刑法定"原则,新增罪状不具有溯及力。

第二种意见认为,二被告人的行为构成强迫交易罪。其理由是,新增罪状属于"注意规定",不受罪刑法定原则的规制,其具有溯及力。

深度评析

笔者认为,**二被告人的行为构成强迫交易罪**。理由如下:

1. 该罪的新增罪状与原有罪状中所表述的行为在实质上具有同一性。

对于成文法国家的司法官而言,能否对法律进行正确的解读是经常需要面对的问题。这是由语言的局限性与罪刑法定原则的恒定性所决定的。因为罪刑法定原则具有形式的侧面,也具有实质的侧面。在形式的侧面上,要求法律主义、禁止事后法、禁止类推解释、禁止不确定刑与绝对不定期刑;在实质的侧面上,要求刑法具有明确性、禁止处罚不当罚行为、禁止残虐、不均衡的刑罚。因此对法律进行解释,应当保持刑法的文字与内在含义的同一性,避免解释导致刑法的不明确而超出国民对成文法规定的可预期性,做到形式与实质的兼顾。

《刑法修正案(八)》对强迫交易罪规定的新增罪状将受《刑法》保护的交易行为由商品、服务领域"扩大"到投标、拍卖、股权、债券等领域。但是,我们如果从民法角度审视,就不难发现,商品买卖以及提供、接受服务是"要约—承诺"的过程,是民法"意思自治"精神的集中体现。而在其他经济领域,如投标、拍卖、权利转让等,其实质也是"要约—承诺"的一种表现形态。例如招标的过程:发标—竞标—决标,这是一个完整的"要约邀请—发出要约—进行承诺"过程。因此强迫参与或退出投标,与强迫买卖商品这两种行为在本质上都是强迫当事人发出要约或进行承诺,是侵犯经济活动自由的体现。也就是说,将投标与招标行为解释为交易行为,不仅从法理上具有逻辑的统一性与完整性,而且也不违背国民对"交易"这一用语的认知性。

2. 该罪新增罪状中所表述的行为系《刑法》对具体行为所做出的"注意规定"而非"法律拟制"。

在对法律用语的解释过程中,需要辨析用语属于"注意规定"还是"法律拟制"。注意规定是指在刑法已做相关规定的前提下，提示司法人员注意，以免司法人员忽略的规定。注意规定有两个基本特征：一是注意规定的内容没有改变相关规定的内容，只是对相关规定内容的重申，即使没有这个规定，也存在相应的法律适用根据。二是注意规定仅具有提示性，其表述的内容与基本规定的内容相同，不会导致将原本不符合基本规定的行为也按照基本规定论处。例如："明知他人制造毒品而为其提供制毒物品的，以制造毒品罪的共犯论处。"可以看到，即使没有这条规定，我们仍可以通过共同犯罪的规定将上述行为评价为制造毒品罪。

法律拟制与注意规定相反，其实是将原本不符合某种规定的行为也按该规定处理。例如：《刑法》第269条规定，犯盗窃、诈骗、抢夺罪，为窝藏赃物、抗拒抓捕或者毁灭罪证而当场使用暴力或以暴力相威胁的，依照抢劫罪处罚。我们看到，本来上述行为不符合抢劫罪的基本构成要件，但是通过法律的规定，使这些行为以抢劫罪进行评价。法律拟制仅适用于《刑法》的特别规定，不具有普遍意义。因此，如果刑法修正案中新增罪状表述属于法律拟制，该罪状就不具有溯及力。也就是说，探讨新增罪状是否具有溯及力，一个核心问题在于该罪状表述中的行为是否是《刑法》规定的"新行为"，即该行为是否超过了先前《刑法》规制行为的内涵。如果是新行为，则自然要受到法不溯及既往原则的规制。反之，则不受规制。

我们看到，在《刑法修正案（八）》关于强迫交易罪的新罪状中表述的行为均发生在经济生活领域中，都是特定的交易行为。例如：拍卖可以视为一种特殊的竞买商品过程；股权、债券转让则是一种经济权利的让渡。正如前文所述，这些行为与买卖等常见交易行为具有内在的同一性。进一步说，将这些行为解释为"交易行为"，不会侵犯公民对《刑法》的可预期性。因为无论从通用的汉语语义上理解"交易"的概念，还是从法律语境上判断"交易行为"的特征，均会对新旧罪状表述的行为做出同一的回答。将招标、拍卖、股票债券转让等行为解释为交易行为，并不会使民众对《刑法》的理解产生歧义。因此，将上述行为解释为交易行为，不仅不是类推解释，而且也不是扩大解释，其实质就是《刑法》对交易行为所做出的注意规定。

3. 《刑法》将招标、拍卖等行为纳入"交易"范畴是弥补强迫交易罪表述不周延的需要。

强迫交易罪是1997年修改《刑法》时增设的罪名。该罪由"投机倒把罪"分解而来。其立法目的在于通过打击经济活动中严重侵犯公平自愿原则的行为，维护正常的社会主义市场经济秩序。由于该罪在规定时，"我国市场经济正在发展过程中，对一些扰乱市场经济的违法犯罪行为看得还不是很清楚"。因此在罪状表述中仅概括表述了强买强卖以及强迫提供或接受服务这两种行为。随着市场经济的不断深化，经济活动愈加纷繁复杂，越来越多的新型经济活动出现。而且在"工程招标、物品拍卖、同业经营竞争和资产转让收购等领域，强迫交易犯罪行为愈加猖狂，并已成为黑恶实力摄取社会财富和资源的常用手段"。因此，在原有罪状表述形式下，司法人员对于该罪所规制的"交易"行为越来越难以理解与准确把握。基于上述原因，为了进一步明确该罪的适用范围，准确打击危害正常市场经济秩序犯罪，刑法修正案作出了上述规定。

综上所述，我们认为，通过从实质层面的考察，强迫交易罪的新增罪状应当具有溯及力。

（供稿：北京市人民检察院第二分院　田　申
　案例编辑：北京市人民检察院　庞　静）

[第 034 号]

李某文倒卖车票案
——无火车票经营资质的公司受旅客委托提供网络购票服务不构成倒卖车票罪

办案要旨

倒卖火车票罪应以牟利为目的，实名制下倒卖车票罪，除传统的加价牟利特征外，还包括向不特定的人出售非正常来源的火车票等情况，对于仅收取正常服务费且基于真实公民身份资料而代理购买出票的行为应慎重入罪。因此，涉案公司的行为仅是接受旅客委托代购火车票，是民事上的代理行为，不构成犯罪。

基本案情

李某文，男，36岁，汉族，大学文化程度，北京科技有限公司经理，天津市人，住天津市武清区杨村镇。因涉嫌倒卖车票罪于2013年1月14日被取保候审。

经审理查明：2010年11月至2013年1月期间，李某文经营的公司在没有火车票经营资质的情况下，与具有资质的北京银易通网络科技有限公司签订合作协议，商定由出票公司负责火车票的出票和寄送，由李某文的公司负责接收旅客的订票和将订票信息利用网络传送给出票公司，约定每出售一单火车票，旅客需支出票款、5元手续费和30元的快递费（出具发票），出票公司按每张票0.5元的标准返利给该公司。北京某科技有限公司在天津市郊县发展了数十家下属商户，配置了该公司的设备，商户利用该公司网络平台，将旅客订票信息和预收款传送给该公司，该公司再传送给出票公司，由出票公司负责出票和寄票。利用这种方式，北京某科技有限公司出售给旅客火车票共计441张，票面价值共计人民币106607元，从中获利220.5元。后李某文被抓获归案。

2013年5月17日，天津铁路公安处以李某文涉嫌倒卖车票罪移送天津铁路运输检察院审查起诉。

2013年10月16日,天津铁路运输检察院根据《刑事诉讼法》第173条第1款的规定,决定对李某文不起诉。2013年11月5日,天津铁路公安处提出复议,2013年11月21日天津铁路运输检察院作出维持原不起诉的复议决定;2013年11月25日,天津铁路公安处提出复核,2013年12月18日北京市人民检察院北京铁路运输分院维持天津铁路运输检察院对李某文的不起诉决定。

疑难问题

火车票实名制下,利用网站代办火车票行为的法律性质如何认定?

分歧意见

第一种意见认为,该公司的行为构成倒卖车票罪。根据2006年"四部门"《关于依法查处代售代办铁路客票非法加价和倒卖铁路客票违法犯罪活动的通知》(铁办函〔2006〕81号)规定:"有下列行为之一的,属于倒卖铁路客票的违法犯罪行为,由公安机关依法给予治安管理处罚;构成犯罪的,依法追究刑事责任:1.铁路客票代办单位囤积车票,加价出售的;2.不具备代办铁路客票资格的单位和个人,为他人代办铁路客票并非法加价牟利的;3.铁路客票售票点、代售点、代办单位,明知是倒卖铁路客票的不法单位或个人而向其提供车票的;4.个人以营利为目的,买进铁路客票后又高于买进价卖出,或变相加价,从中渔利的。"

该公司的行为符合上述规定的第2项,即"不具备代办铁路客票资格的单位和个人,为他人代办铁路客票并非法加价牟利的"。而且该公司代办火车票的数额超过5000元,构成倒卖车票罪。

第二种意见认为,该公司没有经营火车票代购业务而开展经营行为,构成非法经营罪。

第三种意见认为,该公司的行为不构成倒卖车票罪,该公司的行为是接受旅客委托代购火车票,是民事上的代理行为,不构成犯罪。

深度评析

笔者认为,**该公司的行为不构成倒卖车票罪**。理由如下:

1.倒卖火车票罪应以牟利为目的,其行为与一般收取服务费的代购行为有本质不同。

现行《刑法》所规定的倒卖车票罪实质上是从1979年《刑法》规定的投机倒把罪分解而来,倒卖车票罪中的"倒"与投机倒把罪中的"倒"的含义相同。

按照《现代汉语词典》的解释,"倒"为"转移、转换",因此,从字面意义理解,在"倒"这一行为之前必然还有一个买进的行为。倒卖应为转手贩卖从中牟利的意思,其实质在于行为人意图出卖后牟利而不限于行为人必须要有出售行为,也就是说,倒卖的本质在于行为人买进后意图通过加价卖出牟利,至于最终是否卖出,是否实现了牟利的目的则在所不论。倒卖车票罪侵犯的直接客体为国家对车票的正常管理制度,当行为人为了加价牟利大量购买车票,无论其是否售出,国家就已经失去了对车票的控制,旅客无法通过正常途径以正常价格购买到所需要的车票,交通秩序受到了破坏,行为人的行为侵犯了国家对车票的正常管理制度。

而本案中,北京某科技有限公司的行为并不具备上述特征,而属于一般的收取服务费的代购行为。该公司与出票公司签订火车票预订项目合作协议,及与其发展的商户签订的火车票代购业务合作协议,通过其建立的火车票预订平台将商户的订票信息传递给出票公司,由出票公司出票后直接将火车票快递到商户。整个过程中该公司提供的服务不是出售火车票,而是通过其公司的订票平台将信息传递给出票公司,向出票公司支付票款和快递费30元、服务费5元,出票公司按每张票0.5元返利给该公司。其获取的收益来自出票公司收取的5元服务费,而这5元服务费则是国家许可的车票代购点统一收费标准。

笔者认为,该公司的经营行为是作为代购火车票公司的中介服务性质,并无"倒手"、"非法加价牟利"等行为。该公司从网络平台上预订的火车票均有正规来源,只接受旅客真实身份的订票委托。从其行为性质而言,更符合收取服务费用而提供便捷购票服务,即该公司为购票人提供便捷的方式向有资质的出票公司购买火车票,并以网络平台作为履行合同义务的方式,这一点符合我国《合同法》规定的代理行为。只是基于两个公司的约定,有出票公司代替购票人向李某文公司支付了服务费用。

2. 相关法律、法规并未禁止网络代购销售火车票行为,因此其经营网站作为代理购票平台,并未违反国家法律、法规,也不构成非法经营等其他犯罪。

1997年实施的《铁路旅客运输办理细则》第12条规定:"车票由车站或铁路运输企业设立的其他售票处所发售。为了方便旅客,也可委托其他部门代售车票。"可见,铁道部门的规定没有禁止利用其他方式代售火车票。2012年4月,铁道部门对有关商业网站代购火车票发表的公告:"1. www.12306.cn是直接销售中国铁路火车票的唯一专业网站,公开发售全国各次旅客列车车票,每名旅客均可直接通过该网站购买火车票。截止目前,铁路部门没有授权或委托任何其他网站开展火车票发售或代购业务。2. 旅客在www.12306.cn之外的其他网站订购火车票,其身份信息和资金安全,铁路部门不承担责任。3. 按照国家有关规定，任何单位或个人在售票环节中不得在国家规定的票价和客票销售服务费之外加收其他任何费用。"从中可以看出，铁道部门并没有禁止商业网站代购火车票，这从铁友网、携程网、去哪儿网等网站已经开展这项业务且并没有被禁止可以得到进一步证明。

3. 实名制下倒卖车票罪，除传统的加价牟利特征外，还包括向不特定的人出售非正常来源的火车票等情况，对于仅收取正常服务费且基于真实公民身份资料而代理购买火车票的行为应慎重入罪。

火车票采取实名制后，扰乱票务秩序的行为形式更加多样化，有些虽未体现出明显的牟利性质，但是由于倒卖者囤积居奇，或者故意为虚假身份者办理火车票，以逃避相关部门的法律监管，这些行为的性质都严重干扰了国家对铁路车票的正常管理秩序。具体而言，除传统牟利加价行为外，还应包括不具备代办铁路客票资格的单位和个人，通过传单、海报、条幅、题板、名片、短信、广告、网页、网络聊天工具等方式公开向社会不特定对象招揽客户，采取以下方式买卖火车票的视为倒卖火车票行为：一是事先利用他人证件或虚假证件信息套购车票或订单号，然后按车票票面证件信息伪造乘车旅客身份证明，并与车票、订单号一起"打包"，加价出售的；二是事先利用他人证件或虚假证件信息套购车票或订单号，然后采取退票立即再购买等方式将证件信息置换成乘车旅客信息，加价出售的；三是在承办合同户或团体购票的过程中，申请购买到车票或订单号后，私自转手加价出售的；四是旅行社未与当事人签订旅行服务合同，或签定了旅行服务合同，但未提供相应旅行服务，将火车票、购票订单号，加价出售的。

本案中，该公司利用网络代购火车票的行为虽是向不特定人提供代购服务，但代购火车票时都是利用旅客的真实身份证件而且是为了旅客的真实出行需求，不存在套取火车票和非正常目的行为，且乘客支付的5元票务服务费基于国家对票务代理的规定，因此即不存在虚假信息套取车票也不存在加价出售，因此不应认定为倒卖车票行为。

此外，本案中李某文的公司在长达两年多时间内，通过平台共售票441张，获利仅220.5元。该公司的行为并未严重扰乱国家对火车票的管理秩序，并在一定程度上方便了旅客的购票。旅客订购车票支付的快递费和服务费均为市场正常价格。该公司在代购火车票中获利较少，情节轻微，社会危害小，根据《刑法》第13条规定，不宜作为犯罪处理。

（供稿：天津铁路运输检察院　戴新宁
案例编辑：北京市人民检察院　庞　静）

侵犯公民人身权利、民主权利罪

QINFANGONGMINRENSHEN QUANLI、MINZHUQUANLIZUI

[第 035 号]

王某强故意杀人案
——故意伤害与故意杀人罪主观目的的区分

办案要旨

故意杀人与故意伤害罪主观目的的区分，应综合考察嫌疑人使用的犯罪工具、行为方式以及后果等因素。本案犯罪嫌疑人所持犯罪工具危险性有限，且事实伤害的力度有限，很难认定具有杀人故意，且其行为达不到故意伤害罪的起诉标准，应作法定不起诉处理。

基本案情

嫌疑人王某强，男，1987年2月2日出生，汉族，大学文化，某网站汽车频道职员，户籍地为山东省胶州市。因涉嫌犯故意杀人罪于2012年1月30日被北京市公安局海淀分局刑事拘留，2012年2月3日至6月12日中断审限进行精神病司法鉴定，2012年7月5日被北京市公安局海淀分局取保候审。

经审查查明，2012年1月29日8时许，嫌疑人王某强与被害人王某（女，24岁，爱卡汽车网编辑）上班乘坐地铁途中相识并互换联系方式。到达单位后二人互加QQ聊天，期间因谈论个人交友、汽车等问题发生争执，王某遂在新浪微博上转发二人聊天记录，并辱骂王某强。王某强见到上述微博后要求王某马上删除，王某要求王某强道歉，王某强向其道歉后，王某删除部分微博，之后王某强通过QQ、短信继续交涉，要求全部删除，但王某予以拒绝。

当日14时许，王某强按照王某名片上的地址到达本市海淀区知春路银网中心B座16层王某所在公司，通过公司前台约出王某。二人在楼道内谈话，王某强继续要求王某删除微博剩余内容，王某予以拒绝。谈话期间，王某强右手在衣兜内握住平日携带的折叠水果刀（该刀平时与嫌疑人钥匙放在一起，刀刃长约5厘米，展开长约15厘米，已起获），王某察觉王某强神色有异，转身离开。王某强用左手拉拽被害人致王某倒地，后王某强压在王某身上，右手拿出水果刀往其头部扎划，王某用手阻挡，仍被划伤。其间，王某多名同事赶至现场将二人拉开，王某强手中水果刀被夺下，群众当即报警，民警赶至现场将王某强抓获。

经诊断，王某头部多发软组织挫伤，前额皮肤划伤长3.5厘米，深0.1厘米，左耳后皮肤伤长约1厘米，深0.3厘米。右手腕皮肤划伤长2.0厘米。后经北京市海淀区公安司法鉴定中心依法鉴定为轻微伤。

另经鉴定，案发时嫌疑人王某强受抑郁等精神症状的影响，对违法行为的辨认能力完整、控制能力减弱，评定为限制刑事责任能力。

本案办理过程中，被害人王某表示自己在此事上也存在过错，其不要求赔偿，也愿意谅解嫌疑人。

2013年12月12日，北京市海淀区人民检察院决定对本案作出法定不起诉处理。

疑难问题

如何认定犯罪嫌疑人的主观目的？在本案中，犯罪嫌疑人故意杀人还是故意伤害？

分歧意见

第一种意见认为，嫌疑人王某强的主观故意应当为故意杀人。本案不是预谋杀人，但王某强系限制刑事责任能力人，行为时控制力受限，因交涉不成手持锐器针对被害人头部进行扎划，属于一时激愤杀人，应当认定为故意杀人罪（未遂）。

第二种意见认为，嫌疑人王某强所持水果刀危险性有限，行为后果较轻，具有伤害故意而非故意杀人，且本案达不到故意伤害罪起诉标准，故应作法定不起诉处理。

深度评析

笔者认为，**王某强的行为应作法定不起诉处理**。主要理由如下：

1. 仅凭嫌疑人王某强前期口供即认定其故意杀人的目的，与《刑事诉讼法》证明标准不符。

王某强到案之后的供述存在重大变化。到案后的前4次供述均称自己和王某谈话时感觉她不会删除微博了，没法消除影响，自己感到绝望就想和她同归于尽。所以其右手在衣兜里将折刀打开了，发现她转身向公司跑，"于是就将她绊倒了","只记得她仰面倒在地上，我跟着她也被绊倒了，然后我顺势压在她的身上，右手掏出折刀，"我扎了三刀，第一刀扎到她了，后来因为她反抗，后两刀都没扎下去，后来就被边上的人拉开了，我被拉开后听见旁边的人说王某耳朵后边流血了，具体什么地方我没看清。"

但之后嫌疑人改变供述，称自己无杀人动机，去找王某的时候根本没有想过对方不肯删除微博之后怎么处理的问题，并称当时"她看见我手在动，转身就向公司跑，我看她跑就用左手拽她右胳膊，右手也想上去拽她，就把刀也拿出来了，这时王某不知怎么地就倒地了，是面向上倒地的，我也被她带倒了，趴在她身上，手里的刀不知怎么地就扎到她耳朵上了"，而"之前的供述是由于事发后精神崩溃、一心求死的状态下作出的"。在提交预审办案民警的自书材料中，嫌疑人亦坚持上述辩解，并辩称如果想杀死她就不会拿小水果刀了等。

关于嫌疑人的主观目的，在其自己的供述存在重大矛盾的情况下，应结合其他证据综合认定案件事实。

2. 综合考察嫌疑人犯罪工具、行为方式以及后果等因素，判断王某强系伤害故意。

理论上，故意杀人罪与故意伤害罪的犯罪构成差别相当明显，从认识因素与意志因素两方面来论述主观故意的差别相对容易，但在司法实践中，在主观方面认定和区分伤害与杀人故意却较为困难。一般从以下情况来区分和判断行为的性质和嫌疑人的故意内容：（1）嫌疑人使用的是何种犯罪工具；（2）打击的部位是什么；（3）打击的强度如何；（4）犯罪行为有无节制；（5）犯罪的时间、地点与环境如何；（6）嫌疑人是否抢救被害人；（7）嫌疑人有无犯罪预谋；（8）嫌疑人与被害人平时是什么关系等。

按照上述分析的框架，结合本案证据，不能认定王某强有故意杀人的主观目的，仅能判断其有故意伤害的目的。

首先，王某强所持工具危险程度有限。该水果刀系在钥匙扣上，刀身约10厘米，刀刃约5厘米，嫌疑人供述是高中购买后一直随身携带，因此并非嫌疑人为实施本案而预先选择。

其次，王某强实施伤害的力度有限。虽然王某强打击的部位主要是被害人的头部，但伤情为扎划伤，行为力度有限，与持刀切割颈部动脉的方式有明显区别。按照被害人陈述，嫌疑人持刀往下十几下，被害人双手一直用力托住进行阻挡；假如嫌疑人有故意杀人的目的，即便被害人阻挡也极可能造成轻伤以上的伤害，而本案被害人仅为轻微伤。

最后，王某强没有故意杀人的动机。嫌疑人与被害人并无深仇大恨，案发当天才认识，无深交，但因聊天过程中发生争执、被害人不当发微博才进而造成矛盾。本案作案时间为公司上班期间，作案地点为公司门口的楼道，往来群众众多，附近尚有被害人公司的前台人员，假如王某强预谋持刀故意杀人，一般不会选择这样的作案环境。事实上，案发过程中，王某多名同事将二人拉开，王某强手中水果刀被夺下，而王某强后期供述承认其只是就微博一事与被害人反复交涉未果、被害人意欲离开的情况下，临时对被害人实施的人身伤害。

3. 犯罪嫌疑人有精神疾病，对其主观目的的认定并无影响，但能证明该人改变有罪供述的合理性。

作为犯罪构成要件的嫌疑人的主观心理态度，具有不可再现性，不能因为犯罪嫌疑人有精神疾病，即认为其更有故意杀人的倾向，而应当在全面分析案件证据的基础上进行综合判断。

然而该人有精神疾病，反而能证明其改变口供的合理性。王某强前一阶段的供述均为故意杀人的有罪供述，诸如"感到绝望"、"同归于尽"这些供述都过于偏激，后期反复供述自己只是事发后一心求死才作出先前有罪供述，考虑到其有抑郁症，这一解释具有相当的合理性。在这种情况下，王某强关于自己当时想杀死被害人之后同归于尽的供述就不能予以采信。

综上，我们认为，本案王某强的主观方面应当认定为故意伤害，因被害人伤情仅为轻微伤，故依法对王某强作出法定不起诉处理。

（供稿：北京市海淀区人民检察院　熊　路　张　琳

案例编辑：北京市人民检察院　庞　静）

[第 036 号]

王某故意杀人案

——区分间接故意与过于自信的过失，应当在综合分析案件事实、证据基础之上以行为人主观认识因素和意志因素作为判断依据

办案要旨

过于自信的过失与间接故意具有不同的认识因素。过于自信的过失中，行为人通常认为结果的发生具有抽象可能性，而在间接故意中，行为人通常认为结果的发生具有现实可能性。过于自信的过失与间接故意具有不同的意志因素。在过于自信过失情况下，行为人在主观上具有避免危害结果发生的愿望，而在间接故意情况下行为人并没有避免危害结果发生的愿望，其对危害结果的发生所持的是一种放任态度。对过于自信的过失与间接故意进行区分时，应当全面考察案件事实和证据，从行为人的主观认识因素和意志因素两个方面进行比较区分。

基本案情

被告人王某，男，1960年6月27日出生，汉族，河北省承德县人，初中文化程度。

经审理查明：2004年12月9日9时许，王某在本市丰台区王佐乡被害人王某良家的田地内割玉米秆，被害人王某良发现后上前阻拦，并与王某发生争执。王某为逃离现场，遂强行登上自己驾驶的1041型货车准备离开，被害人王某良为阻止王某离开上前继续阻拦，被王某驾驶的车辆从正面撞倒。据王某供称在撞倒被害人时，他曾经明显听到了人与车辆碰撞时的声音，但是辩称自己在修车时曾经钻入车下，发现自己货车的底盘极高，因此相信自己驾驶的货车不会挤压到被撞倒的被害人，因而继续加速行驶，导致被害人王某良被挂在车下拖出约2公里后死亡，经鉴定，被害人王某良系被机动车撞倒后拖拉、挤压致创伤性休克死亡。后王某被民警查获。

2005年3月30日北京市丰台区人民检察院以丰公诉字〔2005〕323号文书认定王某非法剥夺他人生命，其行为触犯了《刑法》第232条之规定，

并以王某涉嫌犯故意杀人罪报送至北京市人民检察院第二分院审查起诉。

2005年5月13日，北京市人民检察院第二分院以京检二分刑诉〔2005〕81号起诉书向北京市第二中级人民法院指控被告人王某无视国法，非法故意剥夺他人生命，犯罪性质恶劣，后果特别严重，社会危害性极大，其行为触犯了《刑法》第232条之规定，已经构成故意杀人罪。

北京市第二中级人民法院认为：被告人王某无视国法，非法故意剥夺他人生命，犯罪性质恶劣，后果特别严重，社会危害性极大，其行为触犯了《刑法》第232条之规定，已经构成故意杀人罪。对被告人王某判决如下：

王某犯故意杀人罪，判处死刑，缓期2年执行，剥夺政治权利终身。

疑难问题

如何区分间接故意与过于自信的过失？

分歧意见

第一种意见认为，王某在主观上是过于自信的过失，本案应当认定为过失致人死亡罪。王某之所以在将被害人撞倒后没有及时停车是因为他对自己的车非常了解，认为自己驾驶的货车底部空间较大，人在车的正前方被撞倒后不会受到碾压。因此，被害人被拖拉、挤压致死的后果是王某所不希望发生的，其在主观上具有过于自信的过失。

第二种意见认为，王某在主观上是间接故意，本案应当认定为故意杀人罪。王某在明知自己将被害人撞倒后，非但没有及时停车采取有效措施救助被害人，反而继续加速行驶达2公里的距离，致使被害人被拖挂在货车底部，因拖拉、挤压致创伤性休克死亡，因此可以认定王某在案发时主观上对危害结果的发生持有放任的态度，应当认定为间接故意。

深度评析

笔者认为，**王某在主观上是间接故意，本案应当认定为故意杀人罪**。主要理由如下：

1. 过于自信的过失与间接故意具有不同的认识因素。

认识因素是指行为人对危害后果的发生所持有的心理预见。在过于自信的过失中，行为人通常认为结果的发生具有抽象可能性，而在间接故意中，行为人通常认为结果的发生具有现实可能性。

过于自信的过失在认识因素方面主要表现为行为人基于一定的客观依据和基础，过高地估计了避免危害结果发生的可能性，以及自己对于发生危害结果的可能性的实际认知能力。这种错误认识通常表现为行为人忽视了危害结果发生的内部根据，夸大了阻却危害结果发生的外部因素，误认为危害结果的发生在当前状态下尚欠缺重要的外部客观推动因素，因此危害结果的发生不具有现实可能性。而行为人对于外界阻却因素的"夸大认识"主要来源于以下三个方面：一是认为自己本身具备的某种或某些技能、素质足以避免危害结果的发生；二是认为客观上具有现实、有效地避免危害结果发生的外在条件；三是认为基于以往相同情况下的相似经历可以确定危害结果不会发生。

在间接故意状态下，行为人实际上对于危害结果发生的可能性具有较为准确的判断，并且是在此基础之上采取了放任态度，从而导致危害结果的发生，不存在上面提到的错误认识。行为人在实施行为时，既认识到促使危害结果发生的内部根据存在的现实、充分性，也认识到了促使危害结果发生的外部因素已经全部齐备，危害结果发生的危险具有现实性，如果不立即采取有效措施加以阻止，则危害结果将必然发生。

我们认为二者在认识因素上的区别可以进一步归纳为以下几点：

一是行为人对于危害结果可以避免的认识是否具有一定的客观依据，以及该客观依据是否具有合理性。在过于自信的过失情况下，行为人做出错误判断时通常具有一定的外在依据，且该依据从行为人自身角度来看具有一定的合理性。而在间接故意情况下，虽然行为人也往往会提出若干"依据"进行辩解，但是这种依据往往过于牵强，即使从行为人自身认识能力角度来看也不具有合理性，因此不能够认定为过于自信的过失。例如在本案中王某将自己修车时的经历作为认为危害结果不会发生的依据，显然两种情形之间根本就不具有可比性，因此他所提出的这种认识依据就是不合理的，不能够认定其在主观上具有过于自信的过失。

二是对于危害结果发生可能性的认识程度不同。间接故意中行为人对结果的认识是相对清晰的，而过于自信的过失中行为人对结果的预见是模糊不清的。过于自信的过失中的"预见"，意味着行为人对自己的行为及其可能造成的结果是有认识的，但是这种认识仅限于不能完全排除危害结果发生的限度之内。在"预见"的情形下，行为人的确预见了发生的可能性，但行为人认为那是不现实的，或现实中是不会发生的。而在间接故意情况下，行为人在实施行为时凭借自己正常的认知能力完全能够，并且已经现实认识到了危害结果的发生。行为人认为只要实施了行为，危害结果就会出现，至于危害结果出现与否，还要受事物内在规律运行的支配。在本案中，王某作为具有多年驾驶经验的人，对于驾驶货车从车头前方将人撞倒后继续加油向前行驶可能会造成何种危害后果有着清醒的认识，因此其在主观上对危害结果的发生已经达到了间接故意所要求的"明知"程度。

三是危害结果可能发生的危险程度不同。我们认为上述两个标准的认定，最终要建立在现实危险程度的区分基础之上。通常而言，现实危险程度越低，行为人就越有理由认为危害结果的发生可以轻易避免；危险程度越低，行为人对危害结果发生的认识就会越模糊。在过于自信的过失情况下，现实危险性要更小一些，而在间接故意的情况下危险性则表现得更为直接与紧迫。例如，在本案中王某将被害人撞倒在先，并供述曾经清楚地听到了人体与车辆的撞击声，在这种情况对于王某而言，继续驾驶车辆从被害人身上驶过的现实危险性就是直接而紧迫的，由此我们就可以认定王某在实施后续行为时在主观上对于危害结果发生的认知已经达到了间接故意所要求的"明知"程度。

四是行为人对于危害结果的发生是否具有支配性。所谓"支配性"在这里主要表现为行为人是否可以依据个人对于危害结果发生可能性的具体认识程度影响到该危害结果的发生。在过于自信过失的情况下，由于行为人对于危害结果是否会发生在主观认识上存在极大的模糊性，而现实危险性也无法使他们的认识达到"明知"的程度，因此他们对于危害结果的发生是不存在支配性的。而在间接故意的情况下，行为人对于危害结果的发生是明知的，此时行为人一旦采取了阻却行为，那么危害结果就可能不再发生，因此在这种情况下我们就可以认定行为人对于危害结果的发生具有支配性。

2. 过于自信的过失与间接故意具有不同的意志因素。

意志因素是指行为人对所预见到的可能发生的危害结果所持的一种主观愿望。在过于自信的过失情况下，行为人在主观上具有避免危害结果发生的愿望，而在间接故意情况下行为人并没有避免危害结果发生的愿望，其对危害结果的发生所持的是一种放任态度。"放任态度"实际上有两层含义：一是行为人虽不希望危害结果发生，但不设法避免其发生，而是采取听之任之、漠不关心的态度；二是行为人这种放纵结果发生的态度，是因为其希望借助其行为实现其他特定目的的愿望过于强烈，使其达到不计较危害结果发生的程度。概括地讲，在过于自信的过失情况下行为人内心具有危害结果不会发生的确信，而在间接故意情况下行为人则确信危害结果能够发生，由此也可以看出行为人的认识因素与意志因素是不可以截然分开的，而它们之间的连结点就是行为人的内心确认，这也是意志因素产生的基础。

由于人的行为总是要由客观行为来体现，因此我们认为对于意志因素，尤其是间接故意中的"放任态度"也必须通过考察行为人在面对直接、紧迫、现实的危害结果时所采取的客观行为来加以判断。如果行为人在发现现实危险后不及时采取措施阻断危害结果的发生，而是采取无所谓的态度漠视此种危险的存在的话，那么我们就有理由认定其在主观上并不反对危害结果的发生，因此其在主观上具有构成间接故意所必需的"放任态度"。在本案中，王某在明知撞人后如果继续加速行驶的话会产生严重的伤亡后果，只要立即停车危害后果就不会发生的情况下，即内心确信危害后果必然发生，却采取听之任之的态度，继续加速向前行驶，因此我们可以认定其在主观上具有"放任态度"，属于间接故意。

3. 应当在全面审查事实证据的基础上正确区分过于自信的过失与间接故意在认识因素和意志因素上的区别。

我们认为对于行为人主观心理态度的判断，不能过于依赖被告人的供述。被告人的供述只能作为判断的论据之一，作为犯罪构成要件的行为人的主观心理态度，具有不可再现性，不能够单纯依靠行为人在案发后的供述来认定，而是必须由司法人员全面分析案件事实、证据及行为人的供述，进行综合分析、全面考虑。否则将无法做到正确认定案件的性质。

以本案为例，结合证据材料，通过对其在案发过程中的认识因素和意志因素的判断，可以认定王某的行为属于间接故意。

其一，王某所提出的辩解依据不合理，无法成立。虽然王某辩称被害人是从车的正前方被撞倒，不可能被车轧倒，且货车底盘高，人的身体可以从车下通过。但是我们认为王某的辩解并不合理，因为人在修车时车处于静止状态，修车人也自然没有危险可言，而本案的情况是被害人已被撞倒，体态无法确定，这时货车快速驶过，根本无法保证被害人被轧或被拖挂的情况不会发生。因此王某所说的轻信可以避免的客观依据是不合理的。

其二，王某已经清楚地认识到危害结果发生的可能性。王某在供述中承认自己曾经看到被害人在货车正面与车辆发生碰撞后倒下，并听到了碰撞声。王某对于自己的货车从被害人身上通过，以及该行为可能产生被害人因被挤压、拖挂而致死、致伤的危害后果，在主观上是明知的，并不存在过于自信过失中的"模糊性"认识。此外，本案中的危险是直接而紧迫的。在案发过程中，王某驾车将被害人从正面撞倒的先行为，已经在现场产生了直接而紧迫的危险，在这种危险状态下危害后果发生的可能性大大增加，远远超过了不会发生的可能性，因此王某在本案中对于危害结果的发生具有较高的"明知"。

其三，王某对于危害结果的发生具有现实支配性，其在案发过程中的表现证实其具有放任的态度。通过现有证据来看，王某如果在将被害人撞倒后能够及时停车，采取抢救措施，那么被害人是不可能发生死亡危险的，至少可以大大降低危害结果的严重程度，因此王某对于危害结果的发生是具有支配性的。但是王某作为一名司机，并没有采取任何措施，如踩刹车、减速等，而是继续加速行驶，由此可见王某在主观上并不反对危害结果的发生，他对于被害人可能遭受的危害后果持有无所谓、漠不关心的主观态度，因此我们可以认定其在主观上具有间接故意中的"放任态度"。

综上所述，我们认为在对过于自信的过失与间接故意进行区分时，应当全面考察案件事实和证据，从行为人的主观认识因素和意志因素两个方面进行比较区分。

（供稿：北京市人民检察院第二分院　李桂岚

案例编辑：北京市人民检察院第三分院　李　凯）

[第 037 号]

孙某程故意伤害案
—— 应当正确区分共犯和同时犯

办案要旨

在区分共犯与同时犯时，要重点考察行为人的认识因素和意志因素，以及"事前合谋"的具体内容。认定共同犯罪的关键在于首先要区分清楚各行为人所参与的犯罪行为的具体个数，再根据认识因素和意志因素方面的标准，结合行为人的具体客观行为来加以有效判断。

基本案情

犯罪嫌疑人孙某程，男，1987 年 12 月 20 日生，汉族，小学文化，农民。

经审理查明：2004 年 12 月 19 日 16 时许，被害人马某、王某等 4 人在东北家常菜馆，因结账问题，与该菜馆厨师王某强（后因犯故意伤害罪被法院作出有罪判决）发生口角并互殴，后被人劝开。王某强和刚进饭馆的孙某程（旁边二三十米远另一饭馆老板之子）分别持刀追出，马某、王某等人在跑回单位途中，一人边跑边说"你们等着"。在马某等人走后，王某强对孙某程讲："你把刀给我，晚上他们要是截我，我就拿刀捅他们。"，孙某程遂将一把刀交给了王某强，王某强将刀装在上衣口袋后，到附近电话亭聊天，孙某程也回到自家饭店。

当晚 5 时许，被害人马某、王某等人从单位找来 20 余人，返回东北家常菜馆滋事，打砸饭店的玻璃、桌椅等物共造成经济损失人民币 311 元，并对孙某程的父亲进行殴打。孙某程在自家饭馆内，听见有人喊父亲被打，便持刀跑出，将在自家饭馆外正在对其父亲进行殴打的被害人徐某后背等处砍伤（案发后未找到该被害人，因此无法进行伤情鉴定）。此时，王某强听到响声后也从电话亭出来，见有人砸饭店，便跑过来大声制止，并因此与被害人一方发生互殴，在此过程中王某强掏出孙某程给的刀，将被害人张某扎死、被害人王某扎成重伤。

2005 年 7 月 26 日，北京市人民检察院第二分院将本案交由北京市平谷区人民检察院审查起诉。北京市公安局以京公刑诉字〔2005〕第349号起诉意见书认定，孙某程于2004年12月19日15时许，向王某强（已判刑）提供尖刀1把，后王某强持该尖刀与因琐事产生纠纷的被害人王某、张某等人互殴，其间王某强持尖刀扎伤多人，致被害人张某胸部被刺破，造成创伤失血性休克死亡，被害人王某被刺中腹部造成重伤。孙某程的行为已经触犯了《刑法》第234条之规定，以孙某程涉嫌犯故意伤害罪向北京市平谷区人民检察院移送审查起诉。

北京市平谷区人民检察院检察委员会经讨论决定：仅依据孙某程提供尖刀的行为，不能得出其与王某强在案发过程中具有共同故意伤害他人身体的主观故意，二人之间不构成共同犯罪；鉴于被害人徐某的伤情无法作出正式鉴定，因此决定建议移送机关将该案撤回移送审查起诉。后北京市公安局将该案撤回移送审查起诉。

疑难问题

如何正确区分共犯和同时犯？

分歧意见

第一种意见认为，孙某程的行为构成了故意伤害罪，其与王某强是共同犯罪，应当共同追究刑事责任。首先，孙某程与王某强在事前有共同的犯罪故意。王某强在听到马某等人说"你等着"后向孙某程提出要刀，此时就应当认定其具有伤害他人的故意。孙某程在明知王某强具有上述主观故意的情况下，仍然向王某强提供了凶器，孙某程的上述客观行为恰恰证实了其在主观上与王某强具有共同的犯罪故意。其次，孙某程与王某强在案发过程中共同实施了犯罪行为。王某强持孙某程提供的刀具与孙某程共同对被害人一方实施了故意伤害行为，并且造成了被害人一方一人死亡、一人重伤的实际损害后果。所以，应当认定孙某程与王某强是直接共同故意犯罪。

第二种意见认为，孙某程与王某强之间不构成共同犯罪，且现有证据无法证实孙某程的行为单独构成故意伤害罪。首先，王某强在案发过程中与孙某程无任何意思联络，不能认定孙某程与王某强有共同伤害的主观故意。其次，王某强索要刀具、孙某程提供刀具时只是为了防身，而并无犯罪意图，因此孙某程提供刀具的行为并非是犯罪预备阶段的准备工具行为。由于被孙某程直接伤害的被害人的伤情无法进行鉴定，不知道具体的伤害程度，因此现有证据无法证实孙某程实施了犯罪行为。

深度评析

笔者认为，孙某程与王某强之间不构成共同犯罪，且现有证据无法证实孙某程的行为单独构成故意伤害罪。主要理由如下：

1. 在区分共犯与同时犯时，要重点考察行为人的认识因素和意志因素，以及"事前合谋"的具体内容。

共犯（共同犯罪）与同时犯虽然在概念上存在明显的区别，但是由于它们在客观方面均存在同时性特征，因此在司法实践中仍然存在一定的区分上的难点，而认定共同犯罪有时恰恰是追究犯罪嫌疑人刑事责任的前提条件，因此作为一名执法者必须能够做到正确区分共犯和同时犯。

认定共同犯罪的关键在于判断行为人之间是否具有共同的犯罪故意，并且基于该犯罪故意共同实施了犯罪行为，造成了某一危害结果的发生。通常而言，共同犯罪根据行为人之间是否具有事前通谋可以分为以下两种类型：一是有事前通谋的共同犯罪；二是没有事前通谋的共同犯罪，即行为人在事前虽然没有形成共谋，但是在案发过程中形成了共同的犯罪故意，并基于该共同犯罪故意实施了共同犯罪行为。实际上，无论行为人实施的是哪种类型的共同犯罪，在认定共同犯罪时，都要求以行为人的认识因素和意志因素作为判断依据。

认识因素主要包括以下几个方面：一是各行为人认识到并非其一人单独实施犯罪，而是与其他行为人一起共同实施犯罪；二是各行为人不仅认识自己的行为会引起犯罪结果的发生，而且认识到其他行为人的行为也会引起犯罪结果的发生；三是各行为人认识到共同犯罪行为与共同犯罪结果之间具有因果关系。意志因素主要包括以下几个方面：一是行为人认识到以其一人的行为难以完成犯罪，决议与其他共同行为人共同实施犯罪行为；二是行为人希望或放任其行为引起的结果及共同犯罪行为发生的犯罪结果。

此外，我们认为在认定共同犯罪时还可以从"事前通谋"行为的客观特征上进行区分。共同犯罪中的通谋行为绝非单纯的犯意表示，犯意表示与事前通谋的区别主要体现在合议内容的具体性、确定性上。事前通谋通常是针对即将确实发生的犯罪行为而提出的，其内容具体而明确，包括了具体的犯罪对象、计划、分工等，参与通谋的行为人之间对于上述内容均予以明示或默示的认可，并积极实施准备活动，且合谋的内容与各行为人后来实际实施的犯罪行为之间具有高度一致性。而单纯的犯意表示一般是指以口头、书面或者其他方法，将真实犯罪意图表现于外部的行为。其内容往往只是犯意的单纯流露，不能为犯罪制造条件，并且还存在较大的不确定性，并非指向一个具体的、即将发生的犯罪行为。例如，行为人只是告诉他人，自己将实施某种犯罪行为的，属于犯意表示；如果告诉他人之后，劝诱他人与自己共同实行犯罪，并对犯罪行为进行策划和分工，则就应当属于是共同犯罪中的事前通谋行为。因此，对于犯意表示而言，如果行为人在案发过程中没有形成临时的共同犯罪故意的话，那么就无法认定共同犯罪的存在。

同时，合议内容的性质也影响着共同犯罪的认定。如果合议内容不具有犯罪性质，例如拟实施正当防卫或合法的私力救济，则难以认定行为人后来基于此种合议内容共同实施的行为是共同犯罪行为。

在本案中，王某强事前向孙某程索要尖刀并不具有逞强好胜，要继续与被害人一方进行互殴的故意，而是基于被害人一方临走时的威胁，害怕因事前的互殴行为，可能会导致其人身安全受到威胁，而准备防身所用，孙某程向其提供了刀具也是出于这一目的。因此，二人在案发前进行合议的内容并不具有犯罪性质，孙某程的行为也并非是在为王某强后来所实施的行为在准备工具。同时，考察案发过程中的实际情况，二行为人是基于不同的目的（孙某程是为了保护自己的父亲，王某强是为了制止被害人一方的破坏行为，且与王某强索要刀具时的主观目的也不一致），在不同的时间点实施的故意伤害他人的行为，二者之间既无相互配合的行为，也无意思沟通的行为，因此没有证据证实双方事前或行为过程中临时形成了共同的犯罪故意。因此，二人的行为仅仅是碰巧发生在了同一时间和同一地点，是同时犯而非共犯。

2. 应当在正确区分行为人所实施行为的个数基础之上，针对每个独立行为判断是否成立共同犯罪。

如果行为人所实施的仅仅是一个独立的行为，那么根据上面提到的标准来判断是否成立共同犯罪还是相对容易的，但是在实践中往往存在一种特殊的情况，即如本案一样，首先存在一个起因行为，随后基于该起因行为又产生了后续行为，而相同的行为人同时参与了事件的整个过程。

我们认为在这种情况下如果要准确认定是否构成共同犯罪，首先就需要确定行为人在整个案发过程中到底参与了几种行为，即前因行为与后续行为是否是两个相互独立的行为。如果是两个相互独立的行为，那么就需要针对每一个行为分别判断行为人之间是否存在共同犯罪关系。

而判断行为个数的关键是考察事件发展过程中是否存在"行为的中断"，我们认为如果行为人的行为表现出其具有放弃继续实施前一行为的意愿，且前一行为已经告一段落，那么就应当认定已经产生了行为的中断，其后再实施的行为就成为一个与前行为虽有一定联系，但却相互独立的行为。前一行为的共同犯罪性质显然不能够当然地移植于后一行为，从而要求对于后一行为重新进行评断。

在本案中，前因行为与后续行为实际上是两个相互独立的行为。在前因行为中，孙某程与王某强共同对被害人一方实施的伤害行为具有共同犯罪性质是显而易见的，但是在被害人被打跑后，前一行为已经告一段落。同时，王某强、孙某程并没有对被害人一方实施追击行为，由此可见二人已经放弃了继续实施前行为的意图，可以认定前一行为已经发生了中断。因此，后来发生的二人分别故意伤害他人，尤其是王某强故意伤害致人重伤、死亡的行为已经成立为一个新的行为，应当根据前面提到的判断标准重新判断是否成立共同犯罪。

此外，我们认为行为人因为人身受到威胁，为防身而事前准备防卫工具的行为不具有犯罪性质，如果随后所实施的行为符合正当防卫特征的话，仍然应当认定为正当防卫。我们认为，行为人所实施的具体行为是否具有犯罪性质，关键在于其通过该行为所要达到的目的的性质是否具有违法性。例如，法院系统认为"区分互殴与正当防卫时关键在于结合案件事实查明行为人是否具有防卫意图。互殴往往缺乏防卫意图，而以侵害对方为目的，并在此目的支配下积极实施侵害对方的行为"。由此可见，行为目的决定了行为本身的性质。在为实施正当防卫行为而事前准备防卫工具的情况下，由于行为人本身不具有非法侵害他人的目的，而仅仅是保护自己的合法权益不受到可能将要发生的不法侵害，因此其目的的合法性，决定了该准备工具行为的合法性，也即该行为不能够视为是一种犯罪预备行为。毕竟对于每一个公民而言，面对可能来临的不法侵害时，他既有寻求公力救济的权利，也同时具有采用合法手段实施私力救济的权利，而且从某种角度来看，由于不法侵害尚处于不确定状态，采用合法的私力救济手段预先防范不法侵害的发生可能会更加现实和有效，也可以大大节约有限的司法资源。

综上所述，我们认为认定共同犯罪的关键在于首先要区分清楚各行为人所参与的犯罪行为的具体个数，再根据认识因素和意志因素方面的标准，结合行为人的具体客观行为来加以有效判断。

（供稿：北京市平谷区人民检察院　张玉娟
案例编辑：北京市人民检察院第三分院　李　凯）

[第 038 号]

刘某顺故意伤害案
——超越适当范围的自救行为应承担刑事责任

办案要旨

实施自救行为的前提必须是自身的合法权益已经受到了不法侵害。同时，行为人的权利遭到侵害时，来不及受到国家机关的救助，而且如果当时不自力救济，则其权利将陷入明显归于失效或无法保全或无法实质恢复的困难境地。行为人实施的自救行为的手段或方法必须适当，具体可以结合自救行为的性质、时间、地点等具体案情考虑。被告人刘某顺的行为已造成他人轻伤，其自救行为超越正当范围，应当承担相应的刑事责任但可酌情从轻处罚。

基本案情

被告人刘某顺，男，1965年7月26日出生，汉族，北京市人，初中文化程度，无业，户籍地为北京市海淀区。因涉嫌犯故意伤害罪，于2005年7月22日被北京市公安局海淀分局刑事拘留，2005年7月28日被北京市公安局海淀分局取保候审。

经审理查明：被告人刘某顺于2005年6月26日晚11时许，与妻子听到自家房上有响动，出门查看，发现有人影从自家房上离开。次日，刘某顺上房查看，发现屋顶上有脚印，房瓦有损坏，遂通知了本村联防队员，约好晚上再有异常，即共同抓捕。当晚11时许，刘某顺再次感觉屋顶有人，遂电话通知联防队员后，手持一根铁管上了屋顶，后看见一个人影在自家南房上并向东跑，刘某顺追过去用棍子打了那人一下，那人顺着刘某顺家东南侧往同村王某家跑去，刘某顺继续追赶，追至王某家房上后又用铁管打了那人两下，那人大声喊叫，刘某顺发现其是本村人，遂停止殴打，与赶来的联防队员将其抬下屋顶。经查，屋顶上的人系崔某水，本村人，是与刘某顺隔一房居住的王某的侄子。崔某水辩解没有上过刘某顺家的房，其是在自己叔叔王某家的屋顶上乘凉。但多名证人证实，看见崔某水当时是从刘某顺家屋顶跑回王某家屋顶的，且刘某顺家与王某家并不相邻，其间有一胡同相隔，但从王家房顶顺着别人家后墙可以走到刘某顺家房顶。经过鉴定，崔某水右侧肱骨骨折，参照《人体轻伤鉴定标准（试行）》之有关规定，属轻伤（偏重）。被告人刘某顺对自己打伤崔某水的事实没有异议，但认为崔某水三更半夜数次跑到自家屋顶肯定不干好事，妨害了自己和家人的生活和居住安全，自己如果不采取措施就无法保证自家的安全，对于因此给崔某水造成的人身伤害，可以适当赔付医药费，但不应追究其刑事责任。

2006年1月13日，北京市公安局海淀分局以海公直诉字〔2005〕第187号起诉意见书认定：2005年6月27日23时许，犯罪嫌疑人刘某顺在本市海淀区自家屋顶上，因误认为在其家屋顶上的被害人崔某水系不法嫌疑人，后持铁棍将其打伤，致其右侧肱骨骨折，经鉴定为轻伤。2005年7月22日，犯罪嫌疑人刘某顺到公安机关自动投案。其行为触犯《刑法》第234条第1款之规定，涉嫌故意伤害罪向北京市海淀区人民检察院移送审查起诉。

海淀区人民检察院于2006年8月1日以京海检刑诉字〔2006〕第296号起诉书认定：2005年6月26日夜，被告人刘某顺发现有人在位于本市海淀区苏家坨自家屋顶上，遂报告了本村联防。2005年6月27日23时许，被告人刘某顺再次发现自家屋顶有人，遂在通知联防后登上屋顶，在追赶该人过程中，持铁棍将其打伤，致其右侧肱骨骨折。被害人系该村村民崔某水，经鉴定，其伤情已构成轻伤。2005年7月22日，被告人刘某顺经公安机关电话传唤后，到公安机关自动投案。被告人刘某顺故意伤害他人身体，且致人轻伤，其行为触犯了《刑法》第234条第1款之规定，以其构成故意伤害罪向海淀区人民法院提起公诉。

海淀区人民法院经审理认为，被告人故意伤害他人身体，致人轻伤，其行为已构成故意伤害罪，判处拘役6个月，缓刑6个月。

疑难问题

对于刘某顺因崔某水侵犯其权利而进行的自救行为应如何评价？

分歧意见

第一种意见认为，被告人刘某顺因崔某水侵犯其权利而进行的致他人轻伤害的行为超过了自救行为的界限，应当以故意伤害罪追究其刑事责任。

第二种意见认为，被告人刘某顺的行为并未超过自救行为的界限，不应当承担刑事责任。

深度评析

笔者认为，**刘某顺的行为应当以故意伤害罪追究其刑事责任**。主要理由如下：

第一，自救行为的成立条件及其与正当防卫、紧急避险的区别。

通说认为，自救行为应当具有以下条件：

1. 实施自救行为的前提必须是自身的合法权益已经受到不法侵害。"受到不法侵害"包含三个层面的含义：首先要求遭受的是不法侵害；其次，实施自救是为了保护自身的合法权益，不包括保护国家、社会公共和他人的合法权利，保护这些利益的行为不成立自救行为，而可能是正当防卫、见义勇为等；最后，不法侵害已经结束，而不法状态仍然存在，可以通过自救行为恢复权利状态。也就是说，自救行为所针对的不法侵害，是侵害行为结束之后但不法状态仍然存在的侵害。在不法侵害状态存在的情况下，才有必要实施自救行为，亦自救行为属于事后救济。

2. 时间的紧迫性。所谓紧迫性，就是指行为人的权利遭到侵害，来不及受到国家机关救助，而且如果当时不自力救济，则其权利将陷入明显归于失效或无法保全或无法实质恢复的困难境地。

3. 自救行为具有适当性。即所实施的自救行为的手段或方法必须适当，"适当性"既是事实性判断也是法律评价，什么样的方法和手段是适当的，应该结合实施自救行为的性质、时间、地点、程度以及不法侵害者的反抗情况等具体案情，综合考虑公共秩序、善良风俗等因素，进行法益权衡，从行为的社会相当性角度判断。自救行为以达到恢复被侵害的法益为目的，行为的实施必须受此目的支配，如果实施自救行为时同时侵害了别的法益，可能构成别的犯罪。所以，自救行为的手段必须具有正当性、造成的后果也必须在适当的限度内。

自救行为与正当防卫、紧急避险有着本质的不同。它们虽同为《刑法》中的正当化行为，但正当防卫、紧急避险又称为"排除社会危害性之行为"，亦即不存在社会危害性，甚至通常是对社会有利的行为。故而《刑法》在对其构成要件作出明确限定的同时，实际上持鼓励的态度。而《刑法》对于自救行为的态度，说是容忍更恰当。具体说来，自救行为与正当防卫的区别表现在：第一，自救的目的是保护自己的权利，而正当防卫既可以是保护自己的权利，也可以是为了保护国家、公共利益或者他人权利。第二，实施自救的前提是有不法侵害状态的存在且被侵害的权利可以被恢复，其发生在不法侵害结束之后，必须是在来不及请求国家机关救助的紧急情况下才能实施，系对不法侵害的事后救助。而正当防卫是在不法侵害行为正在进行中实施的，属于对不法侵害已经开始但尚未结束的事中救助。第三，虽然我国《刑法》条文并未对自救行为予以明确规制，但从期待可能性角度考察，自救行为的限度必须为法律和社会公德所认可。正当防卫则是《刑法》明文规定不能明显超过必要限度造成不应有的损害，即防卫行为的强度与不法侵害的强度基本相适应。自救行为与紧急避险的区别则更为明显。紧急避险中危险的来源，既可能是人的不法侵害，又可能是自然的力量或动物的侵袭等。它只能针对第三者实施。而自救行为是行为人在来不及申请国家机关救助的紧急情形下依靠自己的力量针对不法侵害人实施的，目的是恢复被不法侵害者侵害的权利。

综上所述，笔者认为，《刑法》中的自救行为，是指行为人为了保护自己的合法权利，以不法侵害状态存在且被侵害的权利能够恢复为前提，在来不及及时请求国家机关救助的紧急状态下，依靠自己的力量保全自己的权利并使之恢复原状且为法律和社会公德所认可的行为。

第二，自救行为超越正当范围的应当承担相应的刑事责任。

从本案的事实来看，笔者认为，被告人刘某顺的行为具有自力救济的性质，但超越了适当范围，造成了人身损害（轻伤偏重）的后果，应当承担相应的刑事责任。

首先，从本案的起因来看，被害人崔某水在夜间爬上被告人刘某顺家屋顶，侵犯了刘某顺住宅的安全，给刘某顺一家带来心理上的恐慌，妨害了其与家人的居住安全，其行为显然属于不法侵害。崔某水非法登上刘家屋顶，到被刘某顺发现追赶，这种侵害始终处于延续状态。刘某顺此时邀约村内联防人员并登上屋顶进行抓捕，是基于自身合法权益已经受到不法侵害时而为，符合自救的前提条件。

其次，从案件事实来看，刘某顺具有进行自我救助的紧迫性。刘某顺家与崔某水家虽有一胡同相隔，并不相邻，但可以借助他人房屋后墙相通。前一天晚上刘某顺发现屋顶异常出门查看时，屋顶之人得以立即离开，刘某顺根本无法追及。案发当晚，当同样情况再次发生时，刘某顺无法预知屋顶之人或者只是骚扰其家庭的生活安宁或者是要危害家人财产、身体安全，此时再次报警并等待民警出警，而不立即进行自我救助，自身的合法权益可能就无法得到有效维护，而将自己和家人财产及生活的安全置于遭受更加严重侵犯的危险状态，如刘某顺所说"如果我不抓住他，他以后还会来"。在此情况下，刘某顺具有进行自我救助的紧迫性。

最后，从本案的损害结果来看，刘某顺对于致人轻伤的行为系自救过当，应当承担相应的刑事责任。结合案件事实可以看出，崔某水的行为虽是一种不法侵害，但对人身、财物的现实损害极小，主要是对住宅和居住安全的侵犯。

同时，在刘某顺追赶崔某水时，崔某水仅仅是奔逃，并未有任何反抗行为，刘某顺不需要采用致人伤害程度的暴力手段，从时间上看，数名联防队员和村民相继到达现场，并非时间上不得不施加暴力方能立即有效保护权利，因此刘某顺的自救行为显然超出了适当、紧迫的要求，应当承担人身伤害的刑事责任。

第三，具备正当性但超越适当范围的自救行为应酌情从轻处罚。

公民在合法权益受到侵害时，虽然国家公力救济有时并不能迅速立即发挥作用、达到预期的保护目的，需要实施自救行为以及时、有效地恢复、保护合法权利，但是公民实施的应是法律肯定或容忍的紧急事态下保护自己权利的正当行为。在自救行为超越必要限度，需要追究刑事责任的情况下，可将这种正当性作为量刑考虑的情节。以本案被告人刘某顺来说，这种正当性应当成为其从轻处罚和适当减轻民事赔偿责任的理由。

（供稿：北京市海淀区人民检察院　张　枚

案例编辑：北京市人民检察院　庞　静）

侵犯公民人身权利、民主权利罪

[第039号]

陈某红故意伤害案*
—— 自首中"自动投案"的具体认定

办案要旨

一般自首以"自动投案"和"如实供述"为必要条件。判断一行为是否属于自动投案的一般情形，关键在于正确理解投案行为的主动性。主动投案，包括主观（基于犯罪分子本人自愿意志）和客观（自愿置于司法机关控制之下的行为）两方面的要求。因此，投案是否具有"主动性"，应综合考虑犯罪嫌疑人的主观意愿和客观行为，既需要行为人有将自身置于司法机关控制之下的主观意愿，也需要有相应的行为对该主观意愿进行"意思表示"。

基本案情

被告人陈某红，男，1970年10月27日生，汉族，系浙江省仙居县人。

2009年4月7日2时许，陈某红在其妹陈某美经营的北京市大兴区旧宫镇旧宫一队菜市场西北侧的一无名浴池休息大厅睡觉时，因其打呼噜问题与该浴池正在下棋的搓澡工冯某健发生争吵，陈某红挥拳将冯某健左眼部打伤（后经法医鉴定为重伤）。冯某健棋友单某防见冯某健眼部受伤立刻用手机拨打"110"报警，称该浴池内有人被打伤（4月7日2时19分）。陈某美及其丈夫王某伟闻讯赶来一同将冯某健赶到浴池门外并将大门反锁。冯某健因觉吃亏便在门外大声叫嚷要和陈某红打架。陈某红见状便让陈某美报警，称有人在其浴池内闹事（时间为4月7日2时29分）。民警赶到现场了解情况后

---

* 在理论和司法实践中，犯罪嫌疑人犯罪后电话报警的行为、经传唤到案的行为、明知他人报警仍在现场等待并被抓捕的行为能否认定为"自动投案"，进而如实供述后是否成立自首都颇有争议。总的来说，法院对自首的掌握相对宽泛一些，而公安、检察机关相对窄一些。本案中，恰恰是一个看似简单的案例，却同时出现了上述三种疑难情形。如何正确理解和适用《刑法》及最高人民法院《关于处理自首和立功具体应用法律若干问题的解释》中关于"自动投案"的规定，我们进行研究后给出了自己的观点，以供读者进行深入研究时参考。

将陈某红等人当场口头传唤至派出所，陈某红到派出所后如实交代了案件事实。当日（4月7日）陈某红被北京市公安局大兴分局刑事拘留，同年5月13日陈某红被逮捕。

2009年11月4日，北京市大兴区人民检察院以京大检刑诉〔2009〕0886号起诉书向北京市大兴区人民法院指控：被告人陈某红故意伤害他人身体，致人重伤，犯罪事实清楚，证据确实充分，应当以故意伤害罪追究其刑事责任。未认定陈某红具有自首情节。

北京市大兴区人民法院认为：陈某红犯故意伤害罪的事实清楚，证据确实充分，指控罪名成立。鉴于被告人陈某红已赔偿了被害人冯金建的经济损失，被害人已表示对被告人陈某红谅解，故对被告人陈某红酌予从轻处罚。被告人陈某红的辩护人关于被告人陈某红系自首的辩护意见，不予采纳。依照《刑法》第234条，第72条第1款，第73条第2款、第3款之规定，判处被告人陈某红有期徒刑3年，缓刑5年。

疑难问题

陈某红的行为可否认定为自首？

分歧意见

第一种意见认为，陈某红在案发后主动委托其妹陈某美报警并在现场等候民警到来，属于最高人民法院《关于处理自首和立功具体应用法律若干问题的解释》第1条规定的"委托他人先代为投案，或者先以信电投案的"情形，其到案后亦能如实供述本案主要事实，因此应当认定为自首。

第二种意见认为，陈某红委托其妹陈某美在报警时仅称"有人在其浴池内闹事"，对打伤他人之事只字未提，表明其当时并不具备自动投案意图，其委托报警的行为仅属于"报案"而非"投案"。但陈某红经公安机关口头传唤后即跟随公安人员到派出所并如实供述，而传唤不属于强制措施，故其行为符合"犯罪嫌疑人尚未受到讯问、未被采取强制措施时，主动、直接向司法机关投案"的司法解释规定，应认定为自首。

第三种意见认为，陈某红委托其妹陈某美报警行为不属于"投案"，但陈某红在明知他人已报警的情况下，留在现场等待警察到来处理，属于犯罪嫌疑人自愿置于司法机关控制之下的客观行为，体现了其自愿将自己交付国家追诉的主观意愿，其后亦能如实供述自己的犯罪事实，应当认定为自首。

第四种意见认为，陈某红的上述行为都不属于"自动投案"，不能认定为自首。

深度评析

笔者认为，**陈某红的行为不属于"自动投案"，不能认定为自首**。理由如下：

1. 认定自首中的"自动投案"，首先要明确"自动投案"的内涵和外延。

根据《刑法》第67条，一般自首以"自动投案"和"如实供述"为必要条件。最高人民法院《关于处理自首和立功具体应用法律若干问题的解释》（以下简称《自首和立功司法解释》）第1条第1项第1款规定，"自动投案，是指犯罪事实或者犯罪嫌疑人未被司法机关发觉，或者虽被发觉，但犯罪嫌疑人尚未受到讯问、未被采取强制措施时，主动、直接向公安机关、人民检察院或者人民法院投案"。该规定明确了"自动投案"一般情形下的形式要件：在投案时间上，应在犯罪事实或者犯罪嫌疑人未被司法机关发觉，或虽被发觉但尚未受到讯问、未被采取强制措施前；在投案对象上，应当向公安机关、人民检察院或人民法院投案；在投案方式上，应当主动、直接投案。这三方面的形式要件概括了"自动投案"的基本内涵和外延。

该项还规定了"自动投案"一般情形之外视为自动投案的特殊情形。例如，犯罪嫌疑人向其所在单位、城乡基层组织或者其他有关负责人员投案的（投案对象特殊）；犯罪嫌疑人因病、伤或者为了减轻犯罪后果，委托他人先代为投案，或者先以信电投案的（投案方式特殊，可概括为间接投案）；罪行尚未被司法机关发觉，仅因形迹可疑，被有关组织或者司法机关盘问、教育后，主动交代自己罪行的（投案时间特殊）；犯罪后逃跑，在被通缉、追捕过程中，主动投案的（投案时间特殊）；经查实确已准备去投案，或者正在投案途中，被公安机关捕获的，应当视为自动投案（投案时间特殊）；并非出于犯罪嫌疑人主动，而是经亲友规劝、陪同投案的；公安机关通知犯罪嫌疑人的亲友，或者亲友主动报案后，将犯罪嫌疑人送去投案的，也应当视为自动投案（投案方式特殊，可概括为非主动投案）。由此可见，特殊情形扩展了自动投案的外延。而该项"犯罪嫌疑人自动投案后又逃跑的，不能认定为自首"的规定，则是从排除性角度对"自动投案"的外延进行了限定（"自动投案"的彻底性要求）。

综合《自首和立功司法解释》第1条第1项的规定，可以认为：一般自首中的"自动投案"，以犯罪事实或者犯罪嫌疑人未被司法机关发觉，或者虽被发觉，但尚未受到讯问、未被采取强制措施前投案为一般或原则，以被盘问、被教育、被通缉、追捕过程中、被捕获途中投案为特殊或例外；以向公安、检察、法院投案为一般或原则，以向其所在单位、城乡基层组织或者其他有关负责人员投案为特殊或例外；以主动、直接投案为一般或原则，以非主动、间接投案为特殊或例外。而且，从该司法解释看，对"自动投案"的特殊情形进行了明确而具体的列举，没有附加任何兜底性条款，也没有在列举的特殊情形后加"等"字。

因此，我们认为，司法实践中，判断一行为是否属于"自动投案"，在逻辑顺序上，应首先看其是否属于"自动投案"的一般规定的情形，如果不属于，再看其是否符合司法解释明确规定的特殊规定的情形，如果二者都不属于，则不能认定为自首。而不能反过来，从特殊规定出发来扩充理解"自动投案"的内涵或司法解释的本意。

2. 判断一行为是否属于自动投案的一般情形，关键在于正确理解投案行为的主动性。

一般来说，自动投案3个形式要件中，投案时间要件和投案对象要件容易掌握。但何谓主动、直接投案？司法解释没有明确，理论和实务也鲜有直接论述。但理论上对"自动投案"的理解和把握，除了投案时间、投案对象外，一般还包括两个条件：一是自动投案一般应是基于犯罪分子本人的自愿意志，投案的动机不影响自动投案的成立；二是犯罪分子必须自愿置于司法（或表述为"有关机关或个人"）控制之下，等待进一步交代犯罪事实。①

我们认为，"投案"就是将自己置于司法控制之下。"直接投案"，通常情况下是指犯罪分子本人直接到公安、检察院、法院并置于这些机关控制之下。而上述两个条件正是对"主动投案"的理解。主动投案，包括主观（基于犯罪分子本人自愿意志）和客观（自愿置于司法控制之下的行为）两方面的要求。因此，投案是否具有"主动性"，应综合考虑犯罪嫌疑人的主观意愿和客观行为，既需要行为人有将自身置于司法机关控制之下的主观意愿，也需要有相应的行为对该主观意愿进行"意思表示"。司法实践中，有的主张"犯罪分子只要有主动投案的意思即可，甚至可以不需要具体的到案投案行为"，并以《自首和立功司法解释》中"经查实确已准备去投案，或正在投案途中，被公安机关捕获的，应当视为自动投案"的规定为依据。② 我们不同意该论述，实际上，"准备去投案或正在投案途中"正是投案的具体行为，而绝非犯罪分子意念或脑海中的主动投案的意思，否则凭何认定准备投案或正在投案？该规定恰恰表明"主动投

---

① 参见高铭暄、马克昌主编：《刑法学》，北京大学出版社、高等教育出版社2000年版，第282～283页；或者参见陈兴良主编：《刑法学》，复旦大学版社2002年版，第294～296页；或者参见曲新久主编：《刑法学》，中国政法大学出版社2009年版，第239页。

② 参见《董保卫、李志林等盗窃、收购赃物案——投案动机和目的是否影响自首成立》，载《刑事审判参考》（第381号）。

案",既需要主观意愿,也需要相应的客观行为。

3. 犯罪嫌疑人事后电话报警的行为是否属于"自动投案"应区别对待。

犯罪嫌疑人在事后通过电话报警的情况屡见不鲜,是否应当认定为"自动投案"?我们认为,不能一概而论。从报警内容上看,犯罪嫌疑人事后报警行为一般可分为三种情形:一是事后主动以电话方式告知司法机关案件基本事实及自己涉案基本情况。二是事后拨打电话仅告知司法机关有案件发生,但对其自身是否涉案只字不提。典型的是交通肇事罪的嫌疑人伪装成路人报警。三是事后向司法机关报警,是为了举报他人不法行为,或者先替自己辩解,即"恶人先告状"。这种情况下犯罪分子一般会将自己描述为被害人。

我们认为,第二种情形属于"报案",第三种情形属于"控告",均不能认定为"投案"。因为在这两种情形下,犯罪分子对本人的基本犯罪事实均未明确表示,更谈不上置于司法控制之下了。只有在第一种情形下,犯罪嫌疑人明确告知司法机关案件基本事实和自身涉案基本情况,才可能属于"自动投案"。但是否属于"自动投案",仍然需要进一步区分。如果犯罪嫌疑人报警"投案"后放弃自由意志支配的行动(如原地等待)①,或按照司法机关的指示行事(如稳住同案犯、保护现场等),此时犯罪嫌疑人虽然没有将身体置于司法机关直接控制之下,但其自由意志已在司法机关控制之下,可以认定为"自动投案"。或者,先行报警投案后,因病、因伤、抢救被害人而采取必要的自由行动,待这些原因消除后再将自己置于司法机关控制之下,这符合司法解释规定的"委托他人先代为投案,或者先以信电投案的"特殊情形。

本案中,陈某红委托其妹陈某美报警中仅声称"有人在其浴池内闹事",对陈某红故意伤害他人的行为只字未提,其报警行为纯属"控告"而非"投案",更谈不上自动投案。

4. 传唤到案并如实供述能否认定为自首应区别对待。

司法实践中对犯罪嫌疑人被传唤到案后如实供述能否认定为自首分歧较大。有的认为,传唤到案不是基于本人的主观意愿,不具有主动性,属于被动归案。②还有的认为,传唤不属于强制措施,犯罪嫌疑人经传唤后,自主选择的余地还是很大的……而其能主动归案,就表明其有认罪悔改、接受惩罚的主观目

---

① 犯罪嫌疑人作案后打电话报告公安机关并等候公安人员将其抓获的行为,符合自动投案。参见《杜祖斌、周起才抢劫案——自动投案后没有如实供述同案犯是否构成自首》,载《刑事审判参考》(第255号)。

② 参见冯英菊:《浅谈自首与坦白的界定》,载《人民检察》1999年第7期。

的,即归案的自动性和主动性。①

　　我们认为,刑事传唤虽然不属于强制措施,但在实践中错误使用刑事传唤的情况大量存在,如以口头或电话通知形式代替传唤通知书的适用、传唤后即将犯罪嫌疑人刑事拘留、混淆传唤和拘传、拘留的区别,以传唤通知书的形式强制犯罪嫌疑人到案并拘留②,传唤后使用讯问笔录等。因此,犯罪嫌疑人经传唤到案是否属于自动投案,应当区分以下情形分别认定:

　　一是无论是否需要拘留、逮捕的犯罪嫌疑人,经司法人员电话传唤或让别人"捎口信"到案的,均应认定为自动投案。因该种情形下犯罪嫌疑人有充分的自主选择余地,其能够到案体现了投案的主动性。

　　二是对不需要拘留、逮捕的犯罪嫌疑人正确适用书面传唤且犯罪嫌疑人配合到案的,应认定为自动投案。此种情况属于正确适用传唤,不具有强制力。

　　三是对需要拘留、逮捕的犯罪嫌疑人,错误适用书面传唤,且在非强制下犯罪嫌疑人到案的,也应当认定为自动投案。

　　四是对需要拘留、逮捕的犯罪嫌疑人,适用的虽是传唤通知书,但实际是强制犯罪嫌疑人到案的,不能认定为自动投案。当然,是否实际上是强制到案,需要综合分析犯罪嫌疑人到案经过,如公安人员是否事先明确该嫌疑人需要拘留、逮捕,是否准备了犯罪嫌疑人拒不到案或逃跑时的应对方案等。

　　五是对当时难以判定是否需要拘留、逮捕的犯罪嫌疑人,当场书面或口头传唤的,应注意是否属于《刑事诉讼法》规定的公安机关对于现行犯或者重大嫌疑分子可以先行拘留的七种情形,如属于这七种情形,则该传唤实质上是先行拘留,犯罪嫌疑人的传唤到案不能认定为自动投案。

　　本案中,公安人员是在现场了解情况后将陈某红传唤到案的,实际上是对现行犯的先行拘留,因此,陈某红被传唤到案不属于自动投案。

　　5.明知他人报警后仍然留在现场被抓捕的行为是否认定为自动投案应区别对待。

　　司法实践中,有人提出"行为人犯罪后留在现场等待抓捕,到案后又如实供述的,应当认定为自首"③的观点,认为犯罪分子在作案后,在没有外力的强

---

　　① 参见《王春明盗窃案——犯罪嫌疑人被公安机关传唤到案后,如实供述自己的罪行的,能否认定为自首》,载《刑事审判参考》(第354号)。

　　② 参见滑俊杰、许建苏:《传唤到案行为的实质界定》,载《人民检察》2010年第2期。

　　③ 马凯、王兆峰:《等待抓捕成立自首的理论基础和条件》,载《人民检察》2009年第23期;或者参见吴秀玲:《滞留现场等待抓捕是否可以认定为自首》,载《江苏法制报》2010年1月11日,第6版。

制作用下,主动留在现场等待抓捕,并在公安人员到场后主动交代犯罪的,尽管其只是消极地等待抓捕,没有采取积极的投案行为,但行为人应对其在现场等待公安人员可能造成的后果是明知的,究其实质,仍然体现了主动将自己交付国家机关的意思表示,符合自首的本质。并且认为,行为人明知他人已经报案,仍然留在原地等待抓捕,应当视为行为人对他人报案行为的一种追认,同自己报案具有相同的法律效果。①

我们不同意上述观点及论述。理由是:

首先,"留在现场被抓捕"不等于"主动留在现场等待抓捕"。

我们认为,"主动留在现场等待抓捕"的提法更多的是一种主观臆测而非客观描述。没有逃跑不等于主动等待抓捕。因为,即便在没有外力的强制下,犯罪嫌疑人留在现场并被抓捕可能是出于投案的意愿,也可能是没来得及逃跑、隐匿,还可能是内心恐惧或因慌乱而不知所措等多种原因。一般情况下,我们无法判断犯罪嫌疑人留在现场究竟是出于"主动"还是"被动",抑或是无意识状态,是在等待抓捕还是其他,除非犯罪嫌疑人明确告知司法机关或肯定会向司法机关报案的相关人员自己在等待抓捕。

其次,作案后留在现场的行为缺乏投案的主动性。

持"等待抓捕成立自首"的观点认为,"等待抓捕"型自首从表面上看,行为人没有实施积极的到有关机关投案的行为,而是消极地在原地等待,表现为不作为……"作为"和"不作为"是相对于法律义务提出的概念,而不仅仅表现为行为人的肢体动作,行为人履行了法律义务要求的行为,即为作为;反之,则为不作为。我国《刑法》关于自首的规定中,涵盖了要求行为人向有权机关投案的义务,行为人"自动"留在原地等待抓捕,履行了法律要求的义务,从实质上看,应是一种作为。② 我们认为该论述不能成立。首先,"作为"、"不作为"是刑法犯罪构成中危害行为的一个概念,而非自首制度中的概念,而且自首是否是犯罪嫌疑人应当履行的法律义务值得商榷。如果是义务,那么履行义务是正常的,而不应当受到从宽的优待。其次,该观点的基本逻辑前提错误。其首先将留在原地等待视为投案,然后认为履行了投案义务,成立作为,进而成立投案的主动性。"投案"本身就要求有一定的主动性,其首先要证明的"原地等待"是否等于"投案"不但没有证明,还将其作为成立自动投案的前提。

---

① 参见马凯、王兆峰:《等待抓捕成立自首的理论基础和条件》,载《人民检察》2009年第23期。

② 参见马凯、王兆峰:《等待抓捕成立自首的理论基础和条件》,载《人民检察》2009年第23期。

我们认为，在没有外力的强制下，犯罪嫌疑人可以逃跑、隐匿、继续实施犯罪、原地等待等，同样完全有条件直接投案、电话投案或委托他人投案等，其有条件采取主动行为而不采取，难以体现投案的主动性。而忽略投案的主动性，将混淆"自动投案"与"被动归案"的本质区别，将自动投案演变为"不逃跑、不反抗即自动投案"逻辑模式，从而背离甚至颠覆《刑法》将"自动投案"设置为自首必备条件的初衷。

最后，明知他人已经报案仍然留在原地等待处理的行为不能简单地视为是对他人报案行为的追认。

我们认为，犯罪嫌疑人本人报案并现场等待是对抓捕后果的主动追求。而明知他人已经报案仍然留在原地等待，最多表明犯罪嫌疑人对被抓捕的后果是放任的（类似于间接故意）。在对抓捕后果持放任的情况下，虽然犯罪嫌疑人的"主动性"欠缺一些，但在一定程度上体现出将自己置于司法控制之下的意愿，尚可认定为自动投案。但有些情况下，犯罪嫌疑人留在现场等待并不是放任抓捕后果。例如，犯罪嫌疑人是因伤、病或现场被围堵等情况而无法及时离开现场，明知他人报案也只能等待抓捕，这种情形显然不能认定为自动投案。再如，有的犯罪嫌疑人明知他人报案仍然留在现场等待，并不是希望也不是放任自己被抓捕，而是认为自己并没有犯罪行为，甚至认为自己是受害人。这种情形也不能认定为自动投案。因此，明知他人已经报案仍然留在现场被抓捕的行为能否认定为"自动投案"，仍然要根据当时的客观情况综合判断该犯罪嫌疑人是主动投案还是被动归案。

本案中，陈某红虽然是在明知他人已报案仍留在现场并被抓获的，但是其委托其妹陈某美报警中不但对自己的犯罪行为只字未提，而且声称"有人在其浴池内闹事"，公安人员也是在现场了解情况后方将其抓捕归案的。可见，陈某红并没有主动投案的意愿，也不希望自己作为犯罪嫌疑人被抓捕。

综上所述，我们认为，司法机关在认定一行为是否构成自首中的"自动投案"时，应严格依据现行法律、司法解释准确适用，而不得随意扩大或缩小。犯罪嫌疑人事后电话报警的行为、被传唤到案的行为、明知他人报警仍留在现场等待处理的行为是否能够认定为自动投案，应根据不同的情形区别对待，关键是正确理解和把握"自动投案"中的主动性要求。

（供稿：北京市大兴区人民检察院　赵斌峰
案例编辑：北京市人民检察院　王志国）

[第 040 号]

郭某松故意伤害案
—— 因家庭生活琐事引起轻伤害案件的起诉必要性裁量

办案要旨

当事人双方虽然未办理结婚登记手续，但举办了结婚仪式，且在一起共同生活并育有一子，在生活中发生伤害案件的，仍属于因婚姻家庭纠纷引起的刑事案件，依法应适用宽严相济刑事政策。在法律规定的前提下，司法人员在对犯罪人适用轻缓政策时，应充分听取和考虑被害人的意见，维护被害人在诉讼中的地位，化解双方的矛盾和冲突。从起诉的必要性看，如果案件情节轻微，不需要判处刑罚的，则对被告人作出相对不起诉决定为宜。如果案件符合宽严相济刑事政策对于轻微刑事案件可以轻缓处理的条件，可对被告人作出相对不起诉决定，避免给双方造成新的矛盾。

基本案情

被不起诉人郭某松，男，1970年12月22日出生，39岁，汉族，初中文化程度，农民，住北京市大兴区。因犯盗窃罪、破坏电力设备罪于1992年被北京市大兴区人民法院判处有期徒刑9年，剥夺政治权利1年，1999年刑满释放。

2006年12月，郭某松与被害人刘某红在北京市大兴区按照农村习俗举行婚礼，但未到民政部门办理结婚登记手续。婚后二人夫妻感情较好，并育有一子。其间，郭某松因家庭琐事与刘某红发生争吵，并几次对其进行打骂。

2009年8月24日3时许，郭某松去廊坊卖货，临出家门时，让刘某红把院门关好。刘说不关，郭遂把其从床上拽到客厅里拳打脚踢。后刘某红进屋抱孩子，郭去院里找了木棍（长90公分，直径2公分），打刘某红的右大臂，边打边说，"你抱着孩子我就打不到你了？"刘某红拿墩布挡棍子，郭一手拽着墩布，另一手用木棍打刘的胳膊、头部，打到其坐在床上不挣扎了，方才停手。后郭离家并将院门从外面反锁。刘某红跳墙出院到公安机关报案,并要求追究郭某松的刑事责任。经法医鉴定,刘某红身体多部位软组织挫伤,总面积占体表总面积的8.9%,身体损伤程度为轻伤。郭某松从廊坊回来,发现妻儿均不在家,后从邻居处得知刘某红报案,遂到派出所自首。

北京市公安局大兴分局于2010年8月4日以犯罪嫌疑人郭某松涉嫌故意伤害罪移送北京市大兴区人民检察院审查起诉。

北京市大兴区人民检察院受理该案之后,即与犯罪嫌疑人、被害人电话联系,告知双方所享有的诉讼权利。根据《刑事诉讼法》之规定,公诉检察官对被害人刘某红依法进行询问,听取其意见。被害人刘某红向公诉检察官表示只要郭某松不再打自己,其愿意与郭某松一起生活,并要求郭与其补办结婚登记。后公诉检察官依法讯问了犯罪嫌疑人郭某松。郭某松积极认罪、悔罪,并表示其与被害人平时感情较好,且育有一子,未办理结婚登记是因为刘户口不在本地,其愿意办理结婚登记,与刘某红继续共同生活、抚养孩子。公诉检察官再次询问刘某红意见,刘表示其与郭某松有感情基础,孩子年幼也需要父亲照顾,只要郭某松以后不打自己,愿意与郭某松共同生活。

为全面考察郭某松的表现情况,以决定是否可以作出相对不起诉的决定,公诉检察官进一步向其所住村委会等部门了解双方夫妻感情情况、郭某松的日常表现情况,并督促郭某松尊重刘某红的意愿,补办结婚登记,妥善处理其子户籍登记、抚养等问题。审查起诉期间,郭某松与刘某红领取结婚证,郭某松主动做出书面保证表示不再实施家庭暴力,刘某红明确表示不愿追究其刑事责任。

北京市大兴区人民检察院经审查认为,郭某松实施了《刑法》第234条第1款规定的行为,但具有自首情节,认罪悔罪态度较好,犯罪情节轻微,危害不大,根据《刑法》第37条第1款的规定,不需要判处刑罚。依据《刑事诉讼法》第142条第2款的规定,决定对郭某松不起诉。

被不起诉人、被害人均未提出申诉。

疑难问题

以夫妻名义共同生活的人因琐事发生矛盾,是否可以视为因婚姻家庭生活发生纠纷?司法实践中,如何把握"情节轻微,依法不需要判处刑罚或者免除刑罚"的条件?

分歧意见

第一种意见认为，郭某松在同居期间多次殴打刘某红，说明其主观恶性较大，其与被害人没有履行婚姻登记，并非法律意义上的因婚姻家庭纠纷引起的刑事案件，事后被害人积极报案。因此，不能作为近亲属之间的轻微刑事案件进行宽缓处理，为维护妇女儿童的合法权益，应提起公诉。

第二种意见认为，郭某松实施了故意伤害他人并致人轻伤的行为，鉴于其犯罪情节轻微、依法不需要判处刑罚，为维护家庭、社会和谐，本案应作出相对不起诉决定。郭某松与刘某红之间虽无法律保护的婚姻关系，但是双方确系以婚姻为意愿共同生活，现刘某红对郭某松表示谅解，且双方均具有继续共同生活的愿望，也有共同生活的感情基础，除此之外郭某松具有自首情节。综上所述，本案符合宽严相济刑事政策对于轻微刑事案件可以轻缓处理的条件，可对其作出相对不起诉决定，避免给双方造成新的矛盾。

深度评析

笔者认为，应对郭某松作出相对不起诉决定。理由如下：

1. 郭某松与刘某红虽然未办理结婚登记手续，但仍属于因婚姻家庭纠纷引起的轻微刑事案件，依法应适用宽严相济刑事政策。

我国《刑法》对于发生在亲属间犯罪的规定多反映出"亲告乃论"的价值追求，对发生在家庭婚姻生活中的轻微犯罪，多作除罪或者不告不理的规定。例如，《刑法》对暴力干涉婚姻自由罪、虐待罪的第1款情形均规定为自诉犯罪，司法解释规定近亲属之间发生的盗窃、抢劫，一般不以犯罪论处。对于民间纠纷、婚姻家庭关系引发的犯罪，最高人民法院在1999年《全国法院维护农村稳定刑事审判工作座谈会纪要》中规定"对于因婚姻家庭、邻里纠纷等民间矛盾激化引发的故意杀人犯罪，适用死刑一定要十分慎重，应当与发生在社会上的严重危害治安的其他故意杀人犯罪案件有所区别"。虽然本案不是故意杀人罪而是故意伤害罪，但其刑事司法的价值取向和政策把握方向应当是相同的，应当尽量修复社会关系，慎重动用刑罚手段，充分化解社会矛盾。此外，最高人民检察院《关于在检察工作中贯彻宽严相济刑事司法政策的若干意见》中规定"对因人民内部矛盾引发的轻微刑事案件依法从宽处理。对因亲友、邻里及同学同事之间纠纷引发的轻微刑事案件，要本着"冤家宜解不宜结"的精神，着重从化解矛盾、解决纠纷的角度正确处理。最高人民法院《关于贯彻宽严相济刑事政策的若干意见》规定"对于因恋爱、婚姻、家庭、邻里纠纷等民间矛盾激化引发的犯罪，应酌情从宽处罚"。

从前述法律、司法解释和意见来看，因婚姻、恋爱、家庭这些民间矛盾激化引发的犯罪，司法人员应优先考虑轻缓处罚。郭某松因为琐事对刘某红实施暴力，致其轻伤，符合我国《刑法》第 234 条第 1 款故意伤害罪的规定。虽然根据我国《婚姻法》的规定，结婚必须进行婚姻登记，郭某松与刘某红之间没有受《婚姻法》保护的法律关系，二人不属于法律规定上"近亲属"的范畴（夫妻、父母、子女、同胞兄弟姐妹），但是双方按照农村习俗举办婚礼、刘某红以妻子的身份在男方家共同生活、养育子女，郭某松的母亲也将刘某红作为自己的儿媳照顾，并对郭某松打伤刘某红一事非常生气，可见，郭某松的家庭对双方的夫妻关系予以认可。从传统观念和现状看，我国农村地区还普遍存在着结婚只办酒席、不登记的情况。对这些情况，我们不能一律简单地称为非法同居。在处理刑事犯罪时，如果不将这些情况作为婚姻家庭看待，有违宽严相济刑事政策的本义。

2. 在法律规定的前提下，司法人员在对犯罪人适用轻缓政策时，应充分听取和考虑被害人的意见，维护被害人在诉讼中的地位，化解双方的矛盾和冲突。

轻微刑事犯罪侵害公民人身、财产权利的，应尊重被害人的诉权选择。这更有利于化解矛盾，修复社会关系。如果一味强调国家追诉、惩罚犯罪，而不考虑被害人本人的意愿，可能会给被害人和犯罪嫌疑人今后的关系造成无法挽回的损害。家庭是社会的细胞，只有家庭和睦，社会才能和谐稳定。处理这种发生在事实婚姻当事人之间的故意伤害案件，检察机关公诉部门在办理案件的同时，应在双方当事人之间搭建桥梁，化解矛盾，积极开展释法说理工作，帮助有共同生活意愿的当事人将事实婚姻关系变为法律婚姻关系，同时在不起诉之前，充分考察犯罪嫌疑人的改过情况，充分维护被害人的合法权益。

在本案的办理过程中，公诉检察官多次听取郭某松、刘某红的意见，双方均表示愿意共同生活。刘某红认为是郭某松的不配合才导致二人结婚近 5 年未领取结婚证，并向检察官诉说了自己的委屈。为化解刘某红对郭某松不与自己领取结婚证的不满，公诉检察官对郭某松进行释法说理，讲明办理结婚登记是公民义务也是对刘某红母子的保护，郭某松表示其不是不愿意领取结婚证，而是因为刘某红家在外地，一直缺少刘的户籍证明无法办理结婚登记，现户籍证明已经办好，随时可以与刘某红登记结婚。在公诉检察官的督促之下，二人领取了结婚证。

3. 从起诉的必要性看，本案属于情节轻微，不需要判处刑罚，以对郭某松作出相对不起诉决定为宜。

司法人员办理轻微刑事案件，要综合考虑分析如何做更能有效地打击和预防犯罪，化解矛盾、维护社会稳定；要分析在法律框架下，如何运用宽严相济的刑事政策才能最大限度地分化瓦解犯罪势力，教育挽救初犯、偶犯及团伙犯罪中的从犯、协从犯等轻刑犯；要分析处理结果是否有利于保持犯罪人家庭的稳定与和谐。避免给犯罪人的家庭带来情感缺失，增加经济负担，甚至出现家庭破裂或其他负面社会作用；要分析处理结果是否有利于化解犯罪人和被害人的冲突。

首先，《刑事诉讼法》及相关司法解释中规定故意伤害致人轻伤，为可公诉可自诉案件。立法做出这样的规定，是引导执法者要考虑到起诉裁量权的运用，刑罚的价值取向。从保护社会的稳定和谐角度出发，赋予公民对于轻伤害等轻微刑事案件是否寻求刑事司法保护的选择权。对于这类案件，检察机关应充分尊重被害人的意愿，对于轻微刑事案件，如果双方意愿达成和解，应允许被害人放弃追诉权利。

其次，从本案的犯罪情节、手段和犯罪嫌疑人的认罪态度看，郭某松犯罪情节轻微，符合可以从宽处罚的条件，依法不需要判处刑罚。本案中，郭某松虽对刘某红拳打脚踢，但均是表皮的挫伤等，虽然受伤面积相对较大，符合轻伤的标准，但郭在犯罪过程中没有使用凶器，也没有使用侮辱、残忍的手段，犯罪手段并非恶劣。此外，郭某松主动投案，如实供述罪行，积极认罪悔罪，按照《刑法》第67条第1款的规定，系自首，可以从轻、减轻或者免除处罚。郭某松虽然曾有前科，但其并非累犯，且前罪是盗窃行为并非严重暴力犯罪，不具备再犯的高度人身危险。

最后，刘某红与郭某松有继续共同生活的意愿，且刘某红明确表示不想追究郭的刑事责任。审查起诉期间，公诉检察官对二人情况进行了调查，郭某松与刘某红之间存在长达近5年的事实婚姻关系且育有一子，二人的感情基础尚在，双方均愿意共同生活，共同抚养孩子。此种情况下，对一方进行刑事处理，不利于这个家庭的和谐和稳定，对郭进行刑事处罚会对子女成长、入学甚至今后的就业造成负面影响。

综上所述，我们认为，郭某松的犯罪情节轻微，且没有判处刑罚的必要性，应对其作出相对不起诉决定。

（供稿：北京市大兴区人民检察院　司左军
案例编辑：北京市人民检察院　庞　静）

[第041号]

万某春故意伤害案

——偶发轻微刑事案件应当综合考量起诉必要性

办案要旨

审查判断案件是否具有起诉必要性，应依据犯罪事实状况、犯罪嫌疑人的人身危险性以及不起诉是否损害社会公共利益等标准，依据一定的原则进行判断，而不能够单纯以双方当事人是否达成刑事和解协议作为唯一判断标准。具有起诉必要性的核心判断标准是行为是否严重侵害了公民个人以及社会公共利益，是否必须通过审判程序来确定其刑事责任。

基本案情

被告人万某春，男，1985年5月13日出生，汉族，大学本科文化程度，无业。

北京市石景山区雍景四季小区地下停车库未投入使用，小区业主的车辆都是临时停在楼与楼之间的过道上，无固定车位。2010年2月22日7时许，因被告人万某春前一天晚上将车停到了小区1~2号楼下过道入口的位置上，致使其他车辆无法驶出，遂引起被堵车主被害人苏某彬（被害人所学专业为小提琴演奏）的不满，并与万某春发生口角。其间，苏某彬用脚踹了万某春所停轿车的后部，万某春见状持菜刀下楼，将苏某彬胳膊砍伤，致苏某彬左尺骨开放性不全骨折、左三角骨开放性骨折、左小指展肌、短屈肌、对掌肌断裂，经法医鉴定为轻伤（偏重）。案发后万某春开车离开，前往天津塘沽藏匿。后万某春于2月24日11时许，被民警在天津市抓获，同日被刑事拘留，3月9日因涉嫌犯故意伤害罪被逮捕。

本案由北京市公安局石景山分局于2010年5月6日移送本院审查起诉。5月27日，万某春的父亲万某定与苏某彬及其母亲张某英达成赔偿和解协议，万某春、万某定一次性赔偿苏某彬、张某英各项损失15万元，苏某彬、张某英表示不再追究万某春任何民事责任以及在法律允许的条件下不再追究其刑事责任。石景山检察院经审查后于6月3日批准了万某春的取保候审申请。

石景山检察院检察委员会研究决定,于 2010 年 9 月 20 日以被告人万某春涉嫌犯故意伤害罪提起公诉,被告人万某春对犯罪事实供认不讳,自愿认罪。

石景山区人民法院于 2010 年 10 月 9 日作出一审判决:被告人万某春犯故意伤害罪,判处有期徒刑 6 个月缓刑 6 个月。

被告人万某春未上诉。

疑难问题

偶发轻微刑事案件如何审查判断起诉必要性?

分歧意见

第一种意见认为,万某春行为虽然已经构成故意伤害罪,但是,犯罪情节轻微,根据《刑法》不需要判处刑罚,可作酌定不起诉处理。主要理由:一是本案的当事人双方在同一小区内居住,虽不熟识,但事前没有矛盾积怨。事情起因是由于小区停车位紧张,地面停车管理混乱,造成业主间因车位问题引发纠纷,且有证据证明被害人在协商挪车不成的情况先用脚踢踹了万某春的车,使其车辆受损,从而引发矛盾升级。二是万某春虽系持械,但其犯罪动机简单,属激情犯罪,主观恶性较小。三是万某春家人在其犯罪后主动赔偿被害人损失,已与被害人达成刑事和解协议。四是万某春在被取保候审后,能够当面向被害人赔礼道歉,并定期向检察机关汇报思想动态,认罪、悔罪态度良好。

第二种意见认为,应当对万某春提起公诉,审查判断案件是否具有起诉必要性,应依据犯罪事实状况、犯罪嫌疑人人身危险性以及社会公共利益等标准,依据一定的原则进行,而不能够单纯以双方当事人是否达成刑事和解协议作为唯一判断标准。

深度评析

笔者认为,**应当对万某春提起公诉**。理由如下:

1. 判断起诉必要性时应当遵循以下基本原则:

一是严格依法的原则。刑事政策的运用和自由裁量权的行使均应以现有法律为基础,不能够有所突破。应当严格禁止将定罪情节与量刑情节相混淆,为了适用轻缓刑事政策而改变案件性质的认定,从而为作出相对不起诉创造条件。同时,这一原则也要求公诉人在审查案件、进行决策和执行决定过程中的每一个环节和步骤都必须严格依法进行。

二是区别对待的原则。在进行起诉必要性判断时要做到"因人制宜、因事制宜、因时制宜和因地制宜",要充分强调不同案件在重点情节方面存在的差异性,并得出是否应当提起公诉的意见。同时,需要强调的是,在坚持区别对待的原则时,公诉人仍然应当坚持法律面前人人平等的刑法基本原则,讲"因人制宜"绝不能够成为有特殊身份、地位的人推卸刑事责任的借口。

三是有利于被不起诉人改过自新的原则。对犯罪人适用刑罚的目的不是报复,而是促使其改过自新,重新回归社会。而对于某些人来讲,适用刑罚进行处罚不仅不利于改过,还有可能使其受到二次污染或阻碍了其回归社会、回归正常社会生活的路径。正因为如此,当对某一人作出相对不起诉决定时,应当在内心中已经建立起不起诉会更有利于其改过自新的内心确信,否则,就不应当适用酌定不起诉。

四是客观有度原则。公诉人在行使自由裁量权时,应当遵循客观义务,尤其是在提出拟作酌定不起诉的意见时,应当客观评价案件中存在的法定或酌定从重处罚情节,对犯罪嫌疑人的犯罪情节作出客观的评价。同时,在适用轻缓刑事政策的时候要做到"有度",不能一味轻缓以致违背了区别对待的原则。例如,在同时具有从轻或减轻处罚的情节时,到底是从轻还是减轻要具体案件具体分析,而不能够一律地认为应当减轻。

五是能够为公众所接受的原则。要保证自由裁量权行使的适度,关键在于要使裁量的结果符合大多数人的认识和预期,使普通人能够接受。只有这样,才能够达到对于一般社会公众的一般预防作用。

2. 适用酌定不起诉处理的案件并不仅仅限于轻罪案件,也即不以罪名轻重作为判断标准,而是应当以具体的犯罪情节加以判断。

确定罪名的轻重时,更多考虑的是某一类型犯罪通常情况下的社会危害程度,而在决定适用酌定不起诉时,所考虑的应当是某一具体案件中犯罪嫌疑人的犯罪情节轻重。显然,即使是在重罪中也可能存在个案情节轻微的问题。当然,还需要明确的一点是,在起诉必要性判断中起决定作用的情节,应当是量刑情节,而非定罪情节。

具体而言,应当高度关注以下若干因素:

一是犯罪行为的性质。酌定不起诉应当更多地适用于侵犯公民人身、民主权利类犯罪和侵犯财产权类犯罪案件中达成刑事和解的,且犯罪对象应当主要是自然人的案件。因为,在这两类犯罪中,犯罪对象多是单个的自然人,而不涉及国家、集体和社会利益(一旦涉及这三种利益,通常就超出了犯罪情节轻微的范畴),当事人双方通常有条件达成刑事和解,可以作为判断的考量因素之一。

二是主体是否为特殊人群。例如，犯罪嫌疑人系未成年人、老年人、残疾人等特殊弱势群体，或者案件发生在家庭成员、邻里、同事、朋友之间等。

三是犯罪嫌疑人在3个不同阶段的具体表现。首先是案发前的表现，由此可以判断犯罪嫌疑人的人身威胁性。例如，犯罪嫌疑人有无前科劣迹，是否系偶犯、初犯、激情犯，以及犯罪嫌疑人的具体犯罪动机、目的等。其次是案发过程中的表现，由此可以判断犯罪嫌疑人的人身威胁性和社会危害性。例如，犯罪嫌疑人所使用的犯罪手段、方式、造成的后果等。最后是案发后的表现，由此可以判断对犯罪嫌疑人的教育目的能否达成。例如，犯罪嫌疑人有无救助被害人的行为，是否有积极减少损失、主动坦白、自愿认罪、有无悔罪表现、当事人双方是否达成刑事和解协议等。

四是可预期的判决结果。通常认为，如果犯罪嫌疑人依据现有证据材料有可能被法院判处缓刑、定罪免刑或单处罚金的，那么对于其中部分犯罪嫌疑人通常可以作酌定不起诉处理。

五是其他因素。例如，作酌定不起诉处理是否有利于对犯罪嫌疑人的教育改造，是否有利于该人回归正常的社会生活，以及是否符合最高人民检察院、最高人民法院关于贯彻宽严相济刑事政策的基本精神等。

3. 具有起诉必要性的核心判断标准是行为是否严重侵害了公民个人以及社会公共利益，是否必须通过审判程序来确定其刑事责任。

对于符合下列条件之一的案件，通常不应当作酌定不起诉处理：

一是侵犯了特殊人群和特殊对象。例如，犯罪行为所侵犯的是未成年人、老年人、孕妇、残疾人或幼女等特殊弱势群体，以及以救灾、救济、扶贫等特殊款物为犯罪对象等。

二是造成了严重后果，社会危害性较大的刑事犯罪案件。例如，犯罪嫌疑人的行为导致被害人自杀、自残等，或导致被害人家庭生活困难，以及造成了恶劣的社会影响等。

三是犯罪嫌疑人具有较大的人身危险性。

四是贪污、贿赂、渎职侵权案件和其他侵犯国家安全、公共安全，严重威胁到公众安全感的刑事犯罪案件。

五是犯罪对象为多人的涉众型犯罪案件。

六是社会公众反映强烈、民愤较大或被害人积极要求追究犯罪嫌疑人刑事责任的案件。

七是双方当事人无法达成和解协议，且作出酌定不起诉决定后双方矛盾可能进一步加剧的案件。

八是在特殊时期基于预防某一类犯罪发生而不宜作酌定不起诉处理的案件。

九是事前详细预谋、结伙作案、实施复杂的共同犯罪、犯罪手段残忍等案件。

十是犯罪嫌疑人在案发后有脱逃、故意隐瞒案情、订立攻守同盟、毁灭证据、逃避法律追究的行为，或有对抗侦查活动，为案件的办理设置障碍的案件。

十一是一人犯数罪的案件。

十二是案发前曾经因为同种行为受到过行政处罚，后又实施了同种行为构成犯罪的，或者在刑满释放后5年内又实施犯罪行为的案件。

十三是犯罪嫌疑人系主犯，而从犯已被提起公诉或已判刑的案件。

十四是共同犯罪中，同案犯一并起诉更为适宜的案件。

十五是需要人民检察院提起附带民事诉讼的案件。

十六是犯罪嫌疑人没有认罪悔罪表现，或者不具备帮教条件的案件。

通过上述分析，可以清楚地看出本案中虽然存在着诸多酌定从轻处罚情节，但是，也存在一些酌定从重处罚情节，进而影响到对于起诉必要性的判断。具体而言，万某春的行为具有以下酌定从重处罚情节，从而得出本案有起诉必要性的判断：

一是案发前虽然是被害人踢踹万某春的车在先，但是，案发起因最终应当归结于万某春违规停车，并拒绝及时将车辆从主路上移开，因此，万某春对于本案的发生是有一定过错的，而不能够因为被害人有踢踹行为就认定被害人在案发过程中有过错。

二是万某春在案发过程中具有持刀伤人的行为，且导致被害人数处受伤，也即万某春实施了数次打击行为，且犯罪手段较为恶劣。

三是从犯罪行为所造成的后果来看直接导致被害人受到轻伤（偏重），危害后果重于一般意义上的轻伤害案件。同时，被害人所学专业为小提琴演奏，其所受伤必然会影响到被害人今后的职业发展。因此，本案的实际危害后果重于其他案件。

四是万某春在案发后有潜逃、藏匿，逃避法律制裁的行为，由此可见，该人的主观恶性较大。事后的积极赔偿与刑事和解协议的达成不能够成为对其作酌定不起诉处理的理由。

（供稿：北京市人民检察院第三分院　李　凯
案例编辑：北京市人民检察院　庞　静）

[第 042 号]

陶某山、王某清故意伤害案
——处理婚姻家庭矛盾引发的伤害案件，应综合
考虑事件起因、过错或责任负担

办案要旨

处理因婚姻家庭矛盾激化引发的案件，应充分考虑事件的起因、被害人是否有明显过错或对矛盾激化是否负有直接责任、行为人是否有法定或酌定从轻处罚的情节等因素，审慎认定行为的性质，正确适用罪名。在司法实践中，被告人如果无先前行为引起的作为义务，就不具有对被害人的法定救助义务，其行为与被害人的死亡后果之间不存在刑法意义上的因果关系。但是，被告人基于民法的公平原则，应承担一定民事赔偿责任。

基本案情

被告人陶某山，男，1960年4月20日出生，汉族，高中文化程度，农民，住北京市平谷区峪口镇。

被不起诉人王某清，女，1960年6月29日出生，汉族，高中文化程度，农民，住北京市平谷区峪口镇。

陶某山、王某清的女儿陶某与被害人苗某国（男，殁年27岁）系恋爱关系，但陶某山与王某清对此事持反对态度，不愿陶某与苗交往，为此苗某国曾多次来找陶某，在村中宣扬陶某骗其钱、怀孕等言论，并多次向峪口镇派出所报案，称找不到女朋友、生命受到威胁等，均被当地民警劝走。

2013年3月17日，陶某、苗某国在中间人见证下签订协议，由陶某支付苗某国经济补偿金人民币1万元，以后双方不再有任何感情纠纷和经济纠纷。

2013年5月27日中午，陶某在与苗某国相会后回到家中，准备带上户口本和身份证与苗结婚。陶某山见到陶某后，发现其胳膊受伤了，陶某承认是被苗某国弄伤的，陶某山很生气，便给苗某国打电话要求其前来谈谈，苗某国在电话里讲，如果今天去会出人命的，要和陶某家人同归于尽。13时许，苗某国来到陶某山家中，当陶某山对陶某胳膊被伤一事责问其时，苗某

国称："我来就是跟你们同归于尽的！"随后拿起陶某山家院门西侧的一把铁锹，陶某山见状也拿起院门东侧的一把铁叉。在二人均持械准备对打时，王某清将一把白灰向苗某国扬去，随即王某清与其邻居郑某平一起躲入厨房并报警。陶某山持铁叉击中苗某国头部并将其打倒，后又持铁叉及铁叉把击打苗某国数下，使其头面部、胸部左侧被多次击打，致颅脑损伤死亡。报警后，陶某山、王某清在现场等待公安人员到来，并如实陈述犯罪事实，但未对苗某国进行救治。民警在现场发现苗某国受伤后拨打"120"及"999"急救电话紧急救治。后苗某国经抢救无效死亡。

2014年4月15日，北京市第三中级人民法院经审理认为，被告人陶某山故意伤害他人的行为构成故意伤害罪，鉴于被害人苗某国在事件起因上存在过错，且陶某山有自首情节，积极赔偿并得到被害人家属谅解，故依法从轻处罚，判处陶某山犯故意伤害罪有期徒刑10年，剥夺政治权利2年。

2014年5月23日，北京市人民检察院第三分院检委会讨论认为，王某清在苗某国持铁锹欲伤害陶某山的情况下向对方实施扬灰行为，属于在人身面临危险时实施的防卫行为，依照《刑法》第20条之规定，其行为属于正当防卫，不构成犯罪。依照《刑事诉讼法》第15条、第173条第1款的规定，决定对王某清不起诉。

疑难问题

如何区分故意伤害罪与故意杀人罪？如何判断行为人的救助义务？不予救助的行为是否构成犯罪？

分歧意见

第一种意见认为，陶某山构成故意伤害罪。王某清向苗某国扬白灰的行为系保护自己及配偶陶某山免受苗某国的不法侵害，属于正当防卫，正当防卫者在实施防卫行为后，不具有对不法侵害者的救治义务，对王某清的不救治行为不应作犯罪行为评价。

第二种意见认为，陶某山构成故意杀人罪。王某清与陶某山与被害人苗某国素有积怨，此次又由于苗某国来到家中之后出言不逊并寻找凶器欲对其攻击，陶某山出于激愤，亦持凶器准备攻击苗某国，由于其妻子扬白灰的行为而得以将苗某国打倒在地并继续对苗进行击打，最终造成苗某国颅脑损伤死亡。王某清在发现苗某国被打伤后，具有对其紧急救助的义务，王某清未采取任何措施，放任苗某国的伤重不治，应当以间接故意的故意伤害罪（致人死亡）追究其刑事责任。

第三种意见认为,陶某山与王某清共同实施了故意伤害并致人死亡的行为,均构成故意伤害罪。

第四种意见认为,陶某山与王某清均为正当防卫。

深度评析

笔者认为,**陶某山构成故意伤害罪**。理由如下:

1. 处理因婚姻家庭矛盾激化引发的案件,应充分考虑事件的起因、被害人是否有明显过错或对矛盾激化是否负有直接责任、行为人是否有法定或酌定从轻处罚的情节等因素,审慎认定行为性质,正确适用罪名。

本案中,陶某山事先只是想找苗某国来谈谈其和女儿陶某之间的感情问题以及陶某胳膊被伤一事,没有证据证实其预谋杀害苗某国;苗某国则表示"我来就是和你们同归于尽的"并拿起凶器欲进行攻击,挑起事端,陶某山也拿起铁叉,二人准备对打,考虑到双方地处陶某山家中,且苗某国年轻力壮,陶某山已年过五旬,且家中其余人员均为女眷,此时陶某山的行为具有一定程度上防卫的性质。而后两人对打,苗某国被其制服,陶某山在冲动之下继续对苗某国进行击打,此时的行为性质已经为双方互殴。而从陶某山使用的犯罪工具、打击被害人的部位、打击的力度看,其实施的加害行为应为故意伤害行为,尚未达到积极追求被害人死亡结果的程度。因此,陶某山的行为应认定为故意伤害罪,并对致人死亡的结果承担责任。

2. 王某清无先前行为引起的作为义务,因此不具有对苗某国的法定救助义务,其行为与苗某国的死亡后果之间不存在刑法意义上的因果关系。

本案中的行为分为两个阶段,第一个阶段陶某山持铁叉将苗某国击倒,此后王某清向苗某国扬灰,这个阶段的行为可以评价为正当防卫。第二个阶段陶某山将苗某国击倒后,苗某国此时并无继续加害行为,也丧失了继续实施侵害的能力,但陶却对苗继续实施伤害,此阶段为事后防卫性质,造成严重后果的,应按犯罪论处。从行为的方式程度上看,第一阶段的行为并未造成苗身体上的严重伤害,而是第二阶段陶对其头部等进行击打而造成最终死亡结果。而王某清并未实施直接加害行为,为避免其夫被苗某国伤害而向其扬灰,之后又迅速躲入厨房,其对陶之后实施的继续加害行为并无教唆、指使等行为,亦为实施帮助行为,虽然其看到苗某国受伤后,未及时给予救助,但是其因无先前行为引起的作为义务,因此并无刑法意义上的救助义务。

此外,在案证据情况无法证明苗某国得到及时救治,能否避免死亡结果的发生,无法确定不予救治的行为直接导致死亡结果发生。其行为与苗某国的死亡后果之间不存在刑法意义上的因果关系。

3. 王某清虽无刑法意义上的救助义务，但基于民法的公平原则，应承担一定民事赔偿责任。

一是苗某国合法入户后，双方发生争执，苗某国在院内持铁锹欲实施伤害，苗某国的行为转为非法性质，属激情犯罪，该行为的违法程度、暴力程度以及对社会危险性均应有别于入户型抢劫犯罪，存在对其施救的道德基础。

二是陶某山、王某清系主人的身份，苗某国系客人身份。按照公序良俗的认识，主人应对客人的人身安全负责，防止、减轻、免除客人做客期间遭受损害后果，王某清作为主人，应对苗某国予以救助。

三是苗某国系王某清女儿之男友，苗、王二人间虽不存在法律关系，但亦应有别于普通人之间的关系，王某清应当对苗某国进行救助。普通朋友间临危救助现象亦属常态，即便陌生人间的紧急援救亦得到全社会的大力倡导。

四是王某清系施害人陶某山之妻子，夫妻间应当具有互相扶助、帮助义务。犯罪行为依法应当受到法律的惩处，对配偶一方实施的犯罪行为，另一方为帮助其减轻罪责，应尽力劝阻、避免或减轻犯罪行为的危害后果。王某清应对陶某山造成的故意伤害后果采取必要的补救措施，应当对苗某国施救。现场位于王某清家相对封闭的私人院落内，不存在案发现场以外人员发现苗某国受伤后对其救助的可能，王某清系具有对其施救条件的人员之一。

因此，王某清应当承担一定的民事赔偿责任，其赔偿责任与陶某山的赔偿义务有性质差别，前者是基于民法的公平原则，后者则是人身损害赔偿责任。

（供稿：北京市人民检察院第三分院　屠　威
案例编辑：北京市人民检察院　庞　静）

[第 043 号]

许某兵、王某故意伤害案
——共同故意伤害犯罪中被教唆者实行过限行为的认定

办案要旨

教唆犯是犯意的发起者,在教唆犯罪的情形下,判定实行行为过限的基本原则是看被教唆人的行为是否超出了教唆的范围。如果某一行为属于实行过限行为,实行过限犯罪人应当对其犯罪行为引起的后果承担刑事责任,而其他共同犯罪人则一般不对过限行为引起的后果承担责任。如果教唆内容不明确,则属于盖然性教唆,一般情况下不应认定实行行为过限,除非实行行为显而易见地超出了教唆的内容。教唆犯已经预见可能发生过限行为的情况下,负有明确、有效制止过限行为的义务,未能有效阻止的,应当对实际造成的损害结果承担罪责。

基本案情

被告人许某兵,男,1990 年 9 月 28 日出生,汉族,四川省人,无业,户籍地为四川省泸州市纳溪区。

被告人王某,女,1990 年 6 月 18 日出生,汉族,四川省人,无业,户籍地为四川省泸州市纳溪区。

被告人许某兵、王某均因涉嫌犯故意伤害罪于 2013 年 8 月 27 日被北京市公安局昌平分局刑事拘留,2013 年 10 月 1 日经北京市昌平区人民检察院批准被逮捕。

经审查查明:2013 年 8 月 26 日凌晨 1 时许,被告人王某在北京市昌平区天通苑京樽 KTV 包房内,与被害人何某因琐事发生冲突。后王某给其男友被告人许某兵发短信,称自己被人殴打,要许某兵前来为其出气。后王某担心事情闹大,又用手机给许某兵发短信要其"不能用刀"。

被告人许某兵在京樽 KTV 门口,在被告人王某指认下,伙同他人对何某等人进行殴打,被告人许某兵持刀将沈某、张某、康某扎伤,致沈某腹部开放性损伤、大腿外伤、小肠多处破裂伤,张某左大腿多处穿刺伤,康某左臀部多处穿刺伤。经法医学鉴定，沈某的损伤构成重伤（二级），张某、康某的损伤均构成轻微伤。

2013年10月29日，北京市公安局昌平分局以许某兵、王某涉嫌故意伤害罪向北京市昌平区人民检察院移送审查起诉。

2014年1月23日，北京市昌平区检察院以被告人许某兵、王某构成故意伤害罪向北京市昌平人民法院提起公诉。

2014年4月10日，北京市昌平区法院经审理认为，被告人许某兵、王某故意伤害他人身体，致一人重伤、二人轻微伤，其行为已构成故意伤害罪，依法应予惩处。北京市昌平区人民检察院指控被告人许某兵、王某犯故意伤害罪的事实清楚，证据确实充分，罪名成立。被告人王某到案后如实供述自己的罪行，可依法从轻处罚。本院综合考虑被告人许某兵、王某在共同犯罪中的不同作用、案件的起因以及其他具体情节，分别对二被告人予以量刑。判决认定被告人许某兵犯故意伤害罪，判处有期徒刑5年，被告人王某犯故意伤害罪，判处有期徒刑3年。

疑难问题

教唆他人实施伤害的案件中，被教唆者对伤害后果起主要作用的情况下，如何判定其是否属于实行过限行为？

分歧意见

第一种意见认为，被告人王某的行为不构成故意伤害罪，已发短信明确告知许某兵不能用刀，许某兵的持刀伤人行为超出王某的预期，属于共同犯罪的实行行为过限，实行过限的犯罪行为由过限行为实施者自己承担，被害人重伤后果由许某兵承担，而王某对许某兵持刀将他人扎成重伤的过限行为结果不应当承担刑事责任。

第二种意见认为，被告人王某虽发短信不让被告人许某兵带刀，但王某明知许某兵会和对方打架的情况下仍指认何某，且在许某兵和何某打起来之后立即离开现场，放任危害结果发生，故被告人王某应对发生的危害后果承担刑事责任。

第三种意见认为，被告人王某的教唆是对他人实施伤害行为，但其教唆是有限度的，即要求不得用刀，而3人伤情均为刀伤，因此其对以刀造成的他人受伤的结果不应承担刑事责任。

深度评析

笔者认为，**被告人王某应对发生的危害后果承担刑事责任**。理由如下：

1. 教唆犯是犯意的发起者，在教唆犯罪的情形下，判定实行行为过限的基本原则是看被教唆人的行为是否超出了教唆的范围。

实行过限是指共同犯罪人实施了超出共同犯罪故意的行为。如果某一行为属于实行过限行为，实行过限犯罪人应当对其犯罪行为引起的后果承担刑事责任，而其他共同犯罪人则一般不对过限行为引起的后果承担责任。如果不属于行为过限，则各共同犯罪人须对该危害结果共同承担责任。所以，判定行为是否实行过限，直接影响共同犯罪人的定罪与量刑，属于共同犯罪案件审理中的重要审查判断内容。共同犯罪中有共同实行犯罪、教唆犯罪、帮助犯罪等几种情形，每种情形的实行过限都有不同的判定原则。教唆犯是犯意的发起者，没有教唆犯的教唆，就不会有该犯罪行为的发生，特别是使用威胁、强迫、命令等方法的教唆犯，因此教唆犯在共同犯罪中往往起主要作用。在教唆犯罪的情形下，判定实行行为过限的基本原则是看被教唆人的行为是否超出了教唆的范围。

在司法实践中，教唆行为的实行过限主要涉及三种情形：质的过限，即被教唆者实施了与教唆者教唆之罪性质完全不同的其他犯罪；量的过限，即教唆者教唆他人实施某一犯罪行为，被教唆者在实施这一犯罪的过程中发生了加重结果，如故意伤害致人重伤或者死亡；转化的过限，即被教唆人实施了与教唆者教唆之罪具有某种联系但罪质却发生转化的行为，如在抢夺、盗窃过程中为窝藏赃物、抗拒抓捕或毁灭证据而当场使用暴力或以暴力相威胁等。

就本案而言，被告人之间王某系教唆犯，实施伤害行为者许某兵系实行犯。认定王某、许某兵是否构成故意伤害罪的共犯，关键在于界定许某兵持械的行为是否超出了教唆的范围。

2. 如果教唆内容不明确，则属于盖然性教唆，一般情况下不应认定实行行为过限，除非实行行为显而易见地超出教唆内容。

我国刑法理论上根据教唆内容的确定性程度不同一般将教唆犯中的教唆分为明确性教唆、盖然性教唆和选择性教唆三种。盖然性教唆，是指教唆犯教唆的内容概括而不具体，对被教唆人实施概括性授意、利诱、刺激、雇佣、请求等，而没有向被教唆人明示犯罪的手段、方法、时间、地点和具体所要达到的犯罪后果，或者仅明示犯罪后果，而不明示犯罪的手段、方法；实际的危害结果取决于实行行为的具体实施状况，轻伤、重伤甚至死亡的危害结果都可能发生，但无论哪一种结果的出现都是由教唆犯的授意所引起，均可涵盖在教唆犯的犯意中。

司法实践中，对于教唆故意范围的认定，主要看教唆者的教唆内容是否明确，即教唆犯对被教唆人的实行行为有无明确要求：或正面明确要求用什么犯罪手段达到什么犯罪后果，如明确要求用棍棒打断被害人的一条腿；或从反面明确禁止实行犯采用什么手段，不得达到什么犯罪结果等，如在伤害中不得使用刀具、不得击打被害人头部，不得将被害人打死等。在教唆内容较为确定的情况下，认定被教唆人的行为是否属于实行过限较为容易，但如果教唆犯的教唆内容较为概括，由于教唆内容不太明确，确定被教唆人的行为是否实行过限就较为困难。尤其是在一些教唆伤害的案件中，教唆者出于教唆伤害他人的故意往往使用诸如"收拾他一顿"、"整他一顿"、"弄他"、"摆平他"、"教训"等内涵和外延较为模糊的言语，在不同的语言环境中，不同阅历背景的人理解的含义往往是有分歧的。

本案中，王某教唆的目的是伤害他人身体，而对追求的犯罪结果是轻伤还是重伤、是仅教训欺负自己的何某还是连何某的同伴一起教训、是否可以打击被害人的要害部位等并没有明确的指示，教唆的授意范围是模糊的、不确定的，属于盖然性教唆。按照盖然性教唆理论，一般情况下，王某应当对实际出现的损害后果承担责任。

3. 教唆犯已经预见可能发生过限行为的情况下，负有明确、有效制止过限行为的义务，未能有效阻止的，应当对实际造成的损害结果承担罪责。

共同犯罪中，结果加重犯是基本犯罪中因为包含有发生一定加重结果的危险而成为独立犯罪的情况。一般而言，"由于结果加重犯的基本犯的共同实行人，通常对于发生重结果具有具体的预见可能性，因此，各人具有避免发生重结果的共同注意义务"。我国台湾地区学者指出："教唆犯就其所认识之犯罪事实限度内，负其责任，但被教唆者所为之犯罪行为如发生应加重处罚之结果，且系能预见者，则教唆者对之亦应负责。""可预见原则"应该是把握实行犯的行为是否超出共同犯罪的故意，是否实行过限的一个重要考量。如果共同实行犯罪人中有人实施了原来共同预谋以外的犯罪，其他共同实行犯根本不知情，则判定预谋外的犯罪行为系实行过限行为，由实行者本人对其过限行为和后果承担责任；如果其他实行犯知情，除非其有明确、有效的制止行为，则一般认为实行犯之间在实施犯罪当场临时达成了犯意沟通，其他人对实行者的行为予以了默认或支持，个别犯罪人的行为不属于实行过限，其行为造成的危害结果由各实行犯共同承担责任。

教唆实施伤害犯罪案件中，如果行为人对超出使用的犯罪工具范围产生的结果可以预见或者知悉、了解，其就有有效、明确制止的义务，如果主观上持放任态度未有效阻止结果发生，应视为具有共同使用犯罪工具的故意，也需要与实行犯共同担责。教唆者的这种主观预见性，在司法实践中一般把握的标准是同种罪行属于可以预见范围，如实施伤害行为，对伤害的各种结果包括轻微伤、轻伤、重伤都是在可预见范围内的，但不宜扩大化，不同种罪行一般属于不能预见范围，如教唆伤害某人，最终实行犯却将该人杀死，剥夺被害人生命不宜认定为是教唆犯所能预见及追求的；预谋实施盗窃，实行犯在入户盗窃时被住户发现后暴力抗拒抓捕逃跑，暴力抗拒抓捕的行为不属于可预见范围。因此，教唆者已经预见或者知悉被教唆人可能会实施过限行为，却未及时、有效进行制止的，由于被教唆者的犯罪行为因教唆者而产生，故在其未有效防止损害结果扩大的情况下，则应当担当全部罪责。

本案中，王某已经预见到许某兵可能带刀，虽然曾发短信要其不能用刀，但是在见到许之后，并未有效去制止和避免，由此可以认定，王某对许某兵的持刀伤人的后果具有放任、容忍、听之任之的故意心态，不属于实行过限，应对被害人重伤的结果承担责任。

综上所述，本案王某、许某兵共同对被害人重伤的结果承担责任，王某的行为构成故意伤害罪，鉴于王某曾提出"不要用刀"，且未在现场实际实施伤害行为，归案后坦白，积极赔偿被害人损失，故酌情对其从轻处罚也是适当的，体现出区分对待的量刑原则。

(供稿：北京市昌平区人民检察院　宛　霞
案例编辑：北京市人民检察院　庞　静)

[第044号]

王某、赵某龙故意伤害、蒋某平寻衅滋事案
—— 同伙寻衅滋事致人死亡，未直接实施
具体加害行为的参与者宜定寻衅滋事罪

办案要旨

数人在寻衅滋事的共同故意支配下，实施了随意殴打他人的行为，即使查明确系一人或数人的行为直接造成重伤或死亡，但如果其余参与者对于殴打行为本身均持认可态度，则应对伤亡结果有预见，如果未加阻止持械等暴力加害程度升级行为，导致出现伤亡结果的，则危害后果未超过共同故意范围，仍在共犯包容的故意范围之内。

基本案情

被告人王某，男，1989年8月29日出生，汉族，初中文化，无业，黑龙江省人。2008年1月23日因涉嫌故意伤害罪被北京市公安局朝阳分局刑事拘留，2008年3月1日因涉嫌故意杀人罪被北京市公安局逮捕。

被告人赵某龙，男，1988年9月20日出生，汉族，初中文化，农民，河北省人。2008年1月26日因涉嫌故意伤害罪被北京市公安局朝阳分局刑事拘留，2008年3月1日因涉嫌寻衅滋事罪被北京市公安局逮捕。

被告人蒋某平，男，1988年9月27日出生，汉族，初中文化，农民，湖南省人。2008年1月23日因涉嫌寻衅滋事罪被北京市公安局朝阳分局刑事拘留，2008年3月1日因涉嫌寻衅滋事罪被北京市公安局逮捕。

被告人张某强（曾用名张某勇、绰号"大个"），男，29岁，1978年12月5日生，汉族，初中文化，无业，黑龙江省人。2008年3月1日因涉嫌帮助毁灭证据罪、窝藏罪被北京市公安局逮捕。

王某、赵某龙、蒋某平、张某强均系外地来京打工人员，在工作单位相识。2008年1月21日22时30分许，王某、赵某龙、蒋某平、张某强等6人一同在东福歌厅喝完酒后准备返回暂住地，出了东福歌厅行至本市朝阳区广渠路半壁店路口向西100米处，与被害人滕某康等4人相遇。此时，赵某龙

对王某说，有人看我们，干他吗？王某听完赵某龙的话就从右侧上衣兜里掏出一把尖刀，右手拿刀，对被害人滕某康的胸腹部猛刺，赵某龙见状也冲过去对滕某康拳打脚踢。蒋某平、张某强未参与殴打。王某将滕某康打倒后，向西走看到被害人的同伴刘某凯、范某康、倪某3人，王某问他们是否和被害人一伙的，此3人见状便向西跑。王某追上刘某凯后对其又打又扎，蒋某平跑过去捡起砖头砸在刘某凯的头部，赵某龙拿砖头拍刘某凯的头部，后张某强将双方拉开。被害人滕某康被锐器伤及心脏、左肺、脾脏，致失血性休克死亡，刘某凯受轻微伤。

被告人张某强明知被告人王某、赵某龙、蒋某平无故殴打他人，仍将被告人王某作案时使用的凶器尖刀抛至本市朝阳区广渠路高碑店路口西南角路高防水建材销售处的房顶，帮助其毁灭证据。后被告人张某强又将被告人赵某龙带至河北省唐山市路北区，为赵某龙租房以帮助其藏匿。后上述4人先后被公安机关抓获。

北京市公安局以〔2008〕185号起诉意见书认定，犯罪嫌疑人王某涉嫌故意杀人罪、赵某龙涉嫌寻衅滋事罪、蒋某平涉嫌寻衅滋事罪、张某强涉嫌帮助毁灭证据罪、窝藏罪，于2008年6月2日移送北京市人民检察院第二分院审查起诉。

北京市人民检察院第二分院以京检二分刑诉〔2008〕215号起诉书指控被告人王某、赵某龙犯故意伤害罪、被告人蒋某平犯寻衅滋事罪、被告人张某强犯帮助毁灭证据罪、窝藏罪，于2008年8月5日向北京市第二中级人民法院提起公诉。

北京市第二中级人民法院经审理于2008年11月7日以（2008）二中刑初字第01710号作出判决如下：被告人王某、赵某龙无视国法，结伙无故伤害他人身体，致人死亡，其行为均已构成故意伤害罪，且王某所犯罪行极其严重，社会危害性极大，应依法惩处。被告人蒋某平酒后随意殴打他人，情节恶劣，其行为已构成寻衅滋事罪，亦应依法惩处，鉴于其亲属协助抓获同案犯等情节，故可对其酌予从轻处罚；被告人张某强明知他人犯罪，仍将作案凶器扔弃，帮助他人毁灭证据，情节严重，并提供藏匿处所，帮助他人逃匿，其行为已分别构成帮助毁灭证据罪和窝藏罪，且其所犯窝藏罪情节严重，均应予惩处，并应将两罪并罚。北京市人民检察院第二分院指控被告人王某、赵某龙犯故意伤害罪、被告人蒋某平犯寻衅滋事罪、被告人张某强犯帮助毁灭证据罪、窝藏罪的事实清楚，证据确实充分，指控罪名成立。判处被告人王某犯故意伤害罪，判处死刑，剥夺政治权利终身；被告人赵某龙犯故意伤害罪，判处有期徒刑13年，剥夺政治权利3年；被告人张某强犯帮助毁灭证据罪，判处有期徒刑1年6个月；犯窝藏罪，判处有期徒刑3年，决定执行有期徒刑4年；被告人蒋某平犯寻衅滋事罪，判处有期徒刑3年。

疑难问题

共同寻衅滋事过程中，一人直接致人重伤、死亡，其余未直接具体实施加害行为的参与者是否也构成故意伤害罪或故意杀人罪？

分歧意见

第一种意见认为，王某的行为构成故意杀人罪，赵某龙、蒋某平的行为构成寻衅滋事罪。理由如下：从本案被害人被扎的刀伤十余处，多为要害部位看，王某的行为构成故意杀人罪。赵某龙看到王某对被害人动手后，虽然也上前对死者动手殴打，但被害人系刀伤致死，赵某龙没有用刀伤害被害人，其殴打行为与被害人的死没有因果关系。因此，赵某龙的行为构成寻衅滋事罪。蒋某平仅仅参与了寻衅滋事行为中对刘某凯的殴打，没有殴打死者，与死亡没有因果关系，因此构成寻衅滋事罪。

第二种意见认为，王某、赵某龙、蒋某平是故意杀人的共犯，3人的行为均构成故意杀人罪。理由如下：王某听到赵某龙的提议后遂上前持刀殴打被害人，赵某龙看到王某上手后，也立即同王某一起对被害人实施殴打。赵知道王某当时携带刀具，应对后果能有所预见。此外，赵某龙参与对被害人殴打，对王某的行为有帮助作用。蒋某平亦应构成此次犯罪行为的共犯。从被害人刀伤的部位及刀数上看，王某积极追求被害人的死亡，故此3人应都定故意杀人罪。

第三种意见认为，王某、赵某龙是故意伤害的共犯，二人的行为均构成故意伤害罪。蒋某平仅仅参与了寻衅滋事行为中对刘某凯的殴打，没有与王某、赵某龙形成殴打死者的共同故意，也没有参与殴打死者，与死亡结果没有因果关系，构成寻衅滋事罪。

深度评析

笔者认为，**王某、赵某龙是故意伤害的共犯，二人的行为均构成故意伤害罪**。具体理由如下：

1. 行为人酒后为寻求精神刺激，无事生非而随意殴打他人，并进一步实施了伤害、杀害行为致人重伤、死亡的，属于转化犯，应以故意伤害罪或故意杀人罪论处。

根据《刑法》第293条的规定，寻衅滋事罪的法定情形之一即为随意殴打他人。殴打他人本质上也是一种伤害行为,但作为寻衅滋事罪客观表现的"随意殴打"他人与故意伤害中的伤害行为有一定区别。因寻衅滋事而随意殴打他人的,行为人的动机在于发泄或满足其不良情绪,其殴打他人的动因、殴打对象、殴打手段均具有相当的"随意"性,动因的随意性,是其为寻求精神刺激,无事生非,毫无理由或者因为微不足道的琐事和不能成立的理由挑起事端,殴打他人。殴打对象的随意性,反映了其为了取乐、发泄或者谁妨碍了其耍威风就殴打谁,对象具有不特定性。殴打手段和方式的随意性,是其具有突发性,选择的殴打手段、器物、打击部位和力量因时因事因人随心所欲,但行为人不追求伤害他人至严重程度,而是追求逞强、称霸欲望的满足。而故意伤害罪中,行为人伤害他人通常有明确动机,例如出于生活矛盾、邻里纠纷;对象一般具有特定性,即行为人伤害的目标多是具体、特定的与其有利害冲突的人员;伤害方式方面,行为人可以采取殴打、车辆撞击、有毒有害物质投放等多种手段;伤害程度方面,行为人持有积极或放任人身损害程度的主观心态,追求的是被害人的身体健康受到严重损害。

当行为人随意殴打他人过程中,由于施以暴力一方存在人数多、殴打时间长、力度大、持械等情况,则可能导致被害人出现重伤或者死亡的严重后果。因为行为人客观上采用了暴力方法,主观上对伤亡结果是有认识的、是故意的心态,所以符合故意伤害罪、故意杀人罪的构成要件,行为性质发生变化,从而转化为该罪。此种情形中,行为人的主观故意分为两个阶段:第一个阶段是寻衅滋事的故意,行为人为了发泄或满足其不良情绪,无事生非,随意挑衅并殴打他人,这是行为人追求的犯罪目的。第二个阶段是一种实施伤害或者杀人的故意,行为人对其实施的故意伤害和故意杀人行为可能造成的危害后果主观上能够预见,并对这一伤害和杀人的危害结果或是积极追求或是听之任之、任其自然地放任,其对伤亡的结果持故意的心态,符合故意伤害罪或故意杀人罪的主观要件。

2. 数人在寻衅滋事的共同故意支配下,共同实施了随意殴打他人的行为,即使查明确系一人或数人的行为直接造成重伤或死亡,但如果其余参与者对于殴打行为本身均持认可态度,则应对伤亡结果有预见,如果未加阻止持械等暴力加害程度升级行为,导致出现伤亡结果,则危害后果未超过共同故意范围,仍在共犯包容的故意范围之内,对参与者均应当以故意伤害罪或故意杀人罪论处。

实践中,多人共同寻衅滋事致人重伤或者死亡的,对其他参与殴打行为人,是以故意伤害罪的共犯还是寻衅滋事罪论处,争议颇多。我们认为,多人纠结共同寻衅滋事,由于各行为人主观明知共同殴打行为具有较大的危险性,对共同殴打可能造成的危害后果都有预见能力,在客观上均实施了对殴打他人有作用、影响的行为,构成共同犯罪。在共同犯罪中,各行为人不仅要对本人行为及后果承担刑事责任,还要对其他共犯未过限的行为及后果承担刑事责任。在多人随意殴打他人致人伤亡的情况下,即使能够查明重伤、死亡的结果是部分人直接所致,其他参与者也并非与重伤、死亡结果毫无因果关系,不能仅对亲手致伤、亡者认定故意伤害罪或故意杀人罪,对其余参与者认定寻衅滋事罪。依照共同犯罪"共同行为、共同责任"的基本原理,只要基于共同意志支配下,彼此认可共同参与实施加害行为,则均应当对伤亡结果承担刑事责任。对于实施过程中,个别人在直接拳打脚踢之外,持械加害他人身体,其余行为人如果不加制止,对发生伤害、死亡结果不加阻拦,听之任之,则其对共犯的行为持默认、放任心态。相对于亲手致伤亡者,行为人对危害后果听之任之,或者所起的作用相对较小。但这只是具体量刑要考虑的因素,不能否认他们共同犯罪的性质。

　　本案中,本案被害人与嫌疑人互不相识,赵某龙酒后无事生非,提议打人。王某听到赵某龙的话"干不干"后,遂即明白要动手殴打他人,随即持刀扎向被害人。赵某龙看到王某对被害人动手后,也上前动手殴打,其不仅没有阻止王某的暴力行为,反而对王某持刀伤人的行为给予了直接的支持。王某殴打被害人是因为赵某龙的指使,而"干不干"在一般的拳打脚踢外,也暗含着可以持刀、持棍棒等物品击打,且赵某龙明知王某当时携带管制刀具,此时如果赵某龙作为挑起他人犯罪行为的唆使者,就应当预见到王某可能持刀伤人。虽然赵某龙辩称作案后才知道王某持刀伤人,但是赵某龙既知道王某身上有刀,又看到王某有向被害人身体刺捅的动作,此时其完全能够认识、预见到王某可能持刀伤人,却继续上前共同殴打被害人,导致被害人因无法逃避两人的围追堵截而被动挨打。赵某龙参与殴打的行为,对王某刀刺被害人行为的完成具有不可或缺的帮助作用。虽然被害人的死亡由王某直接造成,但赵某龙主观上对与王某持械刺伤他人可能造成的危害后果应当预见,却不加阻拦,配合实施殴打,故赵某龙亦应承担刑事责任。由于赵某龙没有直接实施杀伤被害人的行为,且在提议殴打时,其并非强迫、诱骗王某实施犯罪行为,因此与王某相比,在共同犯罪中作用相对较小,所负责任较轻。

　　3. 行为人参与了共同酒后滋事,但未参与暴力殴打他人身体,因其对暴力的实施与暴力程度没有与其他加害者达成共谋,也未亲自参与共同致人重伤死亡的暴力行为,因此其与其他加害者之间不存在伤害的共同故意,能够排除其行为与伤亡结果之间具有因果关系,不构成故意伤害罪的共犯,情节严重或情节恶劣的,可以寻衅滋事罪论处。

对于多人寻衅滋事致人重伤或者死亡情况下,除能够查明与被害人重伤或者死亡结果存在因果关系的人员以外,现场其他滋事一方人员的行为性质,应当具体情况具体分析。共同参与寻衅滋事中随意殴打他人的行为,反映了其具有共同寻衅滋事的犯罪故意,但并不必然意味着所有行为人均具有故意伤害致人重伤甚至死亡的犯罪故意,应当根据案件情况不同而区别对待。

我们认为,审查中应重点把握以下几个问题:一是要考虑其是否具备与他人共同实施伤害行为的犯意,行为人是否与亲手犯之间具备事前通谋,或者是在共同殴打过程中形成了临时的共同故意。二是行为人对伤亡结果的认识因素和意志因素。行为人是否能够预见伤害的内容以及结果,是否充分追求或放任了这种结果的发生。三是行为人在现场实施了何种行为,其行为与整个犯罪行为和其中的伤亡结果之间存在何种关系,其行为对重伤、死亡结果的发生存在何种引起与被引起的作用力。其行为是否与被害人的重伤或死亡结果具有刑法意义上的因果关系。

如果行为人在事前已经与他人达成共谋,只是分工不同,实施暴力程度不同,或是在殴打过程中,见到他人实施暴力加害人身行为时,行为人积极参与协助,如帮助追赶被害人,阻止被害人逃跑,导致他人的伤害、杀害行为得逞,则行为人系与他人形成事中共同故意。在此情况下,其行为与被害人的重伤与死亡结果具有相当的因果关系,则构成共同故意伤害,相反,行为人未被要求、告知参与杀害、伤害,他人实施加害行为时,行为人也并不知情,仅是参与其他滋事行为,情节严重的,则应当认定构成寻衅滋事。

在本案中,蒋某平与赵某龙、王某共同酒后滋事,但蒋某平未与赵某龙、王某就殴打被害人滕某康形成共谋,在赵某龙、王某殴打滕某康过程中,蒋某平也未施以援助,亦未有唆使、指挥加大殴打力度或是摇旗呐喊、站脚助威的帮助行为,因此也未形成殴打、伤害的事中共谋,因此,蒋某平没有与赵某龙、王某形成伤害的共同故意,客观上没有共同加害行为,能够排除其殴打行为与死亡结果之间具有因果关系,故对死亡结果不承担责任,不构成故意伤害罪。此外,其与王某、赵某龙随意殴打伤亡者以外的现场其他人员刘某凯,导致刘某凯轻微伤,系随意殴打他人情节恶劣,构成寻衅滋事罪。

4. 区分行为性质为故意杀人罪还是故意伤害罪,不能简单以死亡结果判断主观目的,应结合案件证据分析双方关系、事件起因、殴打方式、力度等情节,慎重区分行为人主观心态是积极伤害他人身体健康却过失导致出现死亡结果,还是积极或放任剥夺他人生命。

司法实践中,对于随意殴打他人,实行行为过限后致人死亡的,构成故意杀人罪还是故意伤害罪,争议颇多。我们认为,判断行为性质应结合证据分析双方关系、事件起因、殴打方式、力度等情节，慎重区分主观是伤害他人身体健康还是剥夺生命的故意，不能简单以死亡结果判断主观目的。

本案中，一审检察机关认为从事件起因上看，王某系酒后无事生非，与被害人并无任何过节。从行为方式看，虽然王某刀刺被害人导致死亡，且多数刀伤在重要器官部位，但是王某的刀刺力度并不是穷凶极恶，而是典型的乱打乱刺，王某在被害人倒地后就停止了刀刺，在其主观上目的是让被害人"服软"，而不是追求或放任剥夺被害人生命，对于伤害其持有直接故意，对于死亡的结果则出于过失心态。因此，认定王某、赵某龙构成故意伤害（致死）罪。而从一审法院判决看，审判机关从最终刑期上，仍是给予了与犯罪后果均衡的极刑处置，而死刑均为故意杀人罪和故意伤害罪最高刑罚。

综上所述，我们认为，行为人参与了共同酒后滋事，但未参与暴力殴打他人身体，因其对暴力的实施与暴力程度没有与其他加害者形成共谋，也未亲自参与共同致人重伤死亡的暴力行为，因此其与其他加害者之间不存在伤害的共同故意，能够排除其行为与伤亡结果之间具有因果关系，不构成故意伤害罪的共犯，情节严重或情节恶劣的，可以寻衅滋事罪论处。

（供稿：北京市人民检察院第二分院　刘华洁；北京市人民检察院　高宏伟　案例编辑：北市市人民检察院　庞　静）

[第 045 号]

王某军、郭某杰、郭某磊强奸案
——共同强奸犯罪中一人既遂其他人未完成可以认定为轮奸

办案要旨

共同强奸犯罪中仅一人强奸既遂应认为构成轮奸犯罪,部分被告人强奸未遂的情节,应作为量刑情节予以评价。对于轮奸犯罪情节的认定,应当以行为人的犯罪行为是否符合强奸罪的基本构成要件为前提,而不是全部实行共犯是否均达既遂。本案中的郭某杰和郭某磊因自身原因强奸未遂,只有王某军一人得逞,这种情况下仍成立轮奸。轮奸的存在与否是一个事实问题,判定的核心是"二人以上轮流奸淫行为"的客观存在,而非"轮流奸淫行为的程度"。

基本案情

被告人王某军,男,1973年10月22日出生,汉族,初中文化,农民。
被告人郭某杰,男,1990年7月16日出生,满族,初中文化,农民。
被告人郭某磊,男,1992年2月11日出生,满族,群众,初中文化,农民。

被告人王某军、郭某杰、郭某磊均系外来务工人员,在京期间共同暂住在北京市房山区长阳镇。2008年10月22日13时许,郭某杰、郭某磊在其出租房内对刚结识的被害人王某(女,16岁,轻度精神发育迟滞,被实施违法行为时受疾病影响,无性自我防卫能力),有摸乳房、亲嘴等不正当行为。当日17时许,被告人王某军回到租住处,发现被害人王某,遂与郭某杰合谋与王某发生性关系。3被告邀请王某在屋内一起吃饭,并让王某喝了几口白酒。饭后,待王某上厕所时,3被告人再次商定与王某发生性关系事宜。王某进屋后,郭某磊插门,郭某杰关灯,王某军将王某抱到床上,3被告人对被害人王某实施摸、亲等行为,其间,王某有反抗行为。王某军第一个与被害人发生了性关系,郭某杰因自身原因而未得逞,尔后被告人王某军再次与被害人发生性关系,郭某磊亦因自身原因而未能得逞。其后,3被告人又对被害人实施了亲、摸、添等行为。次日5时许,被害人王某离开。17时许，被告人王某军、郭某杰、郭某磊在其暂住处被抓获。

北京市房山区人民检察院审查认为：被告人王某军、郭某杰、郭某磊违背妇女意志，强行与无性自我防卫能力的被害人发生性关系。其行为均触犯了《刑法》第236条第3款第4项，犯罪事实清楚，证据确实充分，应当以强奸罪追究其刑事责任。被告人郭某杰、郭某磊因意志以外原因未能得逞，该二人系犯罪未遂，但3被告人仍构成轮奸犯罪，应当处以10年以上有期徒刑。鉴于被告人郭某杰、郭某磊实施的犯罪系未遂，应当从轻或减轻处罚。2009年2月24日以京房检刑诉〔2009〕第0088号起诉书向北京市房山区人民法院提起公诉。

北京市房山区人民法院审理后认为：被告人王某军、郭某杰、郭某磊采取暴力、威胁手段违背妇女意志轮奸无性自我防卫能力的少女，其行为均已构成强奸罪。轮奸是指两个以上的男子基于同一故意，在一段时间内对同一妇女强行奸淫的行为。我国《刑法》及相关司法解释均未规定认定轮奸以存在数人强奸既遂为条件。被告人郭某杰、郭某磊由于意志以外的原因而强奸未逞，是犯罪未遂，依法减轻处罚。北京市房山区人民法院以〔2009〕房刑初字第168号判决书判处被告人王某军有期徒刑11年，剥夺政治权利2年。被告人郭某杰有期徒刑6年；被告人郭某磊有期徒刑4年。

疑难问题

共同强奸犯罪中仅一人强奸既遂能否认定为轮奸？

分歧意见

第一种意见认为，本案系共同犯罪，根据"部分行为整体责任，一人既遂全部既遂"的共犯理论，在其中一个被告人强奸既遂的情况下，应当将3被告人的行为都认定为犯罪既遂，且构成轮奸犯罪，都应承担轮奸既遂的刑事责任。

第二种意见认为，本案不构成轮奸犯罪，轮奸作为一种情节加重罪状是在基本罪状基础之上设计的，即应当要求基本犯罪行为已经既遂。而本案中只有一人强奸既遂，其余二人均为强奸未遂，故不构成轮奸，应当按各自的犯罪行为，以强奸罪的基本犯的规定定罪处罚。

第三种意见认为，3被告人的行为构成轮奸犯罪，部分被告人强奸未遂的情节，应作为量刑情节予以评价。

深度评析

笔者认为，3被告人的行为构成轮奸犯罪。具体理由如下：

1. 轮奸情节的认定以符合强奸罪的基本构成而不是以强奸既遂为前提。

我国《刑法》中，轮奸不是一个独立的罪名，它是作为强奸罪的法定刑升格的事由（加重处罚情节）予以规定的。情节加重犯的认定，应以行为人的犯罪行为符合基本犯的犯罪构成为前提，因此，对于轮奸犯罪情节的认定，应当以行为人的犯罪行为是否符合强奸罪的基本构成为前提，而不是全部实行共犯是否均达既遂。本案中，多人共同实施强奸且只有一人得逞的情况，显然符合强奸罪的基本构成。

2. "二人以上"、"轮流"是判断轮奸情节的客观标准。

轮奸的认定应坚持主客观相一致的基本原则：主观方面行为人要有共同强奸被害人的犯罪故意，客观上行为人实施了轮流奸淫的犯罪行为。在客观方面的判断中，我们应当明确：对于作为客观事实情节轮奸的认定，并不要求所有实行犯均达既遂，它强调的是行为事实的客观存在，而非行为的既遂或未遂。这也被司法实务所认可，如北京市高级法院再审的蒋某、"东北"强奸案。在一人强奸既遂，另一人强奸未遂的情况下，认定系采用胁迫手段轮流与同一妇女发生性关系，符合法律规定的"二人以上轮奸的"情形。① 此外，唐某海、杨某强奸案②、姜某强奸案③等也对类似情况都作出了构成轮奸的司法认定，并作为指导性案例予以刊载。这种认定理念也可与司法实务对绑架罪中"杀害被绑架人的"的认定相比较。作为绑架罪的加重处罚情节，"杀害被绑架人的"判定，是否要求以杀害被绑架人既遂为必需？在王某平绑架案④中，对王某平绑架中杀害未遂的行为，河北省邢台市中级人民法院和河北省高级人民法院均认为杀人未遂不影响对该行为构成绑架罪中"杀害被绑架人的"加重处罚情节的认定。

3. 轮奸犯罪也有既遂与未遂之分。

我国刑法分则采取"既遂模式论"，只规定了犯罪既遂的构成要件和构成既遂的法定刑，而在总则规定了犯罪的未完成形态与相应的处刑原则。概言之，对包括情节加重犯在内的所有犯罪行为的认定，既要遵守分则的具体规定，也要坚持总则的一般原则。轮奸犯罪中一人因自身意志以外的原因没有完成的，

---

① 参见《共同强奸犯罪中轮奸情节的认定》，载北京市高级人民法院编：《审判前沿——新类刑案件审判实务》（总第28集），法律出版社2010年版，第134~136页。

② 参见最高人民法院刑事审判第一庭、第二庭编：《人民法院案例选》（2004年第1集·总第36期），法律出版社2004年版，第32~36页。

③ 参见《人民法院案例选》（刑事卷上），中国法制出版社2000年版，第511~514页。

④ 参见王志祥：《杀害被绑架人未遂的处理——王建平绑架案》，载赵秉志主编：《中国刑法典型案例研究》（第四卷），北京大学出版社2008年版，第139~145页。

因为实行人（正犯）本身无法亲手实施强奸行为，应以轮奸未遂处理，司法实务上的具体案例已如上述，此外，最高人民法院在《关于审理抢劫、抢夺刑事案件适用法律若干问题的意见》中，对抢劫罪的加重处罚情节的既遂、未遂问题作出了类似规定："刑法第二百六十三条规定的八种处罚情节中除'劫致人重伤、死亡的'这一结果加重情节外，其余七种处罚情节同样存在既遂、未遂问题，其中属抢劫未遂的，应当根据刑法关于加重情节的法定刑规定，结合未遂犯的处理原则量刑。"所以，情节加重犯因其基本犯的实施情况也会存在既未遂之分，并不是说情节加重犯因其加重情节就成为危险犯，可以脱离基本犯而单独认定。

4. 强奸未遂应作为重要的量刑情节予以评价。

对共同犯罪的处理，虽然实行"部分实行、全部责任"的原则，但是，在量刑的定量分析时，还是要结合每个犯罪人的具体情况予以区别对待。因为即便是对共同犯罪而言，同样存在主与从、实行与帮助、既遂与未遂等不同，如果在量刑上不加区分，显然既不科学也不合乎常理。上引司法解释指出："……其中属抢劫未遂的，应当根据刑法关于加重情节的法定刑规定，结合未遂犯的处理原则量刑。"我们认为，相比既遂犯、主犯而言，对于未遂（未完成）者、从犯、帮助犯等，法律要在刑罚裁量中给予一定的宽厚待遇。

本案中3被告人在共同奸淫的犯罪故意的支配下，分别实施了轮流奸淫同一妇女的行为，符合轮奸情节的认定标准，对3被告人应当按照刑法分则关于轮奸的规定予以处罚。同时，也应看到3被告人在轮奸犯罪中存在的差别，根据刑法总则关于未遂犯的处理原则，对未遂犯郭某杰、郭某磊的量刑，比照强奸既遂的被告人王某军从轻或减轻处罚。

综上所述，作为强奸罪的加重处罚情节，轮奸的存在与否是一个事实问题，判定的核心是"二人以上轮流奸淫行为"的客观存在，而非"轮流奸淫行为的程度"。因此，只要行为人基于强奸的共同犯罪故意，实施了轮流奸淫同一妇女的行为，就构成轮奸。至于共同犯罪人强奸既遂与否的问题，不影响该加重情节的定性分析，只是在具体的刑罚裁量中，应作为重要的量刑情节予以考虑。

（供稿：北京市房山区人民检察院　张红星
案例编辑：北京市人民检察院　周海洋）

[第 046 号]

王某德强奸案

—— "性行为能力" 与 "性防卫能力" 的比较

办案要旨

鉴定意见的内容应该是医学对于这一问题的普遍认识或者专业认识,而鉴定意见的程序性问题才是认定鉴定是否合法的标准。如果鉴定意见的提取、出具等程序符合法律规定,内容本身就具有极高的专业性,不能用所谓约定俗成的"术语"标准来划定医学界的理解和诠释。故本案中"无性行为能力"无论从用语规范性上、严谨性上、法律性上都更符合鉴定意见的要求,这样表述的司法鉴定可以作为鉴定意见使用。"无性行为能力"比"不具有性防卫能力"更具有科学性、更具有合理性。"无性行为能力"较之"无性防卫能力"对于解决实际案件更具有确定性和可操作性。

基本案情

王某德,男,1966年8月3日出生,汉族,小学文化程度,住四川省剑阁县。2008年9月25日被北京市公安局海淀分局刑事拘留;因涉嫌强奸罪,于2008年10月31日被北京市公安局海淀分局逮捕。

被告人王某德在明知被害人张某某(女,17岁)智力低下的情况下,于2008年五六月间,先后两次强行与被害人发生性关系。2008年9月,被告人王某德因怀疑张某某怀孕向其妻子承认上述事实,后其妻子找到张某某的母亲说明此事,并带张某某到医院检查。经医院确诊,张某某怀孕3个月。后被告人王某德及其妻子要求与张某某父母私了,但因赔偿数额未达成一致,张某某的母亲报警。2008年9月24日,被告人王某德被公安机关抓获。

经鉴定,张某某轻度精神发育迟滞,与王某德发生性关系受智力低下影响,认识和预期能力丧失,无性行为能力。王某德为张某某所怀胎儿的生物学父亲。

北京市海淀区人民检察院以京海检刑诉〔2009〕1161号起诉书指控被告人王某德犯强奸罪,于2009年6月1日向北京市海淀区人民法院提起公诉。

北京市海淀区人民法院经审理认为，被告人王某德违背妇女意志，在明知被害人智力低下的情况下与其发生性关系，其行为已构成强奸罪，应予惩处。北京市海淀区人民检察院指控被告人王某德犯有强奸罪的事实清楚，证据确凿，指控罪名成立。针对被告人王某德及其辩护人所作的无罪辩解及辩护意见，法庭认为，根据证人张某军、贺某芳的证言，证实被害人张某某智力低下的状况明显，被告人王某德与被害人同住一院，对被害人智力低下的情况应当明知，并且被告人本人亦多次供述其知道被害人不太聪明，且结合被告人与被害人发生性关系后均会给被害人少量钱款的表现，已足以证明被告人王某德明知被害人张某某智力低下；根据生物物证鉴定书及被害人张某某的陈述，足以证实被告人王某德与被害人发生了性关系；被害人张某某的精神疾病司法鉴定意见为无性行为能力，虽然与法律规定的可以作为定案依据的鉴定意见要求存在出入，但法庭认为，该份精神疾病司法鉴定意见书首先诊断被害人张某某患有轻度精神发育迟滞，后根据此诊断及被害人的年龄认定被害人认识和预知能力丧失，并据此评定被害人无性行为能力，法庭认为该份精神疾病司法鉴定意见书论理清晰，鉴定意见可信，并辅以证人张琳的证言佐证，可以认定被害人对性行为的性质和后果缺乏必要的认知能力，即被告人与被害人发生性关系违背了被害人的意志。综上所述，被告人王某德的行为符合强奸罪的构成要件。对被告人王某德及其辩护人的无罪辩解及辩护意见不予采纳。被告人王某德的行为造成被害人怀孕的严重后果，本院对其酌予从重处罚。依照《刑法》第236条第1款、第55条第1款、第56条第1款之规定，判决如下：被告人王某德犯强奸罪，判处有期徒刑7年，剥夺政治权利1年。

被告人未上诉，判决已生效。

疑难问题

法医学鉴定意见中的"性行为能力"与"性防卫能力"是否具有相同性质？有表述瑕疵的法医学鉴定是否可以作为证据使用？

分歧意见

第一种意见认为，精神病司法鉴定中表述被害人"无性行为能力"不符合我国刑事司法对于性能力的惯常用语，一贯表述应为"无性防卫能力"，该鉴定意见不能按照专业术语进行表述，结论部分明显存在认定上的错误，不应该再用其鉴定作为定案依据。

第二种意见认为，"无性行为能力"无论从用语规范性上、严谨性上、法律性上都更符合鉴定意见的要求，该司法鉴定可以作为鉴定意见使用。

深度评析

笔者认为，"无性行为能力"比"无性防卫能力"更规范、更严谨。理由如下：

就本案而言，控辩双方争论的焦点就在于两种表述中以何种表述更符合法律精神和操作需要。我国《刑法》规定，行为人与不能辨别和控制自己行为的女子发生性关系，无论该女子是否同意，无论是否使用暴力、胁迫或者其他手段，均不影响强奸犯罪的成立。因此，本案认定的关键就在于对司法精神病鉴定的证据能力和证明力的审查，从而认定犯罪。

1. "无性行为能力"比"不具有性防卫能力"更具有科学性。

1989年8月1日起施行的由最高人民法院、最高人民检察院、公安部、司法部和卫生部共同颁发的《精神疾病司法鉴定暂行规定》中的第22条第1项规定："被鉴定人是女性，经鉴定患有精神疾病，在她的性不可侵犯权遭到侵害时，对自身所受的侵害或严重后果缺乏实质性理解能力的，为无自我防卫能力。"这也就成为"性防卫能力"的概念来源，该概念还是有较为充分的法律依据的。但由于其概念上的模糊与内容上的不明确，使得该概念缺乏确定性，在实践中也不具有很好的可操作性。

从我国《民法通则》等民事法律、法规关于自然人民事行为能力的规定看，"无性防卫能力"的概念表述并不科学。"无性防卫能力"指的应该是缺乏相应的体力条件，而难以与精神上的呆傻相联系；退一步讲，即便认为"性"的"防卫"包括主观上的认知，那么，对于一个缺乏起码的认知能力的呆傻人而言，又何来"防卫"可言？对于呆傻者，其没有基本的认识、判断及控制能力，也就无法认识性行为本身的意义和对自身的侵害，无法认识到对方行为的"不法性"，就没有防卫的意识，也就谈不上"防卫"。而"防卫能力"确实更指向的是体力上的防卫可能，与呆傻者缺乏基本的认知能力没有关联。

而"无性行为能力"则能很好地解决上述问题。"无性行为能力"包含对"性"的认知能力和预期能力。从民事角度而言，以认识能力和预期能力为特征的意思表示能力是行为能力的基础，"性行为能力"的概念中便包含了对性的认识能力，因此，对于对性行为缺乏明确认识的呆傻者而言，"无性行为能力"的概念显然更为科学、贴切。

2. "无性行为能力"比"不具有性防卫能力"更具有合理性。

（1）从民法上的民事法律行为角度来看，行为在民法上的意义是以"意思表示"为最基本要素的。而所谓意思表示，是指民事主体将欲产生一定民事法律效果的内心意思，通过一定方式表达于外部，从而使对方当事人或社会知晓的活动。而呆傻者明显不具备这种意思表示能力，因此，"无性行为能力"的概念可以较好地概括、表示呆傻者对性行为及其法律效果缺乏明确认识的主观精神状态，也较为贴切。

（2）从刑法的角度来看，所谓刑法上的行为，是指"基于人的意识实施的客观上侵犯法益的身体活动……行为具备有体性、有意性、有害性三个特征"。

这里的"有意性"是指一般意义上的意识，不包括故意、过失与犯罪目的等主观要件内容。从刑法角度看，"无性行为能力"的概念也较好地说明了呆傻者对"性"缺乏基本认识的精神状态，也是较为合理的。因此，笔者认为，相较于"无性防卫能力"，"无性行为能力"无论是从民法角度还是刑法角度，均更为合理、准确地阐释了呆傻者的客观精神状况。

3. "无性行为能力"较之"无性防卫能力"对于解决实际案件更具有确定性和可操作性。

根据前面的论述，"性行为能力"包括了认知能力和预期能力，这种表述对于被害人而言能够较全面地反映其精神状态。针对"无性行为能力"的被害人而言，司法者只需要审查鉴定意见的程序、实体是否合法就可以了，而不用再搜集其他证据以求进一步核实被害人的精神状态。但"无性防卫能力"则不然，其概念实际应为缺乏相应的体力条件。如果按照其本来含义去界定，那么就需要进一步去证明其意识表示有瑕疵，不能意识和控制自己的行为，缺少行为能力。

综上所述，鉴定意见的内容应该是医学对于这一问题的普遍认识或者专业认识，而鉴定意见的程序性问题才是认定鉴定是否合法的标准。本鉴定意见提取、出具等程序符合法律规定，内容本身就具有极高的专业性，不能用所谓约定俗成的"术语"标准来划定医学界的理解和诠释。具体到本案而言，无性行为能力属于对人的认知范畴和行动预期范畴双方面进行了比较全面的评价，因此，较"无性防卫能力"仅界定人的行动范畴而言，"无性行为能力"更全面更科学，本鉴定意见可以作为定案依据。

（供稿：北京市海淀区人民检察院　赵　轶
案例编辑：北京市人民检察院　庞　静）

[第 047 号]

王某、叶某强奸案
——强奸案中证据的审查认定

办案要旨

强奸案件作为一种特殊犯罪，往往带有更为明显的隐蔽性，而这种隐蔽性所带来的直接后果就是案发现场大多数情况下只有被告人和被害人二者，不存在第三方。由于强奸案中这种证据上的"一对一"的特殊性，审查判断证据的真假、排除证据之间的矛盾就显得尤为重要。司法人员认定案件事实的过程，实质上就是对证据材料的审查判断和运用过程，这个过程必须遵守一定的审查判断原则。本案证据取证程序合法，证据内容真实有效，且各个证据之间具有关联性，能够形成完整的证据链条，足以认定王某和叶某构成强奸罪。

基本案情

被告人王某，男，1990年4月14日出生，汉族，高中文化，北京市人，无业，户籍所在地为北京市海淀区。

被告人叶某，男，1991年1月12日出生，汉族，初中文化，北京市人，无业，户籍所在地为北京市海淀区。

被告人王某、叶某因涉嫌犯强奸罪，于2007年6月13日被北京市公安局海淀分局刑事拘留，同年7月6日被北京市公安局海淀分局逮捕。

被告人王某、叶某二人系朋友关系，王某向叶某提出要其帮助找女性发生性关系，叶某表示同意，并提出其网友王某某（女，17岁）作为目标。2007年6月12日16时许，王某、叶某前往被害人王某某的学校，并强行将王某某带上出租车，后带至本市海淀区玉海园小区叶某家地下室。王某、叶某在明知王某某拒绝与王某发生性关系的情况下，在叶某的帮助下，王某强行脱去王某某衣服，强行与王某某发生性关系，叶某在旁观看。后王某、叶某将王某某放走，并提出给王某某10元钱打车，遭到王某某拒绝。后王某某在朋友帮助下向公安机关报警。经鉴定，送检的王某某阴道擦拭棉球上精液为王某所留。

北京市海淀区人民检察院经审查认为，王某、叶某的行为已触犯《刑法》第236条第1款之规定，构成强奸罪，对二人依法提起公诉。

侦查、审查起诉和审判阶段，被告人王某均辩解称是王某某自愿与其发生了性关系，是王某某给其脱衣服。

北京市海淀区人民法院经审理认为，被告人王某犯强奸罪，判处有期徒刑2年；被告人叶某犯强奸罪，判处有期徒刑1年2个月。

疑难问题

如何把握强奸案中证据的审查认定？

分歧意见

第一种意见认为，双方的描述不一致，且被害人未呼救、未寻求机会逃走，发生性行为是自愿还是被迫存在争议。故本案事实不清、证据不足，不应认定。

第二种意见认为，本案证据取证程序合法，所采信的证据内容真实有效，证据之间存在关联性，能够形成完整的证据链条，事实清楚、证据确实充分，足以认定二被告人构成强奸罪。

深度评析

笔者认为，**本案现有证据取证程序合法，证据内容真实有效，且存在关联性，可以认定二被告人构成强奸罪**。理由如下：

1. 由于强奸案中这种证据上的"一对一"的特殊性，审查判断证据的真假、排除证据之间的矛盾就显得尤为重要。

强奸案件作为一种特殊犯罪，往往带有更为明显的隐蔽性，而这种隐蔽性所带来的直接后果就是在案发现场大多数情况下只有被告人和被害人二者，不存在第三方。基于这种特殊性，导致强奸案件在证据形式上大多只有被告人辩解或者供述、被害人陈述以及相应的鉴定意见。而鉴定意见作为一种科学鉴定材料，对于案件事实没有直接的证明力，只能证实案件事实中某一方面的情况。在上述证据中，能够证明案件事实经过的只有被害人陈述和被告人的供述或者辩解这两项直接证据，但是它们之间往往会存在矛盾。

本案的争议焦点就在于现有证据是否能够形成完整的证据链条，进而能否认定被告人王某涉嫌强奸罪。而导致产生争议的原因就在于证据与证据之间存在诸多矛盾和疑问之处。主要体现在以下几点：

（1）叶某称被告人王某没有强行与被害人发生性关系，是被害人自愿与王某发生性关系的；而被害人称，是王某强行与其发生了性关系。而叶某在公安机关供述先后反复,其多次供述之间,如何来确定有罪供述、无罪辩解的证明效力存在难度。

(2) 王某始终辩解称是王某某主动脱光的衣服后发生的性关系。此情节被害人王某某予以否认。

(3) 邻居朱某、田某证言证实在案发当天没有在叶某的住处附近听到异常声响,而被害人王某某称在王某对其进行强奸的时候其大喊大叫。

(4) 检察机关对被害人王某某进行询问时,王某某称:"在姓王的男的出去的时候,我就把衣服穿上了,这期间有五六分钟。"而当承办人询问其为什么不利用这段时间逃走的时候,王某某称是因为没有拿到自己的手机,所以没有逃走。

本案中,被告人王某是否系违背被害人的意志发生性关系,是认定构成强奸罪的核心问题。而上述这些证据之间,确实存在矛盾点,这些矛盾点如果得不到合理的排除,将直接导致我们无法判断被告人的辩解是否能够成立,这也是强奸罪案件中最典型的证据疑难问题,即仅有发生性关系的事实、被害人对被告人强奸的指证,被告人辩解系自愿的情况下,如何审查判断证据的问题。

2. 司法人员认定案件事实的过程,实质上就是对证据材料的审查判断和运用过程,这个过程必须遵守一定的审查判断原则,排除合理怀疑。

众所周知,刑事案件是已经发生且无法再现的客观事件,因此办案人员查明案情的唯一途径只能是进行深入细致的调查研究,收集与案件有关的证据材料,继而对证据材料进行审查判断和理性推理,从而达到在认识上再现案件真实情况的目的。因此,证据是办案人员还原案件事实的唯一媒介,而能否正确地对这些证据进行审查、判断则会影响到司法认定事实与案件真实情况的差距。所以,从这个角度来看,司法人员认定案件事实的过程,实质上就是对证据材料的审查判断和运用过程。

我们认为,在审查证据中,应遵循如下原则:

一是必须审查每个证据本身是否真实可靠。如果证据本身不可靠,当然不可能作出正确的结论,这个规则对于审查各种证据都是普遍适用的。由于证据容易收集,所以,在办案中的证据数量较多,关系复杂,真假并存,这就需要对于每个证据反复查证,以确定其真实性。从其被收集的过程审查,是否合法、是否及时、是否客观全面。

二是要审查证据形成的时间、地点和条件,审查在证据形成过程中可能影响其真实性的一切因素。例如,物证、书证有无伪造或变形变质的可能;证人是否因各种不良动机而提供伪证等。

三是必须审查各个证据之间是否互相衔接,互相协调一致,互相印证,形成一个完整的证据锁链。在这个证据锁链中，各个证据必须互相一致，不能互相矛盾，互相脱节。如果证据之间不相符合，互相脱节，互相矛盾，就应当通过进一步调查研究，查证清楚以后，才能确定其证明效力。

四是必须审查证据有无反证的可能性。所有的证据结合起来，对案件只能作出一个正确的结论。这种结论必须具有肯定性和真实性，并且排除了其他一切可能性。如果其中任何一个证据被反证推翻了，就要重新审查证据的证明力，研究整个证据链条，如果在同一案件中存在两种以上的可能性，并且各有一些证据，就要重新调查，认真研究，直到排除了错误的可能性，才能作出正确的结论。

3. 遵循上述审查判断原则，可以认定本案中，被告人王某、叶某违背妇女意志，在叶某的帮助下，王某强行奸淫被害人王某某的事实。

在本案中，王某辩称：自己回到地下室后，被害人已经脱光了衣服躺在了床上，此点不足采信。而这与其与被害人的关系来讲，并不合逻辑。王某某为在校学生，与王某首次相见，并没有感情纠葛，也非商量以金钱交易为代价发生性关系。为何王某某与王某初次见面就同意发生性关系，而且还是配合脱光了衣服躺在床上，王某无法合理解释这个问题。其次，王某无法解释被害人身上的伤是如何造成的，而被害人能够清楚地解释：是由于自己不愿意和王某发生性关系，被王某用暴力掐出来的。从上述两点可以证明：王某使用暴力手段在前，强行和被害人发生性关在后，二者从实践上、逻辑上、事情正常发展过程中都是可以形成链条的。被害人在被迫与被告人发生性关系后，当天向公安机关报案，说明被害人对王某行为采取了积极的、主动的、不留时间间隔的举报行为，若是被害人同意发生关系，或者被害人因其他原因而报复，例如，索要金钱不得等，则不会发生立即报案的情况。

从上面分析可以看出，被告人的辩解和被害人的陈述存在矛盾，被告人始终辩解被害人与其发生性关系是自愿的，但对本案中被害人身上多处瘀伤却无法合理解释。而被告人和被害人是素不相识的陌生男女，从逻辑上讲，陌生男女初次见面即发生性关系有悖常理且案发后被害人立即报警。综合来看，被害人主观上是不愿意与被告人发生性关系的。故相对于被告人的辩解来讲，被害人的陈述更为客观、真实性更高。

虽然在本案中、同案犯叶某作了对被告人有利的供述。但是叶某和被告人王某系朋友关系，且系同案犯，其言词证据的效力需要结合其他证据，才能加以判断。关于同案犯的供述与辩解的效力问题，一般而言，我们对同案犯的供述采取了比较严格的适用原则，也形成了一定的判断规则，但是，对同案犯互相之间的辩解，则相对而言没有太多的规则可以遵循。本案中，叶某和王某系朋友，且是叶某为王某选择的王某某作为犯罪目标，并由叶某出面指认的王某某，选择叶某家的地下室作为发生关系的地点，且叶某承认二人发生关系时曾在场亲见，其证明的发生性关系的问题和王某、被害人说法一致。叶某、王某对于与其有利害关系的问题作出的辩解，由于没有其他证据可以佐证其真实性，虽然二人在被害人系自愿的问题上辩解一致，但并不能因为二者辩解一致而认定其效力。被告人称被害人和他发生性关系是自愿，但又无法解释被害人身上的瘀伤、被害人陈述被告人以暴力方法迫使其和她发生性关系，既与身上的瘀伤相印证，又与案发后即马上报案的事实相符合。被害人陈述和报案时间、身体上的伤情、生物学鉴定意见互相协调一致，能够完整地证明本案的事实。因此，叶某与王某之间虽然没有互相指证，但其互相辩解欠缺其他证据的佐证，也不能作为彼此的无罪证据适用。

此外，虽然被害人称在被强奸的过程中曾大喊大叫，而邻居表示并没有听见呼救等响声，但是这一点并不能直接否认案件事实。案发地点为地下室，时间为晚上10时，邻居没有听到异常声响也符合常理。邻居表示没有听见被害人的大喊大叫，但该证据并不是与本案密切相关的证据。认定强奸的关键在于违背妇女意志，强行与妇女发生性关系，是否大喊大叫并不能证明违背或是不违背妇女意志，故该旁证并不能证明被告人没有强奸行为。

综上所述，笔者认为，被告人王某、叶某实施强奸罪的行为，事实清楚、证据确实充分，依法可以认定。

（供稿：北京市海淀区人民检察院　张昌红
　案例编辑：北京市人民检察院　庞　静）

[第 048 号]

朱某贵强奸案

——强奸罪"其他手段"的司法界定

办案要旨

根据相关司法解释的规定：认定强奸罪不能以被害妇女有无反抗表示作为必要条件，对妇女未作反抗表示，或者反抗表示不明显的，要具体分析，认真区别。强奸罪中的"其他手段"不需要与暴力、胁迫具有相同的强制性。只要该手段使妇女客观上身体条件受限而不知、不能反抗；或是使妇女主观上心智条件受蒙蔽，基于错误认识而不知反抗即可。本案中，被告人朱某贵与被害人系初次见面，并无感情可言。而朱某贵对被害人进行了错误的引导，使其对自己的行为产生错误认识，并进而让被害人得逞。被害人事后亦意识到自己受骗，与朱某贵发生的性行为系违背自己意愿。

基本案情

2011年8月2日，被告人朱某贵在清华大学人文图书馆门前以搭讪的方式结识被害人刘某某（女，21岁），朱某贵见刘某某不仅年轻漂亮而且单纯不懂事，就产生了与其发生性关系的想法。为了取得刘某某的信任，朱某贵谎称自己是清华大学的博士生，经常给校内学生做辅导，并主动与刘某某聊一些关于学习的事情。因刘某某涉世未深，又极为崇拜德高望重的老师，并一直想考清华大学的研究生，故对朱某贵极其信任。

随后，朱某贵带刘某某吃午饭，饭后将其带至清华大学的小树林内，以对刘某某进行"心理辅导"、"锻炼胆量"、帮助其"克服恐惧感"为名，诱使刘某某掀开衣服，对刘某某进行亲摸，并称"辅导是循序渐进的过程"，最后与刘某某发生性关系。当日17时许，朱某贵与刘某某吃过晚饭后，将刘某某带至其暂住地，用同样的方式，以让刘某某"摆脱心理负担"、"突破

---

* 此案在实践中颇有争议，本文结论不代表编者意见，作为向大家提供争鸣、研究的素材。

自己"、"配合辅导"等理由再次与刘某某发生性关系。

8月3日0时许,刘某某回到暂住地恍然大悟,意识到案发时自己失去了独立思考的能力,觉得这不是心理辅导,同时也不愿与朱某贵发生性关系,遂报警。8月3日1时许,被告人朱某贵被民警抓获归案。案发后,刘某某的父亲称刘某某没有精神问题,但是情商不高,经常被骗。

北京市海淀区人民检察院经审查认为,被告人朱某贵的行为触犯了《刑法》第236条第1款之规定,已构成强奸罪,对朱某贵依法提起公诉。

北京市海淀区人民法院经审理认为,被告人朱某贵虚构自己的身份,使用语言诱导被害人,令被害人产生误信,陷入不能反抗的境地,其违背被害人的真实意愿与被害人发生性关系,侵犯了妇女性的不可侵犯的权利,其行为已构成强奸罪,应予惩处。北京市海淀区人民检察院据此指控被告人朱某贵犯强奸罪的事实清楚,证据确实充分,指控罪名成立。判决被告人朱某贵犯强奸罪,判处有期徒刑6年。

疑难问题

如何认定强奸罪中的"其他手段"?

分歧意见

第一种意见认为,被告人朱某贵不构成强奸罪。在整个案发过程中,朱某贵没有采取暴力、威胁等强制手段,刘某某亦没有反抗举动,故无法认定二者发生性行为系违背妇女意志的强奸行为。同时,被害人刘某某已经成年,且不是精神病患者,故不符合我国《刑法》及相关司法解释对强奸罪的特殊规定。根据罪刑法定原则,不应认定被告人朱某贵构成强奸罪。

第二种意见认为,被告人朱某贵的行为构成强奸罪。认定强奸罪不能以被害妇女有无反抗表示作为必要条件,对妇女未作反抗表示,或者反抗表示不明显的,要具体分析,认真区别。案发当日,被告人朱某贵与被害人刘某某系初次见面,此前生活中亦无交集,故二人发生性关系是源于感情基础的可能性不大;发生性行为的过程中,朱某贵对刘某某进行了错误的引导,使其对自己行为的认识发生错误;同时,被害人涉世未深、情商较低,对具有清华大学背景的人产生误信符合常理。综上所述,虽然刘某某未采取反抗,但是综合全案仍可认定朱某贵的行为系违背刘某某意志的,故朱某贵构成强奸罪。

深度评析

笔者认为,**朱某贵的行为构成强奸罪**。理由分析如下:

1. 强奸罪中的"其他手段"不需要与暴力、胁迫具有相同的强制性。只要该手段使妇女客观上身体条件受限而不知、不能反抗；或是使妇女主观上心智条件受蒙蔽，基于错误认识而不知反抗即可。

根据我国《刑法》第 236 条的规定可知，暴力、胁迫并不是行为人实施强奸行为的唯一手段，司法实践中情形多变，法律规定不能涵盖所有，故用"其他手段"对强奸罪的手段条件进行了框定。1989 年 4 月 26 日最高人民法院、最高人民检察院、公安部《印发〈关于当前办理强奸案件中具体应用法律的若干问题的解答〉的通知》①（以下简称《若干问题的解答》）中规定：其他手段，是指犯罪分子用暴力、胁迫以外的手段，使被害妇女无法抗拒。例如：利用妇女患重病、熟睡之机，进行奸淫；以醉酒、药物麻醉，以及利用或者假冒治病等方法对妇女进行奸淫。而张明楷教授认为："其他手段，是指采用暴力、胁迫以外的使被害妇女不知反抗、不敢反抗或者不能抗拒的手段，具有与暴力、胁迫相同的强制性。""暴力、胁迫与其他手段都必须达到使妇女明显难以反抗的程度。"

显然，《若干问题的解答》与张明楷教授对于"其他手段"的界定明显存在一定的差别，二者系包含与被包含的关系。《若干问题的解答》强调"其他手段"的关键是妇女无法抗拒，不管该手段是否具有强制性。但是，张明楷教授认为其他手段的强制性程度是与暴力、威胁相类似的，该观点值得商榷。虽然暴力、胁迫和其他手段是采用并列的方式在《刑法》条文中予以规定，但是这不代表暴力、胁迫、其他手段具有相同的属性，如果《刑法》的立法本意是将"其他手段"比照暴力、胁迫予以界定，则完全可以采用"暴力、胁迫等手段"来规定，没有必要提出"其他手段"这样一个概念。当然对于其他手段我们也不宜作扩大解释，因为这样会造成将一切违背妇女意志的手段都作为强奸罪的手段，这就失去了《刑法》条文对强奸手段界定的意义。

为了更好地在司法实践中界定其他手段，我们应从立法本意出发，依据《若干问题的解答》中列举的情形，抽丝剥茧，剥离出"其他手段"的本质特征。妇女对性有自由支配的权利，当妇女因为行为人的某种手段丧失了自由支配的能力时，行为人就有可能构成强奸罪。故对"其他手段"的界定，应从妇女丧失对性自由支配的能力的角度出发，从身体条件和心智条件两方面界定"其他手段"。《若干问题的解答》中重病、熟睡、醉酒、药物麻醉均是对妇女身

---

① 该解释已经被 2013 年 1 月 4 日最高人民法院、最高人民检察院《关于废止 1980 年 1 月 1 日至 1997 年 6 月 30 日期间制发的部分司法解释和司法解释性质文件的决定》废止，但笔者认为其基本精神仍可适用。

体情况的框定,即妇女在上述身体情况下因不知晓自己的行为而不知反抗,或是即使知道,但因为身体条件所限不能反抗;利用或者假冒治病则是对妇女心智条件的框定,即妇女客观上知晓自己的行为,但是主观上却认为行为的目的不在于"性",而在于治病抑或其他,也就是说妇女因为被告人的某种手段错误地理解了行为性质,看似同意发生性关系,实则心理麻醉,不知反抗。《若干问题的解答》中用"等方法"来扩充列举的情形,故"其他手段"亦应该与上述方法相类同。

2. 单纯影响妇女意志决定的欺骗行为并非强奸罪的手段,但是影响了妇女意识的欺骗行为可以认定为强奸罪中的"其他手段"。

根据上述对其他手段界定的阐述,综合本案案情可知,被害人刘某某系因心智条件被蒙蔽而错误认识自己的行为,但是欺骗是否能成为强奸罪的犯罪手段呢?对此,在刑法学理论中仍有争议:持肯定观点的人认为,欺骗手段属于强奸罪的其他手段之列,因为性交时尽管被害妇女是同意的,但这种"同意"是被欺骗的结果,是违背妇女意志的。持否定观点的人认为,强奸的本质特征是违背妇女意志,强行与妇女性交的行为,而欺骗手段是指行为人用花言巧语、虚构事实等手法,使被害妇女产生错觉,信以为真,而自愿与之发生性关系,在这种情况下,妇女并没有丧失自己的意志自由。因此,单纯欺骗而实施奸淫的行为,不能定为强奸罪。

笔者认为,并非所有的"欺骗"都能认定为强奸的犯罪手段,对于这个问题,我们首先要区分意识和意志:意识在心理学上指有意的、有自觉认识的心理活动。在《刑法》上是指识别能力,即行为人对自己行为的意义、性质、作用、后果等的分辨和判断能力。意志、情感等是人们决定达到某种目的而产生的心理状态,是人的内部意识向外部动作的转化过程。意志对行动的控制和调节作用,或表现为推动、激励人们采取必需的行动来实现预期的目的,或表现为制止、阻碍那些不符合预定目的的行动发生。简单地说,意识是对事物属性的认识,而意志是依据该认识而做出的为或不为的决定,正确的意识是不违背行为人意志的基础。

因此,判断欺骗是否在强奸罪其他手段之列的关键是:欺骗手段是否影响了妇女的意识。如果妇女基于错误的意识而做出意志决定,即使该决定表面上不违背妇女意志,但实际却不符合妇女预定的目的,此时,行为人则可能构成强奸罪。诸如《若干问题的解答》中所举之例,假冒治病就是利用欺骗手段影响了妇女对性行为的认识,性交并不符合妇女治病的预定目的,虽然妇女系"自愿"发生性行为,但是其本质是违背妇女意识的。但是,如果欺骗手段并未造成妇女对性行为本身的认识错误,妇女对性行为性质、对象、后果等都有正确的意识,只是欺骗手段在某种程度上影响了妇女的意志决定,则行为人可能不构成强奸罪。例如,行为人声称与妇女发生性关系后以赠送汽车作为报酬,但事后反悔。此时,妇女对性行为的本质、对象都有正确的认识,只是是否有回报可能会影响妇女的意志决定,但此时的欺骗就不能成为强奸罪的犯罪手段。

强奸的本质是男女之间发生性关系,但是心理辅导的本质是通过他人帮助改善身心健康。本案被告人朱某贵采用言语诱导的方式,将强奸和心理辅导相混淆,使刘某某丧失对自己行为性质、后果等的识别能力,并基于此种错误意识做出意志决定。朱某贵的欺骗手段影响了刘某某的意识,故即使刘某某作出看似同意的意志决定,也不影响刘某某不愿意发生性关系的真实意思表示。

3. 妇女看似"自愿"的未反抗行为并不影响强奸罪中"其他手段"的认定。

司法实践中的强奸犯罪多为一对一的犯罪,鲜有证人予以佐证,当行为人与被害妇女各执一词时,很难依据言词证据断案。此时,我们多会关注妇女是否有伤,或者妇女的反抗行为是否造成行为人受伤等,由此来判断妇女是否有反抗行为。这是一种惯性思维,即依靠妇女是否有反抗行为来断定行为人是否实施了强奸行为。笔者认为,这种惯性思维不应适用于认定强奸罪中的"其他手段",也就是说,妇女是否反抗并不是认定"其他手段"的标准。

暴力、胁迫手段有其内在的强制属性,而这种强制属性并不是所有强奸手段的共性。对于暴力、胁迫手段,被害妇女会第一时间意识到反感,并通过行为、言语等表现出来。但是对于类似欺骗等强奸手段,被害妇女的身体或是意识在发生性行为之前即被受限或被蒙蔽,故不能或不知当场有所反抗,但这并不影响强奸手段的认定。本案被告人朱某贵以"心理辅导"为借口,采取欺骗手段让刘某某对性行为的性质发生了错误认识,并基于这种错误认识做出了"同意"的意志决定,因而刘某某表面上没有语言或者肢体上的抗拒行为,但刘某某基于错误意识而做出的看似同意的表示,实则违背刘某某的初衷,而这均不影响对被告人朱某贵构成强奸罪的认定。

(供稿:北京市海淀区人民检察院　董立岩
案例编辑:北京市人民检察院　庞　静)

[第 049 号]

张某强奸上诉案
—— 有罪证据、无罪证据并存情况下被害人意志的判断

办案要旨

由于强奸犯罪往往具有私密性、隐蔽性的特点，强奸案件的证据多呈现单一性、间接性，常常是有罪证据与无罪证据并存。在这种情况下，对是否违背妇女意志这一核心问题的判断往往比较困难，罪与非罪的界限不易把握。强奸案件中，由于被害人陈述所发挥的作用较其他案件更大，因此强调无罪推定这个前提必要性也更大。在本案中，对证据分析没有停留在似乎已经完整的有罪证据锁链，而是更进一步，从被害人陈述入手寻找和发现证据锁链中的漏洞与矛盾，最终得出了被告人不构成犯罪的正确的结论。

基本案情

上诉人张某，男，21岁（1989年7月26日出生），北京市人，汉族，初中文化，农民，住北京市平谷区南独乐河镇。2007年6月25日因犯聚众扰乱社会秩序罪被北京市平谷区人民法院判处管制1年；2008年6月20日因聚众斗殴被北京市人民政府劳动教养管理委员会劳动教养1年。因涉嫌强奸罪，于2010年4月12日被监视居住，同年4月14日被刑事拘留，4月28日被逮捕。

上诉人张某与被害人韩某某（女，17岁，无业）2010年3月相识。2010年4月11日下午，韩某某给张某打电话让其请吃饭，张某应允前往。后因韩某某临时决定与朋友关某某（女，17岁）外出吃饭，张某独自到"串串王"饭店并约朋友闫某伟等人到此喝酒。21时许，韩某某到饭店与张某见面。22时许，张某与韩某某打车前往天马环岛东北侧，韩某某先后到3家旅店询问有无房间，后二人入住福广旅店并发生性关系。其间，韩某某用手机将发生性关系的情况录音。24时许，韩某某借口上厕所离开该旅店，后与张某通电话交涉如何处理此事，未果。4月12日1时38分许，韩某某报警，张某被抓获。韩某某颈部、右肩部、右大腿内侧等有小片擦伤，右上

臂、右额部皮下淤血，经鉴定为轻微伤。

2010年7月25日，北京市平谷区人民检察院以被告人张某犯强奸罪，向平谷区法院提起公诉。

2010年12月20日，北京市平谷区人民法院判决被告人张某犯强奸罪，判处有期徒刑3年。

2010年12月22日，张某以"发生性关系为韩某某自愿，认定强奸罪证据不足"为由提出上诉。

2011年4月8日，北京市第二中级人民法院裁定撤销北京市平谷区人民法院〔2010〕平刑初字第224号刑事判决，发回北京市平谷区人民法院重新审理。

2011年5月19日，北京市平谷区人民检察院将张某强奸案退回公安机关补充侦查，2011年6月18日公安机关补充侦查完毕。

2011年8月25日，北京市平谷区人民检察院检委会讨论认为，北京市公安局平谷分局认定的张某涉嫌强奸罪的犯罪事实、证据尚未达到起诉标准，不符合起诉条件，决定将该案撤回起诉。

2011年9月9日，北京市平谷区人民检察院依照《刑事诉讼法》第140条第4款的规定，决定对张某不起诉。

疑难问题

有罪证据与无罪证据并存情况下，如何判断强奸案件中是否违背妇女意志？

分歧意见

第一种意见认为，本案现有证据能够证实被告人张某违背妇女意志，强行与韩某某发生性关系的事实。被告人供述与被害人陈述均证实张、韩二人当晚确已发生性关系，此点有阴棉、精斑的鉴定意见能够证实。被害人韩某某在案发后两小时内报警，具有相当的及时性，且韩某某身体多处擦伤、淤血，有被暴力侵害的痕迹。结合证人证言等证据，张某的行为应当认定为强奸罪。

第二种意见认为，本案现有证据不足以证实被告人张某与韩某某发生性关系违背了韩某某的意志，有罪证据无法形成完整的证据链条，不宜认定被告人张某构成强奸罪。

深度评析

笔者认为，被告人张某构成强奸罪的证据不足，不宜认定其构成强奸罪。

理由如下：

1. 本案中有罪证据与无罪证据的矛盾与疑点。

根据《刑法》第 236 条的规定，强奸罪是指以暴力、胁迫或者其他手段，违背妇女的意志，强行与其发生性关系的行为。由于强奸犯罪往往具有私密性、隐蔽性的特点，强奸案件的证据多呈现单一性、间接性，常常是有罪证据与无罪证据并存。在这种情况下，对是否违背妇女意志这一核心问题的判断往往比较困难，罪与非罪的界限不易把握。本文拟从本案有罪证据与无罪证据的矛盾与疑点入手，阐述强奸案件证据判断的主要原则，以形成对上述第二种观点的有力支持。

有罪证据主要是韩某某的陈述和证人证言等。韩某某提交手机录音以证明强奸过程中的对话情况，相关报警记录证实韩某某于案发当晚报警的情况，人体损伤程度鉴定意见证实身体轻微伤的情况。证人福广旅店老板证言可以证实，其听到张、韩二人在房间时韩某某喊了一声"滚"，韩某某离开旅店时称被张某强奸。证人关某某当晚接到韩某某电话得知韩被强奸。

无罪证据主要是上诉人张某的辩解。张某始终辩解称发生关系为韩某某自愿，其对韩并无暴力、胁迫等行为。3 家旅店老板的证言均能证实是韩某某上前询问有无房间，其他视听资料证据可以证实韩某某与张某进入旅店时及在登记室内外均无被强迫的状况。旅店老板的证言可以证实二人进入房间后张某曾因买水和上厕所出房间两次。

2. 强奸案件证据分析原则之一——无罪推定视野下以被害人陈述为核心的全面分析证据原则。

虽然我国《刑事诉讼法》明确规定了无罪推定原则，但是本文仍将其提出并重点强调，原因无他，主要是有罪推定观念在司法实践中仍然遗留甚深。尤其是在强奸案件中，由于被害人陈述所发挥的作用较其他案件更大，因此强调无罪推定这个前提必要性也更大。在这个前提之下，证据分析才不会仅仅停留于似乎已经完整的有罪证据锁链，而是能更进一步，从被害人陈述入手寻找和发现证据锁链中的漏洞与矛盾，最终得出正确的结论。

具体到本案来说，被害人韩某某的陈述作为最直接的有罪证据，证实了案件的整个过程。在排除因记忆原因造成的个别差异之外，被害人对案件事实的陈述应当是前后一致的，这种一致性表现为对案件的关键性问题不能出现截然相反的答案。但是，韩某某的陈述在当日二人见面的原因、开房的目的、暴力手段等问题中均存在较大差异。（1）关于当日见面的原因，韩某某最初陈述称系张某打电话纠缠，后又称是自己打电话让张某请吃饭——手机通话记录证明确系韩某某主动打给了张某。（2）韩某某对暴力行为的几次陈述存在较大差异——从最初所称的"打身体"、"掐脖子"到"捂嘴"、"拽头发撞暖气片"再到"摁胳膊"、"搧耳光",其陈述的内容不断发生变化。且韩某某身体的损伤与其所陈述的暴力情况也不完全一致。(3)关于开房的原因,韩某某的陈述则是从"没多想"到"被张某拽上出租车"再到"要与关某某一起住",也发生了较大的变化。且其与关某某同住的说法并未得到证实。被害人陈述前后不一导致了该证据证明力的减弱,其陈述内容的真实性受到怀疑。

证人关某某的证言可以证实案发当晚曾接到韩某某的电话,韩称被张某强奸,但其到达案发地附近后并未看到或联系到韩某某。关某某的证言作为重要的间接证据,对于印证被害人韩某某的心理状态具有不可或缺的作用。根据心理学理论,被害女性受到侵害后的恐惧、无助、气愤等心理驱使其要向家人、挚友求助和倾诉,而这些第一时间了解案件事实的证人往往能证实案件细节,从而对被害人陈述起到重要的补充和印证作用。但是根据韩某某的通话记录,当晚韩确实给关某某打过2次电话,时间分别为22时21分和22时28分。韩某某与张某进入旅店的时间却是22时40分左右。也就是说,韩某某在案发前就预知了自己被强奸的事实,并且电话通知了关某某。此处引发了两个违背逻辑的问题:第一,韩某某如何能够对自己被强奸的事实早有预见?第二,韩某某已经预见到自己将要遭受侵害却不呼救、不报警,却是给关某某打电话?这两个问题直接指向了与张某发生性关系是否违背韩某某意志问题的判断,韩某某陈述的真实性进一步受到怀疑。

另外,旅店老板虽能证实听到韩某某喊"滚",但是不能直接证明与张某发生性关系违背韩某某的意志。原因在于旅店老板并未听到韩某某的其他任何呼救的声音,韩某某在旅店房间长达2小时的过程中未曾大声呼救或报警,而是将自己被强奸的过程进行录音,此举动更加削弱了被害人陈述的可信度。

最后,虽然被害人韩某某向侦查机关提交了手机录音,录音中确有哀求的女声存在,对韩某某的陈述有一定的印证作用,但是该证据却无法作为证明强奸犯罪的证据使用。首先,该份证据中未显示录音的时间,侦查机关也未将录音提取过程进行有效记录,因此无法判断出声音是否确为案发时的情况。其次,该视听资料的声音质量不高,在张某始终不承认犯罪的情况下,无法证实录音中的男声为张某本人。最后,因被害人韩某某称当日使用的手机已经丢失,也无法提供手机的型号,声音同一性鉴定的条件已经灭失。因此,该视听资料证据已经不符合刑事证据关联性的特点,更加不能作为有罪证据证明犯罪。

以被害人陈述为核心的有罪证据本身存在诸多的矛盾,相互之间的证明能力较弱,因此根据这些证据得出违背妇女意志的结论明显存在问题。

3. 强奸案件证据分析原则之二——比较分析的优势证据原则。

因本案在有罪证据之外还有一些无罪证据,而这些无罪证据对判断被害人的意志具有不可或缺的作用，这就需要将无罪证据也进行分析，进而比较得出结论。

被害人陈述向司法机关描述了这样的犯罪轮廓：张某与被害人相识后一直对其纠缠，案发当日又打电话约其见面，其迫于无奈见了张某，在张某的胁迫下去开房，被张某强奸。也就是说，韩某某一直在强调自己的被动性、被胁迫性。但是其他证据却可以证实韩某某具有相当的主动性。如前所述，案发当日为韩某某给张某打电话主动邀约，而并非张某对其纠缠不放。二人分别去不同饭店吃饭期间，又有多次通话记录，韩某某主叫张某5次，张某仅主叫韩2次。晚上9时许，韩某某又到张某吃饭的地方与其见面。至此，韩某某对与张某相处未表现出任何排斥，甚至是一直掌握着主动权。后二人打车到案发地附近，韩某某3次主动到旅店内询问是否有房，案发地监控录像显示张某对韩某某无任何拖拽、强迫行为。可见，韩某某对于与张某开房的主动性更强。韩某某作为一名单身女孩，其对于夜间与男子到旅店开房的目的与动机解释不清。且根据上述对韩某某预知自己被强奸后给关某某打电话这一情节的分析，韩某某电话告知关某某自己被强奸与其与张某开房的主动性形成鲜明冲突。目前无任何证据可以证实二人从相约见面到进入房间这段时间韩某某有不愿意的意思表示。

进入房间之后的被害人意志情况，因被害人陈述与被告人供述的不一致以及录音证据的不可使用性，对于是否违背韩某某意志的判断只能依据其他间接证据。根据旅店老板的证言及张某的供述，韩某某与张某进入房间后，张某因上厕所和买水离开房间两次。韩某某未趁张离开之机报警或出门大声呼救。韩某某称其被强奸时曾经给其母打电话但无人接听，后其把过程录音作报警使用。韩能够拨打母亲的电话，证明其有和外界通话的条件，但却未拨打"110"报警，反而将被强奸的过程录音，其录音的动机和目的存在疑点。其他间接证据证实的情况并未反映出韩某某有出于违背其意志心理状态下的任何表示。

综上所述，笔者认为，证明张某"违背妇女意志"的证据无法形成完整的证据锁链，认定张某犯强奸罪的事实不清，证据不足。

（供稿：北京市人民检察院第二分院　赵婧文
案例编辑：北京市人民检察院　庞　静）

[第 050 号]

刘某等三人强奸案

——为强奸犯提供帮助并实施强制猥亵
的行为应认定为强奸罪的共犯

办案要旨

为他人的轮奸犯罪提供帮助并强制猥亵的行为应成立强奸罪。行为人在共同犯罪中帮助追赶、看管被害人，使他人的轮奸行为得以顺利进行，其在共同犯罪中起次要作用；同时行为人客观上实施了抠摸被害人臀部的猥亵行为，但其主观上是预谋强奸，并非强制猥亵，根据主客观相一致原则，行为人的行为成立强奸罪一罪。行为人对其他人的轮奸行为起了帮助性的作用，但仍是实行犯，只是相对于主犯而言其在共同犯罪中所起的作用较小，属于实行犯中的从犯。

基本案情

原审被告人张某，男，1988年2月5日出生，汉族，初中文化，农民，户籍地为北京市大兴区。

原审被告人刘某，男，1992年11月27日出生，汉族，中专文化，农民，户籍地为北京市大兴区。

原审被告人周某南，男，1993年5月1日出生，汉族，初中文化，农民，户籍地为河南省固始县。

被告人刘某与被害人李某（女，25岁）曾经是男女朋友，后分手。2012年4月，刘某和李某相约一起吃饭。

2012年4月6日，刘某、周某南与李某、被害人楚某（女，20岁）相约在大兴区黄村长途汽车站见面，4人到附近一个网吧玩。到17时左右，刘某约被告人张某过来，张某带领大家到大兴区龙河路"小红烧烤"饭店吃饭喝酒。其间，李某叫被害人武某（女，16岁）来一起吃饭，饭后张某付账。22时许，6人晚饭后到北京市大兴区黄村镇诚信德宾馆开了3个房间，房间号分别为405、406、407，张某付了房费。进入房间后，刘某先借故进入3

被害人休息的405房间，强行与李某发生性关系，后又对武某动手动脚，欲对其实施强奸行为，3被害人制止了其行为。随后张某、周某南进入405房间，呵斥3被害人。待3被害人要离开，周某南、张某将李某、楚某带至407房间，限制其人身自由。周某南欲强奸楚某，因遭反抗未能得逞。张某负责看管李某。在405房间武某欲离开时，刘某也阻止其离开，并又对其再次强奸。随后3被告人在406房间对3被害人进行看管，李某、楚某择机欲逃离，刘某、张某出门追赶。周某南留在406房间内将武某强奸，刘某追赶返回后再次将武某奸淫。张某追赶返回406房间，抠摸武某臀部，实施猥亵行为，其欲强行与武某发生性关系，因武某反抗强烈，对其进行踢踹、咒骂而停止。待张某离开后，刘某、周某南再次对被害人武某实施轮奸。

李某、楚某逃离后报警，2012年4月7日凌晨1时许，刘某、周某南在诚信德宾馆406房间内被抓获，武某被解救。张某于当日被传唤到案。

大兴区人民法院经审理认为，被告人刘某、周某南违背妇女意志，强行与妇女发生性关系，且具有轮奸情节，其行为均已构成强奸罪。被告人张某在被告人刘某、周某南实施强奸妇女的犯罪过程中，提供帮助，亦构成强奸罪；其以强制方法猥亵妇女的行为，构成强制猥亵妇女罪，应予惩处。被告人刘某、周某南、张某在强奸犯罪中，共同实施犯罪行为，构成强奸的共同犯罪，其中，刘某、周某南直接实施强奸、轮奸的行为，系主犯，被告人张某在犯罪中起次要作用，系从犯，依法对其减轻处罚。被告人张某本人虽未对被害人实施奸淫，但其参与阻拦、看管被害人，为刘某、周某南实施强奸行为提供帮助、创造条件，系强奸罪共犯。判决如下：被告人张某犯强奸罪，判处有期徒刑2年，犯强制猥亵妇女罪，判处有期徒刑6个月，数罪并罚，决定执行有期徒刑2年4个月。被告人刘某犯强奸罪，判处有期徒刑12年6个月，剥夺政治权利3年。被告人周某南犯强奸罪，判处有期徒刑12年，剥夺政治权利3年。

一审判决后，大兴区人民检察院认为一审判决以张某系从犯事实错误，减轻处罚不当，导致量刑畸轻向北京市第一中级人民法院提出抗诉。抗诉理由为：认定被告人张某系从犯的事实错误；减轻处罚不当，导致量刑畸轻。

北京市人民检察院第一分院审查后认定，支持北京市大兴区人民检察院的抗诉，但是认为张某在轮奸中起次要作用，确系强奸罪的从犯。一审法院对张某判处2年有期徒刑属于在减轻处罚时，法定量刑幅度的下两个量刑幅度内判处刑罚，于法无据，应予改判。

北京市第一中级人民法院经审理查明：张某参与阻拦、看管被害人以帮助刘某、周某南轮奸，并欲实施强奸行为，因被害人的反抗而中止。一审判决书认定的主要事实清楚，主要证据确实、充分。但是对于"后被告人张某进入室内，抠摸被害人武某臀部，实施猥亵，待张某离开后，被告人刘某、周某南再行对被害人武某实施轮奸"的事实认定不当，更正为"后被告人张某进入室内，欲强行与武某发生性关系，因遭武某反抗而中止，待张某离开后，被告人刘某、周某南再行对被害人武某实施轮奸"。原审判决对张某的犯罪事实及到案过程认定不当，且量刑畸轻，依法改判张某犯强奸罪，判处有期徒刑7年，剥夺政治权利1年，对刘某、周某南则维持原判。

疑难问题

如何认定张某在本案中为他人的轮奸犯罪提供帮助并强制猥亵的行为性质？

分歧意见

第一种意见认为，张某在帮助其他人实施轮奸犯罪的同时有猥亵被害人的行为，应当以强奸罪和强制猥亵妇女罪对其定罪处罚，同时张某在共同犯罪中起的是次要作用，系从犯。

第二种意见认为，张某积极参与轮奸犯罪的策划、预谋、实施并直接导致了犯罪结果的发生，在共同犯罪中起主要作用。其意欲强行与被害人发生性关系，因被害人反抗而未能得逞，其构成强奸一罪，并且是强奸共同犯罪的主犯。

第三种意见认为，张某在共同犯罪中帮助追赶、看管被害人，使他人的轮奸行为得以顺利进行，其在共同犯罪中起次要作用。同时张某客观上实施了抠摸被害人臀部的猥亵行为，但其主观上是预谋强奸，并非强制猥亵，根据主客观相一致原则，张某成立强奸罪一罪，且系强奸共同犯罪的从犯。

深度评析

笔者认为，**张某在本案中仅成立强奸罪一罪，而不另外成立强制猥亵妇女罪**。同时根据《刑法》第27条第1款的规定："在共同犯罪中起次要或者辅助作用的，是从犯。"本案中，张某在强奸共同犯罪中起次要作用，应当被认定为从犯。具体理由如下：

1. 张某对被害人的猥亵行为发生在强奸共同犯罪的实行过程中，其主观目的是与被害人发生性关系。

强奸罪和强制猥亵妇女罪，侵犯的法益都是妇女的性的自主权，行为人使用的手段都是暴力、胁迫等方法，二者区分的关键在于主观目的。强奸罪要求行为人主观上有强行与妇女发生性关系的目的，而强制猥亵妇女罪则没有类似要求。但是强奸行为也是强制猥亵行为的一种，二者是特别与普通的关系。从实践看，强制猥亵一般是性交以外的行为，正因为如此，本案中张某因为没有完成与被害人武某的性交行为，一审法院就据此认定其行为系强制猥亵，此种认定有失偏颇，应当从张某的认识因素和意志因素两方面来确定其主观目的。

在本案中，从宾馆开房到刘某、周某南轮奸被害人，张某都全程参与，并积极看管、追赶被害人帮助轮奸犯罪的完成。后来张某对其中一名被害人武某实施的抠摸臀部的行为是发生在整个轮奸犯罪的实施过程中的，是轮奸犯罪的继续，是整个轮奸犯罪的一个片段。而根据被害人武某陈述，其是对张某进行了踢踹、咒骂后，张某才离开，属于客观不能而非主观不愿。所以综合全案发生的时间、地点以及经过，张某的主观目的并非强制猥亵，而是强行与被害人武某发生性关系。

2. 张某的猥亵行为不是实行过限，不应当被认定为强制猥亵妇女罪。

实行过限，是指在共同犯罪中，原共同犯罪中某一或数个共同犯罪人，实施了超过原共同谋定的故意范围以外的犯罪行为。当前国内刑法理论界比较一致的观点是：（1）实行过限附随于共同犯罪，发生于共同犯罪中。（2）过限行为的实施主体是共同犯罪中的实行犯，其他共犯的行为不存在实行过限的可能。（3）实行者在实施过限行为时必须有罪过。判定共同犯罪中一行为是否是实行过限要看行为人的主观故意是否超越了原共同犯罪的故意范围。

结合本案，张某对被害人武某的猥亵行为在一审时之所以被定性为强制猥亵妇女罪，一审判决认定张某主观上不是强奸，亦即认定其主观故意超越了强奸共同犯罪的范围。我们认为，虽然张某的客观行为是强制猥亵，但根据猥亵行为发生的时间、地点以及张某在整个轮奸犯罪中的角色、作用，可以判定张某在该行为中的主观故意并没有超越强奸共同犯罪的故意范围，其主观上仍是意欲与被害人发生性关系，因此张某不应当被认定为强制猥亵妇女罪，而应当以强奸罪定罪处罚。

3. 张某对其他人的轮奸行为起了帮助性的作用，但仍是实行犯，只是相对于主犯其在共同犯罪中所起的作用较小，属于实行犯中的从犯。

《刑法》第27条第1款规定："在共同犯罪中起次要作用或者辅助作用的，是从犯。"因此从犯分为两种：一种是在共同犯罪中起次要作用的犯罪分子，即对共同犯罪的形成与共同犯罪行为的实施、完成起仅次于主犯作用的犯罪分子；另一种是在共同犯罪中起辅助作用的犯罪分子，即为共同犯罪提供方便、帮助创造条件的犯罪分子，主要是指帮助犯。这两种从犯的主要区别在于：前者本身仍是实行犯，只是相对于其他共犯实行犯在共同犯罪中所起的作用较小，属于实行犯中的从犯；后者主要指帮助犯，其本身不是实行犯，是实行行为之外的辅助实行行为顺利实施的行为。

张某应当被认定为实行犯中的从犯，即属于"在共同犯罪中起次要作用"的从犯。在本案中为保证刘某和周某南轮奸行为的顺利实施，张某积极帮助限制被害人的人身自由，为轮奸犯罪行为的实施提供一定的便利条件，对于危害结果的发生起间接作用，相比较其他共犯，这种帮助行为起的作用较小，起次要作用，应当被认定为从犯。但因为张某在帮助过程中也意图实施强奸，只是由于被害人反抗等意志以外的原因未遂，其行为与同案的刘某、周某南的强奸行为具有共同性，因此张某不是单纯的帮助犯，属于实行犯从犯。对于从犯，应当从轻、减轻处罚或者免除处罚。然而根据《刑法》第63条第1款规定，犯罪分子具有减轻处罚情节的，有数个量刑幅度的，应当在法定量刑幅度的下一个量刑幅度内判处刑罚。本案的主犯应在《刑法》第236条第2款规定的10年以上有期徒刑的量刑幅度判处刑罚，据此对张某减轻处罚也应当在法定量刑幅度的下一个量刑幅度即3年至10年有期徒刑内判处刑罚，一审法院对张某判处有期徒刑2年属于于法无据，二审法院最终改判张某有期徒刑7年符合罪责刑相适应原则。

（供稿：北京市人民检察院第一分院　任国库　张晋瑜
　　　案例编辑：北京市人民检察院　刘丽娜）

[第051号]

姜某澎猥亵儿童案*
——上级检察机关可以超越抗诉书范围提出新的抗诉意见

办案要旨

依据《刑事诉讼法》相关规定,二审案件不受上诉和抗诉范围的限制,适用全面审查的原则。检察人员应当客观全面地审查案卷材料,不受上诉或者抗诉范围的限制,重点审查原审判决认定案件事实、适用法律是否正确,证据是否确实、充分,量刑是否适当,审判活动是否合法等。上级检察院支持抗诉时,在不改变事实认定的基础上可以超出抗诉书范围提出新的意见,这符合现有法律规定,且并不影响被告人充分行使辩护权。二审法院应当充分认可支持抗诉意见书的法律效力,依法直接改判可以有效避免错案的发生。

基本案情

原审被告人姜某澎,男,25岁,汉族,大学文化程度,户籍所在地为北京市海淀区。因涉嫌犯猥亵儿童罪,于2011年3月24日被羁押,同年4月29日被逮捕,现羁押于北京市海淀区看守所。

原审被告人姜某澎系北京某大学附属学校体育老师,2011年3月开始负责教授三年级学生游泳课。在此期间,原审被告人姜某澎分别于2011年3月9日、3月16日、3月23日,利用其讲授游泳课期间,以纠正游泳姿势为名,采用抠摸生殖器的方式对被害人冷某某(女,2002年8月13日出生)、熊某某(女,2002年6月3日出生)、李某某(女,2002年6月11日出生)等8人实施猥亵行为。3月23日放学后,被害人李某某向其母亲讲述了上游泳课时发生的事情,其母亲于次日向学校反映。同年3月24日,被告人姜某澎在学校被公安机关抓获归案。

2011年12月31日,北京市海淀区人民检察院对姜某澎猥亵儿童一案提

---

* 此案在实践中颇有争议,本文结论不代表编者意见,作为向大家提供争鸣、研究的素材。

起公诉。

海淀区人民法院经审理认为：北京市海淀区人民检察院指控被告人姜某澎犯有猥亵儿童罪的事实清楚、证据确凿，指控罪名成立。鉴于被告人姜某澎系初犯，到案后及在法庭上能如实供认自己的罪行，认罪态度较好，对其依法从轻处罚。最终判处：被告人姜某澎犯猥亵儿童罪，判处有期徒刑1年6个月。

一审判决后，北京市海淀区人民检察院以"适用法律不当、量刑畸轻"为由提出抗诉。抗诉书认为：（1）判决未能体现《刑法》关于猥亵儿童罪依法应从重处罚这一法定情节，适用法律不当；（2）原审被告人姜某澎犯罪情节恶劣、主观恶性深、社会危害性大，原审法院判决未能体现罪刑相适应原则。

北京市人民检察院第一分院认为本案应当抗诉，然而一审起诉书及抗诉书中均没有明确指控原审被告人姜某澎系在"公共场所当众"猥亵儿童这个加重处罚情节不正确。本案证据显示，原审被告人实施犯罪的地点为该校游泳池，对外开放，系公共场所，实施犯罪的时间为上课时间，在场学生有20余名，多名小学生明确表示"看到姜老师在摸女生"，具备"公共场所"和"当众"实施犯罪两个条件，应当判处5年以上有期徒刑。故北京市人民检察院第一分院决定支持抗诉，并在支持抗诉意见书中提出新的意见：原审被告人姜某澎犯猥亵儿童罪，且具有在公共场所当众猥亵儿童这一加重处罚情节，应当判处5年以上有期徒刑，而一审仅判处其有期徒刑1年半属于量刑畸轻，建议二审法院依法改判或者将该案发回重审。

北京市第一中级人民法院认为，一审检察机关在起诉时并未指控公共场所当众猥亵儿童这一加重处罚情节，抗诉书对此也没有提出纠正意见，为了保护被告人的辩护权，二审检察机关不能超越起诉书和抗诉书提出新的意见，二审检察机关提出加重情节的意见无效，同时为了避免发回重审这一烦琐的诉讼程序，最终认定原审被告人姜某澎在公共场所当众实施猥亵行为无事实依据不予采纳；但一审判决量刑畸轻，改判姜某澎有期徒刑4年。

疑难问题

上级检察机关能否超出起诉书和抗诉书的范围提出新的支持抗诉意见？

分歧意见

我国刑事诉讼制度中对一审未生效案件的抗诉实际是由两级人民检察院共

同完成的,即下级人民检察院提出抗诉并制作抗诉书,上一级人民检察院进行审查并派员出庭支持抗诉。根据《刑事诉讼法》(1996年第217条、第221条和第224条的规定,上级人民检察院对下级人民检察院提出抗诉的案件进行审查后有两种结果:一种是支持抗诉,上级检察院派员出庭支持公诉;另一种是认为抗诉不当,向同级人民法院撤回抗诉。问题是在第一种情形中,如果上级检察院认为应当抗诉,但不完全同意下级人民检察院的抗诉意见和理由时,应当如何处理?上级检察院在支持抗诉后能否改变下级检察院的抗诉意见,在出庭支持抗诉时能否超出抗诉书范围提出新的抗诉意见?

第一种意见认为,检察机关支持抗诉意见不能超越抗诉书的范围。抗诉书是《刑事诉讼法》唯一规定的可以承载人民检察院抗诉意见与理由的正式法律文书,被告人在二审审判前收到抗诉书是其依法行使辩护权的重要保障,而支持抗诉意见书系检察机关自行生成的文书,其效力远低于抗诉书,如若超出抗诉书范围提出新的意见,属于对被告人搞"突然袭击",侵害了原审被告人的辩护权。确需改变的,应当对原抗诉书进行更改,并于二审开庭前10日送交当事人。

第二种意见认为,上级检察院支持抗诉时,在不改变事实认定的基础上可以超出抗诉书范围提出新的意见,这符合现有法律规定,且并不影响被告人充分行使辩护权。

深度评析

笔者认为,**上级检察院支持抗诉时,在不改变事实认定的基础上可以超出抗诉书范围提出新的意见**。理由如下:

1. 依照现有法律,上级检察院在不改变事实认定的基础上可以超出抗诉书范围提出新的支持抗诉意见。

我国《刑事诉讼法》规定,二审案件不受上诉和抗诉范围的限制,适用全面审查的原则。最高人民检察院《人民检察院刑事诉讼规则》规定,检察人员应当客观全面地审查案卷材料,不受上诉或者抗诉范围的限制,重点审查原审判决认定案件事实、适用法律是否正确,证据是否确实、充分,量刑是否适当,审判活动是否合法,并应当审查下级人民检察院的抗诉书或者上诉人的上诉材料,了解抗诉或者上诉的理由是否正确、充分。

最高人民检察院公诉厅《刑事抗诉案件出庭规则(试行)》(以下简称《规则》)第6条规定,上级人民检察院支持下级人民检察院提出的抗诉意见和理由的,支持抗诉意见书应当叙述支持的意见和理由;部分支持的,叙述部分支持的意见和理由,不予支持部分的意见应当说明。上级人民检察院不支持下级人民检察院提出的抗诉意见和理由,但认为原审判决、裁定确有其他错误的,应当在支持抗诉意见书中表明不同意见和理由,并且提出新的抗诉意见和理由。以上法律规定都说明上一级检察院在全案审查后,认为抗诉理由不正确、不充分的,可以在支持抗诉意见书中提出新的意见和理由。

《规则》第4条第4项规定,上级人民检察院对下级人民检察院按照第二审程序提出抗诉的案件决定支持抗诉的,应当制作支持抗诉意见书,并在开庭前送达同级人民检察院。在司法实践中,支持抗诉意见书在二审检察机关决定支持抗诉后连同案卷材料一并送达二审法院,二审法院可以通过支持抗诉意见书全面了解二审检察机关的支持抗诉意见,对于其中提出新的意见的,也有足够的时间通知辩护人及被告人,不会侵犯被告人及辩护人的辩护权。

2. 此案支持抗诉意见未改变一审指控的犯罪事实,仅改变对犯罪情节的认定不会影响到被告人行使辩护权。

犯罪事实由4个构成要件组成,即犯罪客体、犯罪客观方面、犯罪主体和犯罪主观方面。其中犯罪客观要件是成立犯罪的基础性要件,行为必须在客观上符合罪状,才可能成立犯罪。犯罪客观要件通过刑法分则规定的罪状表现出来,主要包括两个方面:一是行为客体即行为所指向的,体现合法权益的具体的人或物,如本罪当中的儿童;二是行为附随状况,即实行行为的时间、地点、手段、前提条件等情况,有些具体的犯罪行为必须在特定的时间、地点,用特定的手段实施,行为的附随状况对行为的危害性具有重要影响。辩护是指刑事案件的犯罪嫌疑人、被告人及其辩护人反驳对犯罪嫌疑人、被告人的指控,提出有利于犯罪嫌疑人、被告人的事实和理由,以证明犯罪嫌疑人、被告人无罪、罪轻或者应当减轻、免除处罚,维护犯罪嫌疑人、被告人合法权益的诉讼活动。某种程度上,指控的内容决定辩护的方向,因此辩护针对的是指控的犯罪事实及其他有利于犯罪嫌疑人和被告人的理由,如具有自首情节等。只要指控的犯罪事实没有发生变化,就不会影响被告人的辩护权。

本案中,一审检察机关起诉时虽未明确提出原审被告人姜某澎具有在公共场所当众猥亵儿童的加重处罚情节,但其在指控事实中明确表述了其利用教授游泳课的机会在学校游泳池岸边猥亵女学生的事实。这与上一级检察机关认为原审被告人姜某澎具有在公共场所猥亵儿童的犯罪事实并不矛盾,一审和二审指控的犯罪事实和提出的证据均无变化,只是在对部分事实作何法律评价以及适用哪一档量刑幅度持不同意见,因此不存在对被告人搞"突然袭击"的情形,不会影响到原审被告人行使辩护权。

在司法实践当中,二审期间提出新的不利于原审被告人意见的情形普遍存在,如二审期间出现或者提出新的证据进一步证实一审指控犯罪事实的,只要证据合法均被二审法院采纳,并非一味地为了保障被告人不被"突然袭击"的辩护权而不予采信或将案件发回重审。事实上,二审法院还可以通过以下途径充分保证辩护律师的权利。第一,开庭以前,将二审支持抗诉意见书直接送达辩护人及被告人。第二,充分利用庭前会议的功能,让被告人及其辩护人充分了解检察机关的新意见。

3. 二审法院应当充分认可支持抗诉意见书的法律效力,依法直接改判可以有效避免错案的发生。

上级检察院审查下级检察院提出的抗诉案件,发现一审起诉及抗诉存在问题的,最为理想的纠正方式是直接修改抗诉书,但是现有法律并未规定是否可以直接修改。实践中,上级检察院也没有直接修改抗诉书的惯例。二审法院往往并不认可支持抗诉意见书,认为只有抗诉书才是《刑事诉讼法》规定的代表下级检察院整体意志的法律文书,上级检察院的支持抗诉意见书不在《刑事诉讼法》规定的范围里,故不具有法律效力。

我们认为这样的理解是片面的。虽然支持抗诉意见书并非《刑事诉讼法》明确规定的法律文书,但其作为规则规定的文书,由检察机关盖章出具,同样具有法律效力,同级法院应当尊重并认可。我国《刑事诉讼法》赋予上级人民检察院全面审查的权力,也就意味着上级人民检察院在审查后对全案有补充或者纠正的权力。而且从诉讼模式来看,在二审程序中,控辩审三方的三角结构由被告方、二审法院以及一审检察院的上一级检察院组成,由一审的上一级人民检察院提出支持抗诉意见,也符合级别对等的原则。如果上级检察院不能以支持抗诉意见书的形式提出新的意见,则只能等待审判监督程序才能对错案予以纠正,造成司法资源的不必要浪费。

(供稿:北京市人民检察院第一分院　庄　伟;北京市人民检察院第三分院　温如敏　案例编辑:北京市人民检察院　刘丽娜)

[第 052 号]

宣某红、李某等绑架案

——假借索要并不存在的"债务"为名挟持被害人并勒索他人交付钱款应构成"勒索型"绑架罪而非"索债型"非法拘禁罪

办案要旨

审查判断挟持他人索要钱财的行为是否属于《刑法》第238条第3款"为索取债务非法扣押、拘禁他人的"情形,关键在于:债务关系是否存在,债务是因何产生,是口头约定还是签订合同,是自然之债还是法律之债,是否有欺诈、胁迫等被害人意思表示不真实、显示公平的情况存在。认定行为人主观故意应坚持主客观相统一的原则,不能仅凭行为人辩解自认为存在债务关系就认定主观上系以索债为目的。本案中,被告人宣某红对存在房屋差价款系非法占有、勒索他人财物的故意;而李某等人则不具有非法占有他人财物的目的,属于索债的目的。

基本案情

被告人宣某红,女,1971年8月25日出生,汉族,辽宁省人,初中文化,无业。

被告人李某,男,1978年12月18日出生,汉族,天津市人,中专文化,无业。

被告人陈某,男,1976年5月30日出生,汉族,辽宁省人,初中文化,无业。

被告人王某,男,1983年4月7日出生,汉族,辽宁省人,小学文化,无业。

被告人高某诚,男,1975年6月12日出生,汉族,辽宁省人,中专文化,无业。

被告人宣某红于2004年经人介绍到亿洋星城房地产开发有限公司(以下简称亿洋公司)开发的俊景苑小区(本市东城区朝内大街)承接装修工作,并结识该公司董事长助理王某虹、董事长唐某(本案被害人,新西兰籍),后其与亿洋公司约定以租代买的方式承租该小区B座213室(市价10500元/平方米、面积216平方米)作为办公地点,每月租金1万元,租期1年,如果租期内宣某红能将房屋总价支付,可将租金折抵房款。宣某红于2004年12月交付1个月租金后,因经济能力有限,未予支付剩余租金,并与该公司失去联络。后因亿洋公司暂未出售该房,故此一直未处理宣某红留置在房间内的个人物品。

2007年5月,宣某红找到亿洋公司要求按照原价买房,由于两年中北京房地产价格上升迅速,该房屋总价已达到人民币320余万元(市价16000元/平方米),该公司不同意按照原价卖房。宣某红遂纠集陈某、王某驾车跟踪亿洋公司董事长助理王某虹,王害怕遂与唐某商议同意宣某红的要求,双方约定由宣某红在15日内按照人民币320余万元,将该房出售,差价款(差价5500/平方米、共计118.8万元)归宣,但宣未能将房屋卖出。6月7日,宣某红对李某、陈某、王某、高某诚谎称亿洋公司拖欠其卖房款118万余元,让李某等人把唐某抓来,向其索要欠款,并称如果钱款要回来自己只要80万元,其余钱款作为答谢给陈等人。李某等人遂多次驾驶宣某红提供的捷达轿车到唐某的办公地点进行蹲守,王某另盗窃两个汽车牌照,准备用于转移被害人时使用。6月13日9时许,李某、陈某等人来到该公司所在地,持刀将唐某挟持上车,用胶带、报纸等物将唐某眼睛蒙住后,按照宣某红指示开车将唐某带至天津塘沽新业国际酒店,租住315、317房间,将唐某带至315房间,后宣某红赶到后到317房间,与李某、陈某、高某诚等人会面后,要求李某向唐某索要房屋差价款人民币118.8万元,李某向唐某转达要求并威胁"不给钱不能走",唐某被迫答应并打电话让王某虹准备118.8万元给宣某红。宣某红又以第3期房产证存在问题为由向唐某索要50万元的"封口费",唐某被迫再次答应,并要王某虹在25号交付钱款给宣某红。后宣与李某返回北京准备领取索要的款项。王某虹向北京市公安局东城分局刑侦支队报警称唐某被宣某红绑架,索要巨额财物,公安机关通过技术侦查手段查找到通话地点后,先后将高某诚、王某、陈某、宣某红、李某抓获归案,被害人唐某被解救。

北京市东城区人民检察院以被告人宣某红、李某、陈某、王某、高某诚均构成绑架罪向北京市东城区人民法院提起公诉。检察机关认为,宣某红在绑架过程中,又以第3期房产证存在问题为由,向被害人索要"封口费",并要求按照其选择的日期支付,符合敲诈勒索罪要挟他人、日后索财的特征,根据重罪吸收轻罪的原则,应以绑架罪一罪从重处罚。

被告人宣某红辩解自己与唐某之间存在经济纠纷，否认自己与陈某等人合谋绑架唐某。被告人陈某等人均辩解宣某红以唐某欠其房款为由、按照宣的指示将唐某挟持索要钱财。

北京市东城区人民法院经审理认为，被告人宣某红因与亿洋星城房地产开发有限公司法定代表人唐某有经济纠纷，指使李某等人采用非法扣押他人的手段索取债务，系因索债非法拘禁他人，构成非法拘禁罪，分别判处被告人宣某红有期徒刑2年、被告人李某有期徒刑1年6个月，其余3人均为有期徒刑1年。另外一审判决认定被告人宣某红指使李某、陈某、王某、高某诚向被害人索要50万元封口费的行为，构成敲诈勒索罪（数额巨大），且系犯罪未遂，对宣某红、李某从轻处罚，对陈某、王某、高某诚减轻处罚，分别判处宣某红、李某有期徒刑3年，判处被告人陈某、王某有期徒刑2年，判处被告人高某成有期徒刑2年6个月。

东城区人民检察院认为，宣某红主观上具有非法占有他人财物的目的，其行为符合绑架罪的犯罪特征，一审判决认定宣某红与唐某存之间存在债权债务关系，宣某红系索债型非法拘禁罪的理由不成立，判决系认定事实错误，适用法律不当，量刑畸轻，提出抗诉。

北京市二分院支持抗诉，认为原审被告人宣某红对亿洋公司及其法定代表人唐某不享有任何债权，认定亿洋公司欠宣房屋差价款118.8万元，显与事实相悖于法无据，原判认定宣指使他人，采用非法扣押他人的手段索取债务的事实确有错误，导致适用法律错误，定性不准，应以绑架罪对宣某红定罪处罚，同时原判对宣量刑失当，东城检察院的抗诉意见正确，予以支持，建议二审法院对原审被告人宣某红的定罪及量刑予以改判。另外，原判认定原审被告人李某、陈某、王某、高某诚犯非法拘禁罪、敲诈勒索罪，定罪准确，量刑适当，应予维持。

原审被告人宣某红的辩护理由及其辩护人的辩护意见是：检察机关抗诉部门认为宣与被害人唐某之间不存在经济纠纷不符合事实，房屋差价款争议是存在的；检察机关抗诉部门所称宣某红向被害人索要封口费一事与本案无关，原判定性准确，量刑适当，请求二审法院驳回抗诉，维持一审判决。

二审法院经审理认为，原审被告人宣某红对被害人唐某及其公司不存在可主张的债权，其所辩解帮助被害人解决办理房产证一节，查无实据，但其却据此为由长期讨要"好处费"，后又提出索要"差价款"的无理要求，被拒绝后，遂纠集他人对被害人实施绑架，其行为不属于因经济纠纷而追讨债务。故其为谋取利益，假借索债名义，绑架他人的行为应认定为绑架罪，并依法改判宣某红犯绑架罪，判处有期徒刑10年，罚金人民币2万元；而宣以帮助追索债务为由，指使李某、陈某、王某、高某诚对被害人实施扣押，上述4被告人是在不明真相的情况下实施了非法剥夺他人人身自由的行为，应以非法拘禁罪定罪处罚，其间，又实施的敲诈勒索行为，应以敲诈勒索罪定罪，数罪并罚，维持原审判决。

疑难问题

如何区分"勒索型"绑架罪与"索债型"非法拘禁罪？如何审查判断"债务"关系是否成立？

分歧意见

第一种意见认为，宣某红等5人均构成绑架罪。绑架罪是以非法限制他人人身自由的方式向他人索取财物或者提出其他非法要求的行为，本案中宣某红等人以控制被害人唐某人身自由的方式向其索要房屋差价款、封口费的行为符合绑架罪的构成。

第二种意见认为，宣某红等5人的行为均构成非法拘禁罪、敲诈勒索罪。宣某红因与唐某之间约定出售房屋后，唐某向她交付差价，而房屋没有在15日内出售并不意味着宣某红不能向唐某索要差价，民事债务关系还是存在的，宣某红是在索取本人债权的故意支配下，纠结他人扣押唐某，索要的也是房屋的差价款，而不是漫天要价，因此其不具有非法占有他人财物的目的。而宣某红等人使用刀逼、蒙眼等方式控制唐某人身自由后，又对其实施威胁，索要"封口费"则是另起犯意，向其勒索日后交付的财物，构成敲诈勒索罪。

第三种意见认为，宣某红等5人的主观故意内容不同，宣某红构成绑架罪，李某等4人构成非法拘禁罪、敲诈勒索罪。对118.8万元的房屋差价款，仅宣某红系非法占有、勒索他人财物的故意，其余4人均系索债的目的，不具有非法占有他人财物的目的；而对50万元封口费，虽事先并未商议，属宣某红实行过限行为，但李某等人对此并未阻止，且帮助实施，故应属共同具有非法占有他人财物的故意，故5人均应对勒索50万元承担刑事责任，因该50万元仅向被害人索要，并未向第三人索要，且约定日后向被害人索要，故应为敲诈勒索罪。

深度评析

笔者认为，**宣某红构成绑架罪，李某等4人构成非法拘禁罪、敲诈勒索罪。**具体理由如下：

本案中，认定宣某红行为的性质关键在于：债务关系是否成立，宣某红索要"差价款"而扣押他人的行为是否是刑法意义上"为索取债务扣押、拘禁他人";宣某红索财的对象是被害人唐某还是唐某的单位或者同事王某虹,第三人是否因唐某处于人身安全危险状态而不得已才交付财物。

1. 宣某红放弃购买房屋后,其与亿洋公司之间已不存在合同关系,而后强行要求唐某同意将已经升值的房屋允许其出售并取得巨额差价,其胁迫的行为违背《民法通则》、《合同法》关于意思表示真实等规定,二者之间既无法律意义上的债务关系(如合同之债)也没有自然之债(如法律不保护的赌债等),债务关系不能成立。

绑架罪①与非法拘禁罪②都是侵犯公民人身自由权利的犯罪,在客观方面都表现为非法剥夺他人人身自由的行为,剥夺的方法都可以是暴力、胁迫、麻醉或其他方法限制、剥夺人身自由,而在"索债型"非法拘禁和"勒索型"绑架中,又都存在着要求交付财物,这使得如果不能对"前因"行为——债务是否存在、是否成立准确判断,则在司法实践中很容易产生对二者的认识混淆,导致量刑的畸轻、畸重。

在《刑法修正案(七)》出台之前,绑架罪是我国《刑法》中较少的法定刑在 10 年以上起刑的重罪之一,即使是《刑法修正案(七)》出台后,从罪状表述看,仍然先表述法定刑有期徒刑 10 年,再表述情节较轻的,处以 5 年以上有期徒刑。绑架罪法定刑较高,要求处罚的行为应当具备严重的危害性、危险性。为了能对绑架人质勒索财物与拘禁他人索要本人债务两种危害性不同行为区别定罪,《刑法》第 238 条第 3 款规定,为索取债务非法扣押、拘禁他人的,依照非法拘禁罪、故意伤害罪或者故意杀人罪处罚,即行为人为索取债务非法扣押、拘禁他人之后,如果没有使用暴力致人伤残、死亡的,都应认定为非法拘禁罪。最高人民法院在 2000 年 6 月 30 日《关于对为索取法律不予保护的债务非法拘禁他人行为如何定罪问题的解释》中将赌债等民事法律不予保护的非法之债明确为非法拘禁罪的债务范围,亦是为了能体现罪责刑的一致性,避免因

---

① 绑架罪,是指采用暴力、胁迫、麻醉等方式,强行劫持或实际控制他人,以杀害、伤害被绑架人为内容威胁被绑架人的亲属或者相关第三人,利用其对人质的担忧,迫使限期交付财物或者实现其他不法要求的行为。我国《刑法》第 239 条第 1 款规定:以勒索财物为目的绑架他人的,或者绑架他人作为人质的,处 10 年以上有期徒刑或者无期徒刑,并处罚金或者没收财产;情节较轻的,处 5 年以上 10 年以下有期徒刑,并处罚金。

② 非法拘禁罪,是指以拘押、禁闭或者其他强制方法,非法剥夺他人人身自由的行为。其中,为了索取债务而绑架人质的也构成非法拘禁罪,是该罪的特殊情况,通常称之为索债型非法拘禁罪。我国《刑法》第 238 条第 3 款规定:为索取债务而非法扣押、拘禁他人的,以非法拘禁罪定罪处罚。

索取民事法律关系不成立的自然债务不加区别地作为"非法占有"他人财物来处理。

笔者认为,在刑事司法实践中,审查判断债务关系是否属于《刑法》第238条第3款的范围关键在于:债务关系是否存在,债务是因何产生,是口头约定还是签订合同,是自然之债还是法律之债,是否有欺诈、胁迫等被害人意思表示不真实、显示公平的情况存在。本案中,宣某红与唐某之间曾经附条件、附期限的有过口头约定宣某红可以购买房屋,但是宣某红在放弃了房屋购买权两年后,因为看到房屋价格飞涨而带来的增值,又对被害人唐某加以威逼,导致被害人唐某不得已同意宣某红将房屋出售并取得"差价款",显然宣某红并非是以索债为目的的索要"差价款",而是以非法占有为目的勒索他人财物,而后又以散布公司办理不了房产证为要挟要求被害人支付"封口费",其行为的延续始终围绕着如何从唐某处取得巨额财物。

2. 认定行为人主观故意应坚持主客观相统一的原则,不能仅凭行为人辩解自认为存在债务关系就认定主观上系以索债为目的。

"为索取债务"非法扣押、拘禁他人的,构成非法拘禁罪,所以"为索取债务"是主观要件还是客观要件,在司法实践中,也有一定争议。笔者认为,如果真实存在的债务,即使是赌债等民事法律不予保护的非法债务,如果被告人确实出于索要债务的目的,索要的数额与双方先前财物纠纷的数额相当,即使是要求取回己方违约而被对方占有的定金等民事法律不能支持的要求,但是在刑法意义上也可以排除行为人非法占有他人财物的故意,遵循罪刑相当和主客观相一致的原则,不能认定为绑架罪;但是如果行为人确系为了不当得利,即自己非法取得他人财物,比如租户放弃购买优先权后,又强迫所有权人给付出售给他人的利润,则事实上根本不存在法律意义上的债务或者一般社会观念上可以成立的自然债务,此时行为人以索取债务为名扣押、拘禁他人,向第三人勒索财物的,应该认定是以非法占有为目的,而非是以索取债务为目的。

本案中,根据被害人唐某的陈述、证人王某虹的证言、被告人宣某红的供述以及有关书证材料,均可以证实被害人唐某所在的亿洋星城房地产开发有限公司(以下简称亿洋公司)拥有房屋的所有权,宣某红仅交付过1个月的租金,并未履行买受房屋义务。在宣某红明知自己既不享有房屋所有权,又未履行购房义务的情况下,根本不享有对该房屋升值款的受益权,与被害人并不存在债权债务关系,更非亿洋公司违约导致双方经济纠纷;其辩解因帮助该公司办理房产证而索取拖欠的"好处费"也被证据予以否定,亿洋公司办理的房产证系委托某房屋拆迁公司通过正规途径办理,与宣某红所谓的曾介绍"关系"为亿洋公司办理无任何关联,而宣某红在与唐某失去联系两年之久后突然出现,不断到办公场所闹事勒索要求支付办理房产证的"好处费",甚至不断跟踪、骚扰唐某、王某虹的正常工作、生活,唐某已经不得已支付了人民币30万元,而宣某红则变本加厉又提出要求给予卖房的差价款,在被拒绝后,采取了扣押人质的方式以实现获取赎金,显然无论是获取"好处费"还是"差价款",抑或是后来的"封口费",都是宣某红为自己向唐某索要财物粉饰的借口,实质是以索债为名意图非法占有他人财物。

3. 虽然宣某红等人是向被害人唐某直接提出索取财物的数额要求,但实际上是以唐某的安全向亿洋公司以及其同事王某虹发出的威胁。

有种意见认为,本案中,宣某红是直接向唐某发出的索财要求,又未当场实施暴力,约定日后取财,不符合绑架罪向第三人发出威胁的要求,只能构成非法拘禁罪或者敲诈勒索罪。笔者认为,虽然多数刑法学教材中都认为绑架罪,是向第三人发出的威胁,第三人界定为亲友。但是《刑法》条文本身或者司法解释中,并没有将被害人所在单位、组织或者普通同事关系排除在被威胁的对象以外。在司法实践中,有些案件被告人正是向被害人所在单位或者政府有关部门提出不法要求,还有些是被害人的同事、领导。如果同事、领导还能勉强界定为"朋友"关系,而被害人所在的单位、政府部门则无法归入"亲友"的范围,被告人的行为实质仍然是以"人质"安全威胁来实现不法目的,与普通威胁"亲友"并无差异。因此,笔者认为,第三人应是对被害人的人身安全承担保护义务或者不愿意被害人遭受人身危险的自然人或者单位、社团组织等,不限于"亲友",应当包括被害人所在单位、政府部门、其他与被害人有关联的人员等。

本案中,宣某红索财实际目标是亿洋公司,先是多次找到董事长助理王某虹索要房屋差价款,但因王某虹没有决定权,才使其将筹码锁定在董事长唐某身上,唐某个人与其并没有任何经济纠纷。此外,虽然王某虹是因唐某被挟持而向公安机关报案,因得知是宣某红把唐某挟持而表示缴付赎金换回唐某,作出上述决定是其精神上受到对方的威胁,但是这并非仅仅是个人意愿和决策,其准备的钱款也并非唐某个人或者王个人所有,而是公司的财产,是代表公司的职务行为。在整个犯罪中,受到人身侵犯的是唐某,受到财产侵犯的是亿洋公司,符合绑架罪以他人人身安全为要挟向第三人索要钱款的本质特征,应当认定绑架罪。

4. 对于确系误认为帮助他人索债而拘禁被害人的行为人,应当按照其具体实施行为认定犯罪性质。

本案中,李某等人主观上认为索要债务,客观上采取的是限制人身自由的方式,从整个行为中都没有认识到是宣某红虚构的债务纠纷,而在行为中,又产生了新的犯意，帮助宣某红索要"封口费"，按照主客观统一原则，应分别构成非法拘禁罪、敲诈勒索罪。

李某等帮助宣某红索要差价款的行为，与宣某红的行为有本质不同，关键在于李某等主观上不具有非法占有他人财物的故意，即对"债务"的虚假性不存在明知。根据本案证据，李某等人系受宣某红指使，误以为宣所称的被害人欠其钱款，而帮助宣以控制被害人人身自由的方式索债，其主观上不存在非法占有他人财物的故意，因此不属于侵财类犯罪，而应以非法拘禁罪论处。虽然李某等4人索要118.8万元是出于索债，但后续的50万元不再事先商定的索债数额之内，且4人均知道是以不透露所谓的第三期房产证存在"问题"而要"封口费"，不是基于债务纠纷产生的，且要求对方事后再给，主观上出于希望或者放任非法占有他人财物的故意，对此应当承担敲诈勒索的责任，但因犯罪目的并未得逞，系犯罪未遂。上述两个行为形式上是连续的，但实际犯罪故意已经发生了转化，应当认定为数罪并罚。

关于李某等4人帮助宣某红绑架被害人索要差价款、好处费的行为如何认定，一审检察机关审查期间，内部也有意见认为应认定非法拘禁罪和敲诈勒索罪，数罪并罚，但最终仍以绑架罪提起公诉，经一审法院改判为非法拘禁罪、敲诈勒索罪，原审检察机关并未对此提出抗诉，二审法院对此也予以维持，说明认定4人的行为构成非法拘禁罪、敲诈勒索罪、数罪并罚，并不存在适用法律错误。

（供稿：北京市人民检察院第二分院　李　斌
　　案例编辑：北京市人民检察院　庞　静）

[第 053 号]

李某胜、周某婷、付某绑架案

——是否具有索债的行为和目的是区分"索取债务型"
非法拘禁罪与"勒索财物型"绑架罪的关键

办案要旨

对于为索取债务非法扣押、拘禁他人行为的理解不能过于绝对,不能简单地认为只要案件中介入了债权债务的因素,不用考察该债权债务是否客观存在及其具体状况,就可以定性为非法拘禁罪。成立此种意义上的非法拘禁罪不仅要求行为人在主观上具有索债的意图,同时更为重要的是,要求客观上有索债的行为。本案中被告人以伤害人身相威胁而并非以索债的名义对被害人进行绑架勒索,显然不是解决债权债务问题的行为,不符合非法拘禁罪的犯罪构成,符合绑架罪的构成要件,应认定为绑架罪。

基本案情

被告人李某胜,男,1983年5月25日出生,汉族,初中文化程度,无业。

被告人周某婷,女,1988年2月3日出生,汉族,初中文化程度,无业。

被告人付某,女,1981年11月10日出生,满族,初中文化程度,无业。

经审理查明:2005年5月27日晚至5月28日凌晨,被告人李某胜、周某婷、付某伙同李某帅等人(在逃),经事先预谋,由周某婷、付某打电话将被害人李某(男,24岁)骗至本市海淀区恩济庄桃源阁歌厅外一辆小汽车内,后李某胜等人挟持李某至本市海淀区金沟河附近,采用殴打(致李某鼻骨骨折,全身多处软组织挫裂伤)、蒙眼、捆绑、语言威胁等手段,令李某向其家人索要人民币5万元并当场抢走其松下X88型手机一部。周某婷于28日5时许到李某的住处向其女友索要银行卡时被当场抓获。后另两名被告人也被抓获。3名被告人对上述事实供认不讳,辩称是受李某帅之托,为其讨回债务,但3人对债务的具体情况供述不一致(周某婷供述,李某帅没有说债务产生的具体原因和数额;付某供述,李某帅说李某是他表弟,李某家要占他家耕地,他和李某打过架。李某是李某帅带到北京的,当时吃喝全是李某帅管,现在有了矛盾,就向李某要欠他的钱;李某胜供述,李某帅说李某坑了他四五万元钱,但具体情形自己并不清楚)。被害人李某证明李某帅是自己表兄,李某帅家由于生活困难,一直借种李某家的田地,后李某父母离婚,遂向李某帅家提出归还田地,遭到拒绝,由此产生矛盾,在老家时李某帅多次扬言"整死"自己,自己于是避到北京。自己与李某帅不存在债务纠纷。另证据显示,李某帅指使3被告人在行动时不要提索债之事,而是以陌生人的身份,通过人身伤害和威胁的手段来取财。

2005年12月9日,北京市海淀区人民检察院以京海检刑诉字〔2005〕第1692号、1693号起诉书向北京市海淀区人民法院指控被告人李某胜、周某婷、付某实施绑架行为,触犯了《刑法》第239条第1款之规定,构成绑架罪。

北京市海淀区人民法院认为:被告人李某胜、付某、周某婷经事先预谋,以帮助他人勒索财物为目的,结伙绑架被害人,其行为均已构成绑架罪,应予惩处。北京市海淀区人民检察院指控被告人李某胜、付某、周某婷犯绑架罪的事实清楚,证据确实充分,指控罪名成立。对3被告人判决如下:

被告人李某胜犯绑架罪,判处有期徒刑10年6个月,剥夺政治权利1年,罚金人民币10000元。

被告人付某犯绑架罪,判处有期徒刑4年,罚金人民币4000元。

被告人周某婷犯绑架罪,判处有期徒刑1年6个月,罚金人民币1000元。

疑难问题

本案被告人辩解的债务因素是否影响绑架罪的成立?

分歧意见

第一种意见认为,3被告人的行为应构成非法拘禁罪。根据我国《刑法》第238条第3款的规定,为索取债务非法扣押、拘禁他人的,以非法拘禁罪定罪处罚。本案中3被告人实施扣押人质和殴打、勒索等一系列行为,是在帮助李某帅"讨债"的主观目的支配之下。虽然行为时并未以索债为名,而且债权债务关系是否确实存在及实际状况不明,但并不影响对3被告人索债目的的判断。

由此，本案被告人所实施的行为基本符合非法拘禁罪的犯罪构成，应认定为非法拘禁罪。

第二种意见认为，3被告人的行为应构成绑架罪。对于为索取债务非法扣押、拘禁他人行为的理解不能过于绝对，不能简单地认为只要案件中介入了债权债务的因素，不用考察该债权债务是否客观存在及其具体状况，就可以定性为非法拘禁。成立此种意义上的非法拘禁罪不仅要求行为人在主观上具有索债的意图，同时更为重要的是，要求客观上有索债的行为。本案中，被告人以伤害人身相威胁而并非以索债的名义对被害人进行绑架勒索，显然不是解决债权债务问题的行为，不符合非法拘禁罪的犯罪构成，符合绑架罪的构成要件，故应成立绑架罪。

深度评析

笔者认为，**3被告人的行为应构成绑架罪**。理由如下：

"勒索财物型"的绑架罪是指行为人使用暴力、胁迫等手段控制被绑架人，利用被绑架人的近亲属等人对被绑架人安危的忧虑，迫使其在一定时间内交付赎金的行为。行为人在主观上出于勒索并非法占有他人财物的目的，从而侵犯了被绑架人及其近亲属对该项财物的所有权。而"索取债务型"的非法拘禁罪，是以追索相关债务为目的，并使用限制他人人身自由的手段来达到这种目的。由于债权债务关系的存在，使得这种行为更大程度上带有解决债务纠纷的性质，而非侵犯他人财物的所有权。债权人为了追还债务而采用了法律所不允许的方法，其主观恶性和行为的社会危害程度较"勒索财物型"的绑架罪明显要轻。立法上之所以把这种索取债务型的绑架行为定性为非法拘禁，正是基于上述考虑。

成立"索债型"的非法拘禁罪在条件上有严格的限定。我们认为至少应具备三个前提条件：第一，行为人与被害人之间必须存在事实上的债权债务关系。该债权债务关系不能仅由行为人单方面主张，而是必须由相应的证据合理地证实其存在。第二，行为人必须具有索债的行为。即行为人对被害人的劫持以及在劫持过程中所实施的一系列行为都是索取债务的行为，均服务于索取债务的目的。第三，行为人索要财物的数额应当在其所享有的债权幅度之内。如果索财的部分明显超过债务的限额，则属于以索债为名的绑架。具体到本案而言，我们认为被告人所实施的不是"索债型"的非法拘禁，而是绑架行为，理由如下：

1. 被告人在客观上不具有索债的实行行为。从被告人的角度来看，他们在劫持被害人之后，并未以索取债务为名义，而是以人身伤害为手段，向被害人勒索钱财。甚至在被害人猜测背后主使是李某帅时，3被告人却矢口否认，这与正常的索债行为大相径庭。从被害人的角度来看，其在人身权利遭受严重侵犯的情况下，所得到的信息只是为保全自身而交付财物，并非是在偿还其所欠下的债务。即便其按要求给付了被勒索的财物，也不能导致此案中所谓的债权债务关系的消灭。因此，可以说被告人的这种行为不是索债的实行行为，充其量只能说是带有索债的性质，介入了债权债务的因素，而这种只具有"债务影子"的情形尚不足以改变对案件的定性。

2. 被告人主观上的索债目的也难以成立。本案中，3 被告人虽然辩解是受李某帅之托，为其讨回债务。但李某帅事前指使 3 名被告人不要以索债的名义，而是以陌生人的身份，通过人身伤害和威胁的手段来取财。在这种情形下，作为神智正常的成年人，3 被告人应对债务关系是否客观存在产生合理的怀疑。作案时，3 被告人的确没有提及索债之事，他们实施的捆绑、殴打、威胁等一系列伤害被害人人身权利的行为都是为了达到勒索钱财的目的，而并非服务于索债的目的，此时，即便被告人主观上有讨债的想法，其客观行为也不能与主观心态相印证，从而使得其主观意图处于不确定的状态。被告人的目的只是要钱，至于要钱是在帮李某帅讨债还是在帮李某帅"教训"李某并没有明确的认识，或者说后者并未超出其主观故意。第一种观点认为被告人主观上只是出于索债的目的，应当说没有充分的依据。

3. 对本案定性起重要作用的债权债务关系并不明确。由于李某帅在逃，其所主张的债权被害人又予以否认，且 3 被告人对债权债务问题供述不清，存在矛盾，在没有其他证据证实该债权债务关系客观存在的情况下，3 人关于替李某帅讨债的辩解便不足为信。而且，从李某帅指使犯罪的内容及 3 被告人的实际行为来看，我们完全可以认为债权债务关系存在的辩解并不合理，从而在本案中不予采信。

综上所述，根据主客观相一致的认定原则，我们认为 3 被告人客观上实施了绑架勒索的行为，主观上具有绑架勒索的故意，应当认定为绑架罪。本案之所以在定性上出现如此大的分歧，是因为"勒索财物型"的绑架罪与"索取债务型"的非法拘禁罪的确存在许多共同之处。二者都是侵犯他人人身自由权利的犯罪，在客观上都表现为以非法的手段剥夺他人的人身自由，迫使被劫持人的亲友或有关人员在一定期间内交付相关财物，而且剥夺的方法、劫持的空间和地点并没有质的区别。绑架罪中包含着非法拘禁的行为，非法拘禁罪也可以由绑架方式构成。尽管如此，二者还是有着明显的界限，需要我们在处理具体案件时仔细甄别，从而做出正确的判断。

(供稿：北京市海淀区人民检察院　汪　蕾
案例编辑：北京市人民检察院第三分院　贾朝阳)

[第 054 号]

王某、董某重婚案
——婚外同居与重婚罪的区分

办案要旨

婚外同居与事实重婚不能混同,在婚姻关系之外的同居生活必须是"以夫妻名义同居生活"才符合重婚罪的法定要件。"以夫妻名义共同生活"可以通过是否对外明示、同居时间长短、是否生育等标准来进行综合判断,不可仅依据独立的、个别的证据下结论。本案中,王某和董某构成事实重婚的证据明显不足,仅有两名证人推断二人是"夫妻",不能证明二人对外宣称是夫妻,故不成立重婚罪。

基本案情

被不起诉人王某,男,1962年6月15日出生,汉族,高中文化程度,北京金海合众出租汽车公司司机,住北京市海淀区肖家河。因涉嫌犯重婚罪,于2012年9月27日被北京市公安局海淀分局刑事拘留,经本院批准,于同年10月26日被北京市公安局海淀分局逮捕,于同年12月13日被取保候审。

被不起诉人董某,女,1964年4月30日出生,汉族,高中文化程度,北京万泉寺出租汽车公司司机,住北京市海淀区。因涉嫌犯重婚罪,于2012年9月27日被北京市公安局海淀分局刑事拘留,于同年10月26日被北京市公安局海淀分局取保候审,同年11月23日被北京市海淀区人民检察院继续取保候审。

被不起诉人王某与妻子李某于1986年在北京市海淀区登记结婚,育有一女。2000年左右,王某与在同一家出租汽车公司工作的被不起诉人董某相识。2007年开始,王某与妻子李某因夫妻关系不和分居。2010年夏天,董某离婚。2011年五六月王某与董某确认男女朋友关系,随后发生了性关系。2011年9月,王某曾向海淀区人民法院起诉离婚,因父亲做心脏手术而撤诉;2011年12月王某第二次向法院起诉离婚,因离第一次起诉时间不到半年,法院未予受理;2012年1月至2012年9月,被不起诉人王某因长期与妻子李某关系不和,且李某不同意离婚,与被不起诉人董某在北京市海淀区某村租房共同居住,此时董某已明知王某尚未离婚。王某与董某同居后,于2012年8月第三次向法院起诉离婚,因李某坚持不离婚,法院未判离。2012年9月底,王某妻子李某发现丈夫王某与董某的同居地,向当地派出所举报二人重婚,被不起诉人王某、董某遂在出租房内被民警抓获。

到案后,在公安机关的讯问中,王某、董某均承认非法同居的事实,但未涉及二人以何名义同居。公安机关调取的主要证据是二嫌疑人租房地的房东蔡某、邻居赵某的证言,二人均称认为王某、董某是夫妻,因为二人共同生活居住,且相互以"老公"、"老婆"称呼。房东蔡某还证实有一次其问二人是北京人为何在外租房住,二人没有回答,其认为二人是与儿女生活不到一起就出来玩了。同时,蔡某、赵某也证实,王某、董某二人开出租车,平常早出晚归,到家后很少出门,与周围人很少打交道。另外,作为举报人,王某的妻子李某称自己当初调查时,王某、董某的邻居便称二人平时以夫妻相称,认为二人是两口子。但在审查起诉阶段,被不起诉人王某、董某均称二人在出租房未以"老公"、"老婆"相称,还是延续认识多年的"老王"、"小董"的称呼,且二人早出晚归,很少与租住地的人打交道,更未对外声称过二人是夫妻,或以夫妻名义进行过对外活动。

2013年12月3日,北京市海淀区人民检察院审查认为,二人犯罪情节显著轻微,危害不大,不构成犯罪。依照《刑事诉讼法》第15条第1项和第173条第1款的规定,决定对二人不起诉。

疑难问题

如何区分婚外同居与重婚罪?

分歧意见

第一种意见认为,可以认定二人"以夫妻名义同居生活"构成重婚罪。该观点认为只要行为给他人造成是夫妻在同居生活的假象即可,而不必理会是否对外公开宣称是夫妻。而本案中两名证人认为二人是夫妻,且称二人平时以"老公"、"老婆"相称,因此,其行为已经给周围群众形成二人是夫妻且在同居生活的印象,便应认定二人是以夫妻名义同居生活。

第二种意见认为,不应认定二人构成重婚罪。"以夫妻名义同居生活"既需要有同居生活之实,也需要有以夫妻名义生活之名,只有通过对外的行为、语言等告知或明确使周围人或至少是某些人知晓二人是夫妻,才能与一般的男女同居关系相区分。本案中，两名证人的证言不能证明二人对外宣称是夫妻，两名证人判断其是"夫妻"是基于二人同居生活、相互之间"老公"、"老婆"的称谓（二人否认使用该称谓），而这种同居、夫妻相称的现象在恋爱同居的男女中也很常见，不能以此认定二人以夫妻名义同居生活，因此也不构成事实性的重婚罪。

深度评析

笔者认为，**王某和董某不构成重婚罪**。理由如下：

1. 婚外同居与事实重婚不能混同，在婚姻关系之外的同居生活必须是"以夫妻名义同居生活"才符合重婚罪的法定要件。

《刑法》第258条所规定的重婚罪包含了两种情形，即前婚、后婚均为登记结婚，以及前婚为登记婚姻、后婚为事实婚姻。最高人民法院《关于〈婚姻登记管理条例〉施行后发生的以夫妻名义非法同居的重婚案件是否以重婚罪定罪处罚的批复》（1994年12月14日发布，以下简称《批复》）规定："新的《婚姻登记管理条例》（1994年2月1日民政部发布）发布施行后，有配偶的人与他人以夫妻名义同居生活的，或者明知他人有配偶而与之以夫妻名义同居生活的，仍应按重婚罪定罪处罚。"虽然《婚姻登记管理条例》在新的《婚姻登记条例》施行后，已于2003年10月1日废止，但《批复》并未失效，仍具有法律效力。因此，认定王某、董某二人是否构成重婚罪的关键，在于能否认定二人是"以夫妻名义同居生活"。

对婚外同居的含义，可以参照最高人民法院《关于适用〈中华人民共和国婚姻法〉若干问题的解释（一）》第2条："婚姻法第三条、第三十二条、第四十六条规定的'有配偶者与他人同居'的情形，是指有配偶者与婚外异性，不以夫妻名义，持续、稳定地共同居住。"这里的"有配偶者与他人同居"与"婚外同居"内涵基本一致，因而可以将婚外同居界定为"有配偶者与婚外异性，不以夫妻名义，持续、稳定地共同居住"。至于同居的目的则在所不问，双方的同居可能是为了将来组成家庭，也可能仅是出于对目前婚姻状况的不满（已婚者）而向配偶之外的异性寻求慰藉等。这里还应注意"婚外同居"与"姘居"的关系问题。通常，人们将婚外同居又非事实重婚的行为统称为"姘居"，但婚外同居与姘居的内涵并不完全相同。《现代汉语词典》对"姘"的解释是"非夫妻关系而发生性行为"，对"姘居"的解释是"非夫妻关系而同居"。因此，从词源的角度上看，"姘居"强调的是以婚外性行为为基础的共同居住，重点在"姘"，带有较强烈主观评价、道德臆断色彩，是一个明显的贬义词。而婚外同居中，这种以性为主的同居只是部分现象，中老年人由于夫妻感情不和又无法离婚，与配偶之外的异性出于陪伴、情感慰藉等原因而同居的现象是客观存在的，不能简单地冠之以"姘居"。因此，"婚外同居"与"姘居"是种、属关系，前者的范围包含后者，使用婚外同居去代指有配偶者与他人同居的现象无疑更为准确、全面。另外，作为中立的司法机关、司法者，也不宜使用"姘居"这种带有道德评判色彩的贬义词汇，使用"婚外同居"无疑更为适宜。

重婚罪中最为常见的情况是事实重婚，即在法定婚姻关系存续期间，又与配偶之外的异性以夫妻名义同居生活，或明知他人有配偶而与之以夫妻名义同居生活的情形。我们调研了在王某、董某重婚案之前，从2008年至2012年5年的案件，发现5年间海淀区人民检察院共办理重婚案件15件17人，其中5件是在登记婚姻关系存续期间与他人再次登记结婚，其中一件还育有一子；另外10件事实重婚案件均系在登记婚姻关系存续期间，与他人育有一子或两子，同居时间3年到10年不等，且重婚双方均对外公开声称二人是夫妻关系，以夫妻名义参加周围的社会活动，直接致使周围人认为二人是夫妻。因此，认定所谓事实重婚的关键，就在于是否"以夫妻名义同居生活"。我们认为，同居时间的长短、是否育有子女、是否对外公开二人的夫妻身份或以夫妻名义参加社会活动，是判断是否以夫妻名义同居生活的重要支点，且3个支点基本处于相辅相成的关系，也对重婚行为的严重性、应受刑事处罚性作出了较好注解。

2. "以夫妻名义共同生活"可以通过是否对外明示、同居时间长短、是否生育等标准来进行综合判断。

一是通过明示的方式向社会、周围群众公开表明二人的夫妻身份。所谓"以夫妻名义"重在强调这里的"名义"，《现代汉语词典》对"名义"的基本解释是"做某事时用来作为依据的名称或称号；表面上，形式上"。而中国人做事情讲究"师出有名"，这里的"名"、"名义"强调的都是行为人本人向社会说明自己行为合理性的一种解释，是社会化生活中由"个体"向"社会"、"集体"的对外解释、宣传活动，而不是"社会"、"集体"对"个体"的外围判断活动。因此，这里的"夫妻身份"必须是行为人向社会明示的内容，而不是周围人或社会组织的猜测、判断结果。至于明示的方式，比如举行婚礼，或向邻居、同事、亲友表明二人是夫妻，以夫妻名义参加各种聚会，或以夫妻名义参团旅游、填报各种社会申请表格等，形式多样。

当然，这里需要讨论的是，二人之间"老公"、"老婆、媳妇"的称谓能否看作是向社会明示二人的夫妻身份？我们认为，夫妻二人之间的称谓带有较明显的社会时代特征，其含义、称谓都在变化，应该根据当下的时代特征予以具体判断。在封建年代，夫、妻、妾之间的称谓、等级有着严格而明显的划分，夫妻之间的通用称谓不能随便对其他人使用，这时男女之间使用夫妻之间的通用称谓应该看作是直接向社会明示二人的夫妻身份。但随着社会的发展、开放，夫妻之间、情侣之间乃至朋友之间的称谓日趋多样化，已难以通过传统的夫妻称谓来判断、界定双方的关系，"老公"、"老婆"已主要成为情侣之间表示亲昵的称谓，因此，在目前的社会背景下，不能通过彼此的称谓来作为认定二人具有夫妻身份的判断依据。

二是同居生活较长时间。这里似乎很难对同居生活的长短给出一个确切的标准，如是半年、一年还是两年，调研的海淀检察院之前的判例中，同居时间最短的是3年，但是显然3年的时间也难以作为标准。我们认为，这里对所谓同居生活"较长时间"不必做一个精确性的要求，关键应该是结合其他情节做一概括性的掌握，如果其以夫妻名义同居生活的事实清楚、证据充分，且造成了一定的恶劣影响（如由此导致一定的肢体冲突或在当地造成较大影响），则这里的较长时间标准可以适当降低，如5个月、6个月，反之则应适当延长。而实践中，这种事实重婚的"以夫妻名义同居生活"，从同居状态的形成到行为败露，一般需要较长的周期，因此，这里也不必过于拘泥时间长短的界定。

三是双方是否生有子女并共同养育子女。这显然是一个选择性条件，但确是一个较为直观的标准，也是行为人主观恶性、行为社会危害性的直观反映。结合同居生活的事实和所谓的"夫妻名义"，生育子女无疑是认定夫妻关系的最直接的证明。

3. 对于婚外同居是否构成重婚罪，要结合案件的证据客观认定事实，从法律层面对行为性质进行界定，不能简单地将婚姻存续期间的持续性婚外同居关系迳行认定为事实重婚。

本案中，王某因与妻子感情不和，离婚未成，与单位离婚同事董某在出租房租房同居。同居后，作为出租车司机，二人早出晚归，与周围人接触少、不张扬，但房东蔡某、邻居赵某仍根据二人同居的事实和亲昵的称呼而认为二人是夫妻关系。在外租房9个月后，因王某一直不回家，其妻子李某跟踪发现王某、董某同居的事实，并向公安机关举报王某、董某重婚犯罪。另外，还需补充的是，在取保候审期间，王某继续向法院起诉离婚。

如前文所述，本案中对于王某、董某事实重婚的主要证据是房东蔡某、邻居赵某的证言。在侦查取证阶段，公安机关无疑应该调取更多的证人证言来证实二嫌疑人"以夫妻名义同居生活"的事实，但由于二人住的是简单的出租房，人员流动性大，且二人与周围人交流少，侦查机关只取得了这两名证人的证言。表面上看，二证人的证言似乎证实了二人的同居行为给周围人造成了二人"以夫妻名义同居生活"的印象，但是同时印证了二人未对周围人说过二人是夫妻、二人与周围人接触很少、二人对是否系夫妻的话题都予以回避。至于蔡某、赵某所说的二人以"老公"、"老婆"相称,前文已经分析不能作为证明"以夫妻名义同居生活"的证据,并且也被二人否认。二证人所说的"二人是夫妻",只是二人的主观臆断。因此,根据房东蔡某、邻居赵某的证言,事实上难以得出二嫌疑人"以夫妻名义同居生活"的结论,甚至是可以直接得出相反结论。

结合上述判断标准,我们可以得出以下结论:王某确因与妻子感情不和且无法离婚而与董某同居;王某、董某不愿周围人知道二人的真实关系,或至少是未宣扬二人的关系;同居的时间为9个月,且造成的恶劣影响范围较小。因此,即便是否"以夫妻名义非法同居"存在争议,至少可以说明二人的主观恶性不大,行为的社会危害性较小,则在强制措施的选择和追诉的必要性上,都应予以从轻考虑。

综上所述,我们认为,二人的行为不构成重婚罪,对二人法定不起诉是正确的。

(供稿:北京市海淀区人民检察院　李　刚　张　琳
　　　案例编辑:北京市人民检察院　庞　静)